민주당 재집권전략 보고서

왜 실패했고, 무엇으로 도전하는가?

민주당
재집권전략
보고서

더불어민주당 을지키는민생실천위원회 지음

더봄

왜 실패했고, 무엇으로 도전하는가?

민주당 재집권전략 보고서

제1판 1쇄 인쇄　　　2023년 8월 10일
제1판 1쇄 발행　　　2023년 8월 14일

지은이　　　더불어민주당 을지키는민생실천위원회
편집위원　　　윤홍식(인하대학교 교수)
　　　　　　　김남근(참여연대 정책자문위원장)
　　　　　　　임재만(세종대학교 교수)
　　　　　　　김종진(일하는시민연구소 소장)
　　　　　　　이병헌(전 중소기업연구원 원장)
　　　　　　　문진영(서강대학교 교수)

펴낸이　　　김덕문
책임편집　　　손미정
디자인　　　블랙페퍼디자인
마케팅　　　이종률

펴낸곳　　　**더봄**
등록일　　　2015년 4월 20일
주소　　　서울시 노원구 화랑로51길 78, 507동 1208호
대표전화　　　02-975-8007　‖　팩스　02-975-8006
전자우편　　　thebom21@naver.com
블로그　　　blog.naver.com/thebom21

ISBN 979-11-92386-08-9 03300

'지속가능한 대한민국'을 위하여

박주민
더불어민주당 을지키는민생실천위원장

2022년 대선에서 패배한 후 정치를 시작한 초심으로 돌아간다는 마음으로 더불어민주당 을지키는민생실천위원회(이하 '을지로위원회') 위원장을 맡게 되었습니다. 을지로위원회는 올해 10년째로, 더불어민주당의 상설위원회 중에서는 가장 '진보적인 성향'을 가졌다는 평가를 받고 있습니다. 80명이 넘는 국회의원들이 소속되어 있으며 철저히 현장을 중심으로 한 활동을 통해, 지난 10년 동안 개별 국회의원이 해결할 수 없는 굵직한 여러 사회적 갈등을 해결해 왔다고 자부합니다.

그런데 최근에는 을지로위원회에 대한 비판과 견제도 적지 않습니다. '현장으로 더 들어가라', '민생의 과제를 더 깊고 장기적으로 해결하라'는 비판도 있습니다만, 주로 '혁신성장을 위해 당에서 을지로위원회의 역할을 축소해야 한다'는 말씀을 많이 하십니다.

저는 다르게 생각합니다. 슘페터는 성장의 핵심은 자본의 축적이 아니라 새로운 도전이 일어날 수 있는 환경과 기회라고 말합니다. 혁신은 수십 년간 승자독식 경제성장 논리를 깨고 평범한 사람들에게 기회의 문을 더 많이 여는 것에서 시작합니다. 이 책에서는 '진짜 혁신'을 위해 민주개혁세력이 무엇을 해야 하는가를 담아보고자 합니다.

백서와 녹서, 그리고 정치

을지로위원장에 취임한 후, 을지로위원님들께 처음 인사드리는 자리에서 저는 첫 번째 제안으로 Green paper, 즉 '녹서'를 발간하겠다고 약속을 드렸습니다. 을지로위원회 10년의 역사를 만들어 오신 초대 을지로위원장, 우원식 전 원내대표님께 녹서발간위원장을 맡아달라고 부탁드렸습니다. 감사하게도 흔쾌히 승낙해주셨습니다.

백서White paper는 특정 주제에 대해서 조사한 '결과물'을 정리한 책을 말한다면, 녹서Green paper는 정책의 방향과 가야 할 길을 논의하기 위해 만들어진 자료를 말합니다. 녹서가 먼저고 그 다음에 백서가 오는 게 맞지만, 백서는 우리 주위에서 쉽게 볼 수 있는 것에 비해 녹서는 많지 않습니다. 그래서 더더욱 녹서가 생소합니다.

백서가 지나온 길을 보여주는 블랙박스라고 한다면, 녹서는 가야 할 길을 보여주는 네비게이션으로 비유할 수 있겠습니다. 가야 할 방향을 먼저 고민해야 목적지로 가는 최적의 길을 찾을 수 있습니다. 혹시라도 길을 잃었을 때 목적지가 없다면 우리는 길을 잃을 것입니다.

지금 더불어민주당에 필요한 것은 우리가 가야 할 방향을 명확히 인식하는 것입니다. 아니, 이것은 더불어민주당뿐만 아니라, 진보정당들, 심

민주당 재집권전략 보고서

지어 보수정당에게도 필요한 고민입니다. 지금 대한민국의 보수정당은 보수정당스럽지 않습니다. 진보정당 역시 진보정당스럽지 않습니다. 중도 민주개혁 정당인 더불어민주당은 오락가락 좌고우면하고 있습니다. 바로 목적지를 잃어버린, '정치의 실종'입니다.

이제는 목적지, 그 방향부터 치열하게 토론해야 합니다. 더불어민주당에서 그 어느 조직보다도 뚜렷한 목적성이 있는 을지로위원회에서부터 녹서를 만들어보자는 생각을 하게 되었습니다.

회색 코뿔소가 달려온다

저는 종종 대중강연에서 '회색 코뿔소'에 대한 이야기를 합니다. 사실 이 단어는 경제 용어이지만, 우리나라 정치현실에도 아주 잘 맞는다고 생각합니다. 회색 코뿔소는 몸집이 거대해서 멀리서도 그 달려오는 울림을 감지할 수 있습니다. 사람들은 코뿔소가 쿵쾅쿵쾅 달려오고 있다는 사실을 알고 있지만, 눈앞에 도착할 때까지 두려움을 느끼면서 아무것도 하지 못합니다. 그러다가 결국 위험에 빠지게 됩니다. 그것이 바로 회색 코뿔소의 딜레마입니다.

우리는 지금 회색 코뿔소를 눈앞에 두고 있습니다. (우리 눈앞의 회색 코뿔소는 이 책의 총론에 잘 정리가 되어 있습니다.) 통계청 발표에 따르면, 2023년 1분기 전체 가구의 처분가능소득이 3.4% 늘었을 때, 가공식품과 외식의 물가상승은 9.9%와 7.5% 올랐습니다. "월급 빼고 다 올랐다"는 말은 사실입니다. 게다가 소득 1분위(하위 20%)의 경우에는 소득 증가율이 1.3%로 전체가구보다 훨씬 낮아, 저소득층의 어려움이 훨씬 더 컸음을 알 수 있습니다.

최근 발표된 2022년 4분기 다중부채자(3개 이상 기관에 채무가 있는 사람)는 447만 명에 이르렀는데, 이 중에서 30대 이하 청년층의 다중부채가 가장 급격히 늘어났습니다. 청년의 삶이 얼마나 팍팍해지고 있는지 보여줍니다. 2023년과 2024년에는 가계대출 문제가 한국 경제의 뇌관이 될 것이라는 분석이 많습니다.

뿐만이 아닙니다. 66세 이상 고령자의 상대적 빈곤율은 43.2%로, OECD 국가 중 유일하게 40%를 넘었고, 대한민국의 출산율은 0.78명으로 세계에서 최저 수준입니다. 세계경제포럼[WEF]이 내놓은 2023년 세계 젠더 격차 보고서에 따르면 한국은 2022년보다 6계단 하락하여 100위권 밖으로 밀려갔습니다. 특히, 경제참여·기회 부문에서는 114위입니다. 점점 더 지속 불가능한 대한민국이 되어가고 있습니다.

그런데 정치는 무엇을 하고 있습니까? 윤석열 정부의 무능은 그렇다 치더라도, 170석 더불어민주당은 국민에게 어떤 희망을 드렸습니까? 민주 진보개혁 세력이 지난 20여 년간 힘겹게 쌓아온 사회적 약자들을 위한 방패를 윤석열 정부가 '자유'라는 이름으로 하나하나 무너뜨리고 있습니다. '능력'이라는 이름으로 차별과 불평등을 합리화하고 있고, 힘없는 사람들을 다른 사회적 약자로 갈라치기 하려고 합니다. 그런데 이렇게 달려오는 회색코뿔소를 보면서 더불어민주당은 어디에 있는 것일까요?

정치, 민생을 묻다

지속가능한 대한민국을 만들기 위해서는 대한민국의 패러다임을 바꾸어야 합니다. 그동안 우리는 정부 주도-재벌 중심의 발전 전략으로 빠른 성장을 해왔습니다. 하지만 경제단계가 선진국에 들어서고 있고, 산업구조도 바뀌는 지금은 과거의 성장전략을 그대로 가지고 나아갈 수 없습니다. 박상인 교수는 《지속 불가능 대한민국》이란 책에서 모방형 추격경제 체제로는 혁신성장을 할 수 없다는 점을 잘 설명하고 있습니다.

지금까지 수십 년간 기득권이 독점해온 '당연하다고 여겨지는 특혜'와 이제 절연해야 합니다. 강자에게는 기회와 혜택을, 약자에게는 허들과 희생을 강요하는 방식은 이제 끝났습니다. 그것은 애초부터 자유시장주의 원칙에 맞는 일도 아니고, 혁신도 아닙니다. 대·중소기업 격차, 이로 인한 임금 격차와 소득불평등, 노인빈곤문제와 청년일자리, 저출산 문제 등 우리 사회의 큰 이슈를 과거의 방식으로는 절대로 해결할 수 없습니다.

패러다임을 바꾸는 데, 더불어민주당과 을지로위원회의 역할이 매우 중요합니다. 지속가능한 대한민국을 만들기 위해서는 정당이 유연하고 기민하게 대응해야 합니다. 우리가 만들어낸 그 가치를 실현하기 위해 더 많은 당원, 시민, 전문가, 국회의원, 자치단체장, 지방의원과 치열하게 토론하고 답을 찾아내야 합니다. 그것은 '뉴딜정치연합'이 될 수도 있고, '사회적 의제 연석회의'라는 이름이 될 수도 있습니다. 같은 가치를 가지고 사회변화를 꿈꾸는 많은 세력들이 연합한다면 강한 정치세력을 만들 수 있을 것입니다. 그리고 그 힘을 모아서 더불어민주당이 가야 할 그 목적지로 힘차게 나아가야 합니다. 그런 의미에서 을지로위원회의 녹서를 통해서 우리가 가야 할 지향점을 보여드리고자 했습니다.

앞서 말씀드렸듯, 녹서는 '결과물'이 아닙니다. 대혁신을 위한 논쟁의 시작입니다. 녹서에서 담은 노동, 주거, 플랫폼, 중소기업, 돌봄에 대한 정책제안은 2023년 현재 우리 사회에 가장 중요한 민생 과제이며, 우리가 고민해야 할 지점들을 제시한 것입니다. 이 문제인식들에 대한 결론은 사회변화를 꿈꾸는 더 많은 국민과 함께 채워나갈 것입니다.

이 책을 마무리하면서 격려해주신 이재명 대표님, 녹서발간위원장을 선뜻 맡아주신 우원식 국회의원님과 의제들을 제안하고 정리해주신 이학영, 박홍근, 진성준 전직 을지로위원장님, 남인순 전 민생최고위원님, 83명의 을지로위원회 위원님들, 격려해주신 17명의 시도당 을지로위원장님과 235명의 지역위원회 을지로위원장님과 을지로 당원 여러분들께 감사드립니다.

무엇보다 재임 기간 동안 각별한 마음으로 격려를 아끼지 않으신 문재인 전 대통령님과 이해찬 전 대표님께 특별히 감사 인사를 전합니다.

새로운 민주정부!
을지로 정당부터 시작입니다

우원식
녹서발간위원장, 1기 을지로위원장

　더불어민주당은 정권 재창출에 실패함으로써 1987년 민주화 이후 한 정치세력이 10년을 집권했던 전례를 깬 최초의 정당이 되고 말았습니다. 169석이라는 압도적 다수 의석을 갖고도 패배했으니 근소한 표차라는 결과로도 패배의 참담함을 가릴 수 없습니다.

　지난 1년, 윤석열 정권은 동안 국익 실종·경제 파탄·한반도 평화 위기 조장 등 무능하기 짝이 없는 모습을 보여주었습니다. 군부독재의 군홧발을 닮은 검찰공화국의 철권통치는 민주주의를 위축시키며 역사의 시계를 거꾸로 돌리고 있습니다. 권력은 총구에서 나오며, 당이 총을 지휘한다는 100년 전 모택동의 말이 2023년 대한민국에서는 권력은 검찰에서 나오며, 검찰은 윤석열 정권이 지휘한다는 말로 되살아나고 있는 듯합니다.

　윤석열 정권의 무능과 철권통치는 민주당 패배의 의미를 더욱 뼈아프게 합니다. 윤석열 정권은 민주당의 무능이 낳은 것이나 다름이 없습니다.

윤석열 정권의 실정이 반복되어도 거울에 비춘 것처럼 민주당의 책임만 부각되고 있습니다. 더 두려운 것은 민주당이 나약함과 무능함에서 벗어나지 못한다면 윤석열 정권의 철권통치는 멈추지 않을 것이라는 사실입니다.

그렇다면 패배의 원인이 무엇입니까? 문재인 정부가 코로나 극복 과정에서 국민에게 준 정치적 효능감이 총선 승리의 분명한 이유였다면, 코로나19 위기 속에서 극심해진 부동산, 자산 등 부의 양극화, 고용 불안정, 소상공인 자영업자 등 사회경제적 약자의 고통을 해결하는 정치적 효능감을 주지 못했다는 것입니다. 정권 재창출로 다음 민주당 정부에서 해결하겠다는 확고한 믿음도 주지 못했습니다. 이것이 패배의 원인입니다.

우리는 무엇을 반성해야 합니까? 패배 뒤 민주당은 1년 내내 반성 중입니다. 혁신위도 구성했습니다. 위선, 내로남불로 덧씌워진 태도를 바꾸기 위한 정당 개혁도 필요합니다. 지속된 내부 분열을 극복하는 것도 너무나 중요합니다. 그 힘으로 똘똘 뭉쳐 윤석열 정권과 강력하게 싸워야 하기 때문입니다.

그러나 그것만으로는 부족합니다. 코로나19 방역 위기 극복이라는 일시적 자기도취에서 벗어나 코로나19 불평등 해결이라는 민주당이 미뤄왔던 진짜 숙제를 해결하지 못하는 한 혁신은 진짜 혁신이 아닙니다.

사실 IMF사태 이후 대한민국은 사회경제적 불평등이 단 한 번도 극복되지 못했습니다. 서민과 중산층의 정당이라는 민주당이 세 번의 집권을 했음에도 사회경제적 민주주의의 정착은 더디기만 합니다. 불평등의 위기는 만성질환처럼 대한민국 곳곳을 병들게 하고 있습니다. 국토는 불균형해지고, 일자리도 양극화하고 있습니다. 불안한 미래 탓에 저출생이 극심해지면서 대한민국은 생존의 위기 단계로 접어들고 있습니다.

불평등·불공정 극복할 네 번째 민주당

이제는 불평등·불공정과 강력하게 맞서 싸울 사회경제적 민주주의를 전면에 내세운 네 번째 민주당으로 진화해야 합니다. 절차적 민주주의, 인권, 복지, 평화의 노선을 지켜온 세 번의 민주당을 극복해야 합니다.

네 번째 민주당은 연대와 통합의 원리에 따라 90% 절대 다수 경제 주체를 중산층으로 끌어올리는 유능한 민주당입니다. 노동의 양과 질 개선, 공정하고 자유로운 경제 구조 혁신, 에너지 전환 대응으로 극소수 대기업과 화석연료 중심의 낡은 경제 구조를 타파해야 합니다. 대·중소기업간 수직구조, 대결적 노사관계의 해법은 경제 주체 간 대등한 협상권을 보장하는 것입니다. 중소기업의 협상권 강화, 하청노동자의 실질 사용주인 원청과의 협상권 강화 등이 그것입니다. 재생에너지 등 민간에 새로운 혁신이 꽃피게 해 탄소제로사회에 능동적으로 대응해야 합니다.

불공정, 불평등에 맞서 싸울 당의 모습도 현대화해야 합니다. 선거용 조직에 머무르는 당을 민심 곳곳에 뿌리내리는 현장형 정당으로 변모시키고, 민생 침해 현장의 문제를 즉시 해결하는 정치적 효능감과 정책, 제도 개혁을 병행하는 원내정당 강화가 시민과 호흡하는 현대적 정당의 모습입니다.

종합해보면 네 번째 민주당은 바로 을지로 노선이 당에 전면화하는 민주당입니다. 지난 10년의 역사 속에서 을지로위원회의 방향과 노선은 가장 민주당다운 민주당을 대변하는 것이었습니다. 민주당을 대표하는 브랜드를 넘어 이제 민주당 그 자체가 되어야 합니다.

민심이라는 토양에 뿌리내리지 못한 정당은 작은 비바람에도 버텨낼 수 없습니다. 민심이라는 토양에서 자양분을 흡수하지 않고 바람보다 먼저 눕는 원칙 없는 정당이 되어서는 국민의 신뢰를 얻을 수 없습니다. 그루터기만 남더라도 땅에 단단히 뿌리를 내린다면 다시 큰 기둥과 가지와 꽃을 피울 수 있습니다.

그래서 다시 현장입니다. 다시 을지로입니다. 이 녹서가 다음 을지로위원회 10년과 민주당의 10년, 그리고 새로운 민주정부의 시작점이 되길 바랍니다.

감사합니다.

민주당 재집권전략 보고서

민생을 위한 소중한 발걸음이 혁신으로 이어지길 바랍니다!

이재명
더불어민주당 대표

    더불어민주당 을지로위원회 10주년과 기념 녹서 발간을 진심으로 축하드립니다. 녹서 발간을 위해 노력해주신 박주민 을지로위원장님과 우원식 녹서발간위원장님, 을지로위원회 관계자 여러분께 깊은 감사드립니다.

    을지로위원회는 '공정, 생명, 포용, 번영, 평화'라는 민주당의 가치를 가장 잘 발현해내고 있는 위원회입니다. 특권과 차별, 불평등이 없는 공정하고 평등한 사회를 위해 우리는 힘을 모아왔습니다. 지난 10년 간 사회의 여러 갈등을 중재하고, 조정해 왔습니다.

    대한민국은 세계 10위권의 경제대국이자 높은 수준의 민주주의를 누리는 나라이지만, 심각한 사회불평등 문제를 겪고 있는 나라이기도 합니다. 상위 소득 1%가 국민소득 14.7%를 차지하고, 낮은 출생률, 높은 자살률, 노인빈곤율 1위의 나라이기도 합니다. 불평등과 불공정의 문제를 극복하고, 상생의 대한민국을 위해 정치가, 민주당이, 을지로위원회가 노력해야 합니다.

을지로위원회에서 발간하는 녹서^{Green paper}는 더 나은 내일을 위한 길잡이가 될 것입니다. 중산층과 서민을 넘어 불평등한 사회 구조를 개혁하고, 새로운 사회를 열어갈 청사진이 될 것입니다. 기본적인 삶을 누릴 수 있는 나라, 공정과 상식이 통하는 사회를 위한 지침서가 될 것입니다.

'을Z'과 함께 더 단단하게 연대하는 진보적 대중정당, 양극화와 불평등 구조를 개혁하는 유능한 민생정당이 되겠습니다. 민생을 위해, 국민의 삶과 미래를 위해 정책 대전환의 길로 나아가겠습니다.

다시 한 번 녹서 발간을 축하드리며, 민생을 위한 소중한 발걸음이 혁신으로 이어지도록 열심히 달리겠습니다.

감사합니다.

을지로위원회의 제안이 거당적으로 확산되기를 소망합니다!

이해찬
더불어민주당 상임고문, 前 더불어민주당 대표

우리 사회의 약자인 을^{Z}들을 지키는 민생실천위원회인 을지로위원회가 10년이 됐다고 하니 감개무량합니다. 을지로위원회는 '을'들의 피해를 구제하고, '을' 살리기 입법을 추진하면서 사회에 만연한 불공정한 관행을 바로잡는 데 큰 역할을 해왔습니다. 초대 위원장으로서 누구보다 헌신하셨던 우원식 의원님과 그 뒤를 이어서 이학영 위원장님, 박홍근 위원장님, 진성준 위원장님, 그리고 지금의 박주민 위원장님까지 현장에서 쓴소리를 많이 듣는 고된 일들을 열심히 해 오셨습니다. 아울러 함께 해주신 수십 명의 참여의원님들이 있었기에 을지로위원회가 군건하게 서 있게 되었습니다.

제가 당대표로 있을 때, 박홍근 의원이 위원장이셨는데 중소자영업·소상공인들의 카드수수료 인하와 삼성전자 '반올림' 피해자들의 11년에 걸친 분쟁을 사회적 합의로 해결했던 기억이 남습니다. 당대표로서 을지로위원회 현장방문에 따라가서 당사자들의 억울한 사정을 듣고, 꽃달기 행사에 빠짐없이 참석해 당에서 위상을 높이도록 노력했습니다. 을지로위원회의 헌신이 민생연석회의를 탄생시켰고, 우리 당의 핵심 조직이자 민생을 대변하는 중요한 소통 창구가 되었습니다.

민주당은 김대중 총재 이래로 '중산층과 서민의 정당'을 표방하며 국민에게 사랑받았습니다. 외환위기 국난을 극복하는 과정에서 많은 중산층과 서민이 무너지는 아픔을 겪었지만 민주당은 사회적·경제적 약자들의 민생을 위한 정치를 꾸준히 해왔습니다. 민주당의 '민생제일주의' 활동에는 을지로위원회가 늘 선두에 있었습니다. 민주당의 현장성과 반응성을 가장 잘 보여주었고, 진보정책을 주도하며 당에 생동감을 불어넣었습니다. 을지로위원회는 민주당에 없어서는 안 될 상징과도 같은 존재입니다.

을지로위원회가 설립 10주년을 맞아 민주당의 정책방향과 가야 할 길을 제안하는 녹서, Green paper를 발간합니다. 진심으로 축하합니다.

지난 대선에서의 뼈아픈 패배를 민주당의 가치와 노선의 관점에서 냉철하게 반성하고, 불공정과 불평등 해소를 위한 구조 개혁을 새로운 과제로 제시한 것은 민주당이 100년 정당으로 나아가기 위해 반드시 해야 할 숙제를 던졌다고 생각합니다. 민주당이 유능한 민생정당, 민주적 국민정당으로 발전하기 위해서 정치적 민주주의와 함께 사회경제적 민주주의를 더 강화해야 한다는 제안이 을지로위원회를 시작으로 거당적으로 확산되기를 소망합니다.

지금까지 걸어온 길을 돌아보고 평가하는 데 안주하지 않고 앞으로의 10년, 20년을 모색하겠다는 열정과 각오에 박수를 보냅니다. 이 녹서가 당 정강정책에 반영되어 정체성 강화에 기여할 수 있도록 노력해 주시기 바랍니다. 앞으로도 을지로위원회가 민생을 더 챙기고, 경제를 더 공정하게, 노동이 더 존중받는 사회가 되도록 많은 역할을 해 주시기 바랍니다.

감사합니다.

목차

1

을지로위원회의 성과와 과제 그리고 전망

2

을ㄱ과 함께 나아갈 사회경제개혁의 길

1장 | 민생개혁의 길

선진국 대한민국, 민생은 왜 점점 더 어려워지는 걸까?　73

1

을지로위원회의
성과와 과제
그리고 전망

대담

전·현직 을지로위원장과
민생최고위원

한국 정당사에서
'을지로위원회'의 의미와 성과

사회자

정치발전소 박상훈 소장(국회미래연구원 초빙연구위원)

참석자

우원식(1기), 박홍근(3기), 진성준(4기), 박주민(5기), 남인순(前 민생최고위원)

박상훈 오늘 존경하는 여러 의원님들 모시고 한국의 정당에 대해서 얘기하게 된 것을 참 뜻깊게 생각합니다. 무엇보다 우리 정당사에서 새로운 혁신적인 실험이라고 한다면 을지로위원회를 꼽지 않을 수가 없습니다. 올해로 출범한 지 10년이 됐는데, 먼저 출범 10주년을 축하드립니다.

2500년 전 아리스토텔레스가 민주주의를 관찰하면서 '빈자의 지배'라고 했는데, 참 인상적인 정의가 아닐 수 없습니다. 그는 다른 체제보다 가난한 사람들이 훨씬 더 대우받을 수 있는 게 민주주의의 가장 큰 특징이라고 이야기했습니다. 저는 현대 민주주의에서 그 특징을 잘 살린 인간 조직이 정당이라고 생각합니다.

정당은 잘할 수 있는 게 있고, 잘할 수 없는 게 있습니다. 전쟁이나 민족적 자존심의 문제는 정당이 잘할 수 없습니다. 전쟁이 발생하면 정당은 기능을 멈추고 거국내각 중심으로 단결해서 모든 일을 하게 되어 있습니다. 하지만 정당이 다른 어떤 인간 조직보다 잘하는 것은 공공정책을 준비하고 기획하는 일입니다. 사람들의 소득에 기반을 둔 삶이나 일자리에 기반을 둔 삶, 자신의 삶을 스스로 설계할 수 있는 물질적 기반을 잘 다루는 데는 인간의 역사에서 정당만큼 잘할 수 있는 조직이 없었습니다. 우리가 지금 알고 있는 복지국가도 그렇고 여러 나라에서 시행한 재분배와 관련된 획기적인 정책들도 대부분 정당이 만들어 낸 일입니다. 저는 평소에 이런 정당을 꿈꿔왔는데 민주당 안에서 이것을 구현한 아주 대표적인 모범 사례가 을지로위원회라고 판단합니다.

을지로위원회가 벌써 출범 10년이 됐다는 얘기는 그 사이에 민주당도 을지로위원회 덕분에 또는 을지로위원회를 통해서 변화되고 발전한 모습이 있었을 것이라고 생각합니다. 여기 계신 분들은 그와 관련해서 감회가 좀 특별하실 것 같은데요, 전체적으로 을지로위원회가 민주당의 변화 발전에 어떤 역할을 해왔는지 그 의미를 말씀해주시면 좋겠습니다. 먼저 초대 위원장님께서 말씀해주시죠.

'을지로위원회'가 바꾼 정치 문화

우원식 제가 처음 을지로위원회를 시작했으니 그때 이야기를 하겠습니다. 2012년 대선에서 정말 최선을 다해서 열심히 했고 이명박 대통령이 국민들의 지탄을 굉장히 많이 받고 있었던 상황이었기 때문에 잘하면 이길 수 있겠다고 생각했습니다. 그런데 결국 졌습니다. 지고 난 뒤에 왜 졌을까 생각해봤습니다.

제가 재야활동을 하다가 김대중을 구하자며 정당에 참여한 게 평민

"진주의료원 다음 현장을 어디로 할지 고민을 하던 차에 남양유업 사태가 터졌습니다. '갑의 횡포, 을의 눈물'이 사회의 중요한 이슈로 제기됐고, 갑甲에 의해 부당하고 불공정한 처우를 받는 을乙들이 우리 국민들의 현장이라는 생각을 하게 되었습니다. 그래서 최고위원에 당선되고 바로 을지로위원회를 만들었습니다."

우원식

당 때입니다. 당시 평민당은 '중산층과 서민의 정당'이라는 슬로건을 내걸고, 당이 현장에 가까이 가는 대외협력위원회, 노동국, 농어민국, 인권위원회 등의 당 조직을 꾸리고 있었습니다. 무슨 일이 생기면 저와 같은 당직자들이 현장에 가서 상황을 파악하고, 국회의원 모시고 가서 문제 해결을 하고, 그걸로 백서도 냈습니다. 당시 김대중 총재도 그런 활동에 큰 보람을 느끼고 있었고, 우리도 스스로 현장에 가깝다고 생각했었습니다.

노태우 정권 당시였으니 인권 상황도 좋지 않았고 노동자나 농민도 어려움이 많았기 때문에 무슨 문제가 생겨서 농성을 하면 그분들이 평민당 강당에 와서 숙식을 하시곤 했습니다. 낮에는 시위하고 농성하다가 밤에는 평민당 강당에 들어오시면 우리가 막걸리를 사가서 함께 마시기도 하면서 가깝게 지냈습니다. 그러자 우리 당이 집권을 하니 그런 분들이 찾아와서 김대중 정부나 노무현 정부의 마음에 안 드는 점에 대해서 시위를 하거나 때로는 행패를 부리기도 했습니다. 그러니 어느 순간부터 당사 앞에 경찰을 세워놓고 들어가는 사람들을 다 검문하면서 사람들이 찾아오기 어려운 당이 됐습니다. 그런 과정을 거치면서 '어느새 우리가 현장에서, 고통 받는 국민들로부터 멀어져 있는 것이 가장 중요한 패인이 아닐까' 하는 생각이 들었습니다.

그런 생각을 갖고 있던 저는 '현장에 답이 있다'는 슬로건을 가지고 최고의원 선거에 출마했습니다. 진주의료원 폐업 사태가 일어났을 때라 거기서 출마 기자회견을 했고, 선거운동에서도 "우리가 현장에 가까이 가자. 어려운 사람들과 함께 하는 게 정당의 역할이다."라는 얘기를 계속 했습니다. 진주의료원 다음 현장을 어디로 할지 고민을 하던 차에 남양유업 사태가 터졌습니다. '갑의 횡포, 을의 눈물'이 사회의 중요한 이슈로 제기됐고, 갑^{甲}에 의해 부당하고 불공정한 처우를 받는 을^{乙}들이 우리 국민들의 현장이라는 생각을 하게 되었습니다. 그래서 최고위원에 당선되고 바로 을지로위원회를 만들었습니다.

을지로위원회를 만들고 함께 활동한 우리 당의 국회의원들, 당직자들, 보좌진들은 '어려움을 겪는 사람들 곁으로 가는 것'을 우리 당의 정체성이라고 금방 받아들였습니다. 이렇게 현장과 밀접하게 연결되는 것이 민주당이 가야 할 길이라는 인식의 변화를 우리가 겪은 것 같습니다. 현장과 밀착해서 보니 정치와 국회가 해야 할 일은 입법이나 예산 심의, 정부 감시도 있지만 갈등을 조정하는 유력한 수단이 정치이자 국회의원이라는 것도 깨닫게 되었습니다. 지금은 80여 명의 국회의원들이 함께하고 있으니 이제 당의 큰 줄기가 되었습니다.

또 다른 변화는 소상공인, 자영업자, 중소기업, 비정규직 등 을지로위원회와 함께 한 을^乙들도 '우리가 정당으로 들어가야겠다'는 생각을 하게 된 것입니다. 그러면서 3천 명이 우리 당에 입당을 하고, 민주당과 연대를 해야 한다는 계층들이 생기면서 더 많은 활동으로 이어지는 단초가 만들어진 점도 중요한 변화입니다.

우리가 을지로위원회 활동을 하니 새누리당이 비슷하게 한다고 '손톱 밑 가시뽑기 특별위원회(일명 손가위)'를 만들어서 따라했습니다. 그런데 을지로위원회는 끊임없이 현장을 찾아가고 현장에서 이야기를 듣고 연대하는 일을 계속해 온 반면에 그들은 이벤트로 하니까 잘 되지 않았습니다. 결국 진보적이고 개혁적인 가치를 현장을 통해서 구현하려고 하는 정치세력과 이벤트를 통해 기득권을 지키려고 하는 정치세력 간의 차별화된 모습이 드러난 계기가 마련된 점에서도 의미가 있었다고 생각합니다.

박상훈　정치학 이론 중에 '권력의 로커스'라는 이론이 있습니다. 도움이 필요한 사람들이 어디를 찾아가는지를 보면 권력의 위치를 알 수 있다는 것인데요, 미국은 보통 지역에 있는 의원 사무실을 찾아간다고 하고, 유럽은 대개 지구당을 찾아간다고 합니다. 처음에 을지로위원회를 만들 때는 당이 현장에 가까이 가지 못하는 형편을 변화시켜보고자 현장을 먼저 찾아가신 거군요. 그럼 그 이후에는 현장에서 오히려 당을 찾는 변화도 만들어졌을 거라는 생각이 드는데 그와 관련된 사례도 있지 않을까요?

현장으로 가고, 현장에서 오는 정당 만들기

"개헌을 통해 경제민주화 조항을 넣었음에도 불구하고 정치권과 국민 다수의 삶은 도리어 유리된 상황이 한동안 지속되었습니다. 을지로위원회는 정치권과 유리된 사회경제적 약자들과 지속적으로 소통하고 그들을 대변하는 정당 안의 실천조직 구상이었습니다. 이런 점이 다른 정당이나 다른 기구와는 완전히 구별되는 특성입니다."

박홍근

박홍근　국민들과 함께 87년 6월 항쟁을 통해 만든 지금의 헌정질서를 소위 87체제라고 합니다. 87체제가 수립된 후 한국 사회의 근본적인 변화를 위해서는 경제민주화 같은 실질적 민주주의나 사회경제적 민주주의가 필요했습니다. 과거에 비해서 정치체제의 권위주의는 많이 제거됐지만 경제주체들을 억눌렀던 불합리, 불공정 또는 불평등은 신자유주의라는 세계적 조류와 맞물리면서 더 심각해졌기 때문입니다.

　개헌을 통해 경제민주화 조항을 넣었음에도 불구하고 정치권과 국민 다수의 삶은 도리어 유리된 상황이 한동안 지속되었습니다. 을지로위원회는 정치권과 유리된 사회경제적 약자들과 지속적으로 소통하고 그들을 대변하는 정당 안의 실천조직 구상이었습니다. 이런 점이 다른 정당이나 다른 기구와는 완전히 구별되는 특성입니다.

을지로위원회는 비정규직과 소상공인·자영업자 문제에 주목했습니다. 노동자 중에서도 상대적으로 더 약자이고, 경제주체 중에서 사각지대에 있는 분들이 불공정한 계약으로 불합리한 대우를 받는 것을 개선하기 위해 노력한 전략이 시대의 흐름에도 맞았고 현장의 요구도 컸기 때문에 성과를 많이 낼 수 있었다고 생각합니다.

늘 정치인들이 선거 때만 되면 민생을 얘기하는데, 을지로위원회만큼은 대한민국 현대정치사를 통틀어 '민생제일주의'라는 여섯 글자를 당당하게 얘기할 수 있는 곳이라고 생각합니다. 그건 역대 을지로위원회 위원장이나 참여하는 의원들뿐만 아니라 을지로위원회와 자신들이 안고 있던 현안을 풀어나가는 과정을 함께했던 당사자들이 느끼고 또 인정하는 부분이라고 생각합니다. 정치의 본령이란 결국 국민들에게 먹고 사는 문제에 대한 해답을 주는 것이어야 하는데, 을지로위원회는 경제적 약자의 편에서 먹고 사는 문제를 자기 문제로 여기면서 함께 쌓아온 것들이 공감과 호응을 이끌어냈던 것이라고 평가하고 싶습니다.

그런데 한편에서는 오해도 많이 받았습니다. 과거 보수언론에서 기획팀을 꾸려서 을지로위원회 활동의 문제점들을 집중 조명하기 위해 취재한 적이 있었습니다. 제가 3기 을지로위원장 막 끝나고 나서 4기 진성준 을지로위원장에게 넘겨줄 때도 보수언론이 두 번에 걸쳐서 아주 긴 기사를 쓰기도 했습니다. 주로 을지로위원회의 활동을 비판하면서 오히려 기업에 갑질을 한다는 내용이었습니다.

제가 카드사 수수료 인하 문제 등을 포함해 여러 현안을 해결하면서 꾸준히 한 얘기가 있습니다. "을지로위원회가 경제적 약자를 대변하지만, 우리가 무조건 다 옳다고 주장하는 것은 아니다. 갑(甲)의 과도한 힘은 빼고, 을^乙의 무리한 요구는 낮춘다. 그래서 균형을 맞춘다."는 말입니다. 우리가 얘기하는 공정이 모든 것을 똑같이 획일적으로 맞추라는 의미는 아닙니다. 서로의 위치와 처지에서 접점을 만들어주는 것이 정치의 역할이라고 생각해서 을지로위원회는 끊임없이 과도한 갑^甲의 힘을 빼고, 무리한 을^乙의 요구를 낮추어 그 균형추를 맞추면서 문제를 해결해 왔습니다.

사회자의 질문처럼 찾아오신 분들도 있고 민원이나 제보를 통해서 알고 찾아가 문제를 해결한 사례도 있었습니다. 그중에서 제 기억에 남는 것 중 하나는 파인텍 노동자들의 굴뚝농성을 중재한 것이었습니다. 두 명의 노동자가 75m 굴뚝에 올라가 426일 동안 농성을 하셨는데, 처음에는 너무 복잡한 사안이라 사실 기피했습니다. 그런데 인권단체와 시민단체에서 "여기를 을지로위원회가 좀 도와줘라."고 해서 쉽지 않은 과제인 것을 알면서도 중재를 시작했습니다.

날밤을 새워가면서 중재하고 조정해서 결국 노동자들이 가족의 품으로 돌아갈 수 있었는데, 그때도 똑같이 "노동자들이라고 해서 우리가 무조건 같은 편 들어주지 않는다. 너무 무리한 요구하지 마라." 고 얘기했었습니다. 또 회사는 회사대로 노동자들을 사람답게 대접하지 않는 태도를 보일 때는 강하게 제재하기도 했습니다. 그렇게 양쪽을 설득하면서 서로의 신뢰를 회복하고 합의점들을 찾아나가는 과정이 되게 했습니다. 지난한 일이었는데 돌아보면 우리가, 바로 정치가 해야 할 일이었다고 평가합니다. 을지로위원회의 지난 10년이 그렇게 달려온 과정입니다.

사회경제적 민주주의를 체화하기

"그렇게 대통령 선거에서 패배하고, 그 교훈을 우원식의 현장주의에서 찾은 것입니다. 그래서 을지로위원회가 출발하게 되었고, 이후 10년을 경과해오면서 우리 당의 민주주의가 심화하고 확장되어 사회경제적 차원의 민주주의가 상당히 체화되었다고 봅니다. 사회경제적 민주주의 과제에 대한 우리 당이 체화된 것이 반영된 결과라고 봅니다."

진성준

진성준　김대중 대통령이 집권하면서 '반독재 민주화'가 1차적으로 완성되었습니다. 수평적 정권 교체가 실현되어 교과서적인 의미의 민주국가가 되었는데, 이 민주주의가 어떤 방향으로 심화·확장되어야 할 것인지에 대한 민주당의 지체가 있었다고 생각합니다.

　　그런데 2010년 지방선거를 통해서 민주당에 중대한 깨달음이 왔다고 봅니다. 2010년 6월 지방선거를 달궜던 정책이슈인 '초등학교 무상급식'은 노무현 대통령의 신행정수도 건설만큼이나 굉장히 파급력 있는 공약이었다고 생각합니다. 그것으로 교육감 선거를 진보교육감이 석권했고, 우리 당이 지방선거를 석권할 수 있었습니다. 같은 해 10월 민주당 전당대회에서 보편적 복지를 당헌에 채택합니다. 시대의 민주주의 과제가 사회경제적인 차원으로 심화되고 확장되어야 한다는 깨달음을 얻은 것입니다.

그 뒤에 〈헌법 119조 위원회〉도 만들고 〈보편적 복지국가위원회〉도 만들면서 그 정책과제들을 심화하고 확장시켜서 2012년 총선과 대선에 임하는데, 결국 실패합니다. 저는 그 패배 이유가 민주당이 시대의 민주주의 과제를 당적으로 심화하고 확장하려고 했지만, 체화하지 않았기 때문에 국민에게 제대로 전달되지 않았다고 생각합니다.

대표적인 사례가 제가 막 19대 국회에 들어왔을 때 있었던 일입니다. 당시 원내대표가 박지원 의원이었는데, 18대보다 우리 당 의석이 약 40석 이상 늘어나니 개원 협상의 요구가 "상임위원장 두 개는 더 해야 되겠다. 그중에서 특히 법사위원장은 꼭 우리가 해야 되겠다."는 것이었습니다. 이 요구를 안 들어주면 국회 문 못 연다는 게 박지원 원내대표의 벼랑 끝 전술이었고, 결국 관철했습니다.

그런데 당시 양당의 1번 공약이 뭐였냐면, 민주당은 반값 등록금이었고 새누리당은 비정규직 철폐였습니다. 만약 우리 당이 사회경제적 과제를 체화하고 있고 거기에 진정성이 있었다면 상임위원장 두 개 더 해야겠다고 하는 전통적 정치문법에 입각한 요구가 아니라, "총선 1번 공약을 개원하는 국회에서 입법하자. 이거 약속하지 않으면 국회 문 못 연다."면서 달려들었으면 어땠을까 생각합니다. 국회 구성도 틀을 짜는 문제니 굉장히 중요한 문제입니다만 우리는 그런 예구 하나 못 걸고 계속 해왔던 정치문법에 머무르고 말았습니다.

그렇게 2012년 6월에 개원한 19대 국회는 9월 정기국회 때까지 경제민주화나 복지정책을 입법한 게 하나도 없습니다. 그렇게 하고 대통령 선거에 들어갔으니 아무리 사회경제적 민주주의, 불평등 문제나 복지국가, 경제민주화를 강조했어도 국민들에게 체감되지 않은 말뿐이었던 것이죠.

그렇게 대통령 선거에서 패배하고, 그 교훈을 우원식의 현장주의에서 찾은 것입니다. 그래서 을지로위원회가 출발하게 되었고, 이후 10년을 경과해오면서 우리 당의 민주주의가 심화하고 확장되어 사회경제적 차원의 민주주의가 상당히 체화되었다고 봅니다. 이를테면 노란봉투법이나 납품단가연동제법 같은 것을 예전에는 우리의 힘으로 밀고 가지 못하고 정부의 합의가 있어야 된다거나 상대 당의 합의를 기다린다는 태도를 고수했을 텐데, 이번에는 우리가 했지 않습니까. 지도부의 리더십이기도 하지만 사회경제적 민주주의 과제에 대한 우리 당이 체화된 것이 반영된 결과라고 봅니다. 그리고 우리 당을 이렇게 만든 것에 을지로위원회의 현장주의와 민생제일주의가 크게 기여했다고 생각합니다.

아직도 우리 당 전체적으로 머뭇거리는 게 있습니다. 당에서 그런 기회주의가 여전히 있고 또 눈치 보는 일도 있는데 이것을 어떻게 조금 더 비타협적이고 원칙을 지켜가는 방향으로 민주당을 더 튼튼하게 만들고 강화시켜 갈 것인지가 우리의 당적 과제이자 또 을지로위원회의 소명이라고 생각합니다.

'민주당'의 제1노선을 향하여

남인순 처음에 을지로위원회 만들 때가 생각이 납니다. 아까 우원식 의원님이 얘기하신 대로 대선 지고 나서 되게 막막했었거든요. 그때 대선 패배 이후에 이명박 정권에 이어서 박근혜 정권이 되니까 희망이 없다고 생각한 연이은 죽음이 있었습니다. 우원식 의원이 최고위원이 되는 과정에서 정권교체를 못한 것이 얼마나 큰 죄를 졌는지 얘기하면서, "우리라도

"저도 처음에는 얼마만큼 도움이 될 수 있을까라는 생각을 했습니다. 그때 기억나는 장면은 롯데의 골목상권 침해에 대한 상생협약 체결과 아모레퍼시픽의 특약점과 공정거래를 촉구했을 때, 재벌들이 반응을 보이면서 문제가 풀려가는 과정이 보였던 일입니다. 그런 을지로위원회의 현장 활동을 통해서 정치의 역할이 무엇인지 국회의원들 스스로가 느끼게 된 것이 가장 큰 변화입니다."

남인순

그런 일을 멈추게 해야 된다, 우리가 야당이긴 하지만 우리가 할 수 있는 일을 해야 된다."고 하면서 현장을 찾아다니곤 했습니다.

저도 처음에는 얼마만큼 도움이 될 수 있을까라는 생각을 했습니다. 그때 기억나는 장면은 롯데의 골목상권 침해에 대한 상생협약 체결과 아모레퍼시픽의 특약점과 공정거래를 촉구했을 때, 재벌들이 반응을 보이면서 문제가 풀려가는 과정이 보였던 일입니다. 그런 을지로위원회의 현장 활동을 통해서 정치의 역할이 무엇인지 국회의원들 스스로가 느끼게 된 것이 가장 큰 변화입니다. 가능하면 사회경제적 약자들이 투쟁을 덜하고 문제를 해결할 수 있게 하는 정치의 역할에 대한 모델을 보여줬다고 생각합니다.

또, 예전에는 각자 소속 상임위원회 일만 하면 된다고 생각했지만 을

민주당 재집권전략 보고서

지로위원회는 상임위원회를 뛰어넘었습니다. 자기가 소속된 상임위원회 일이 아니어도 무조건 같이 가서 병풍하자고 책임의원에게 함께 연대해 주는 것이 서로에게, 또 국민에게 헌신하는 정치인을 만들었다고 생각합니다. 을지로위원회에서 이런 책임과 헌신을 우리 당의 기풍이자 누구나 해야 하는 기본으로 세우면서 문화로 자리를 잡게 했습니다.

그런데 아직 을지로위원회의 방향이 우리 당의 제1노선은 아닙니다. 왜 아직 그런지는 논의해봐야 되는 부분이라고 생각합니다. 그래도 10년 동안 그걸 차곡차곡 쌓아왔던 것을 잘 평가하고, 앞으로 을지로위원회의 방향이 민주당에서 최우선이 될 수 있도록 노선을 정리해 나가야 할 것 같습니다.

현장성과 공부를 결합하기

박주민 저는 을지로위원회에 입문한 지가 얼마 안 됐습니다. 오히려 저는 당 생활 경험이 짧고, 을지로위원회 활동 경험이 짧아서 아쉬움이 큽니다. 당이 사회경제적 이슈에 둔감하다, 또 무관심하다는 느낌을 많이 받았고 그런 부분에 있어서 목소리 내고 행동하는 정당이 됐으면 좋겠다고 생각합니다. 사실 당에 입당하면서 그게 제1의 목표였기도 했고, 혹시 그렇지 않은 민주당에 들어와서 괜히 저의 색깔만 희석되는 거 아니냐는 공포심도 있었습니다. 그런데 들어와서 보니까 다행히 을지로위원회가 활동하고 있어서 고공농성장도 같이 가고 그랬는데, 그때까지만 해도 저는 곁에서 주로 지켜보는 입장이었습니다.

아쉬운 것은 을지로위원회가 상당히 많은 성과를 냈지만 아직은 민주

박주민

당 전체에 체화된 수준이나 전면화 된 것은 아니고 여전히 눈치 보고 주
저하는 태도들이 있는 것 같습니다. 그 여러 가지 이유들은 추후에 말씀
나눠보시지요.

저는 을지로위원회가 현장에 찾아가는 것도 좋지만 의원들끼리 공부
하고 정리해서 당에 제시하는 일을 좀 더 하고 싶습니다. 현장성도 계속
살려나가야 하겠지만 그런 의제나 방향성을 제시하는 부분에 대해서는
욕심이 있어서 아쉬움이 있습니다.

실제로 제가 을지로위원장을 맡아서 노란봉투법이나 30인 미만 사업
장의 주 52시간제에 대해서 회의를 해보면 을지로위원회 내부에서조차도
이견이 엄청 많아요. 그래서 이에 대한 입장을 정리하는 작업도 동시에 필
요하다는 생각이 듭니다.

박상훈　요약하면, "을지로위원회가 반독재 민주정당에서 민생과 사회경제적인 민주주의 문제를 중시하는 방향으로 전진을 시작했지만 아직도 갈 길은 남아 있다."고 말씀하신 것 같습니다. 그게 두 번째 질문하고도 연관이 될 것 같은데요, 그간 여야 정권교체가 10년 주기로 있었는데 이번에는 좀 짧았고 그래서 재집권에 실패한 문제가 커 보입니다. 을지로위원회를 응원하고 기대했던 분들이 집권했을 때 조금 더 잘했으면 하는 아쉬움도 있는 것 같습니다.

미국 정치를 연구하는 사람이 조사한 바에 의하면 1900년대 초에서 2000년대 초까지 100년 동안 민주당과 공화당이 각각 50년을 집권했다고 합니다. 각 당의 집권기를 조사해 보니 하위 10%의 소득이 민주당 집권기 때가 공화당 집권기 때보다 6배가 증가했다고 합니다.

어느 정당이 집권하느냐에 따라 차이가 나면 그때는 사회경제적인 민주주의가 정치 수준에서도 뿌리내리게 된 것일 텐데 우리는 아직 그 단계에 이르지 못한 숙제를 안고 있다고 봐야 될 것 같습니다. 그런 면에서 지난 재집권에 실패한 원인, 여당일 때의 을지로위원회가 제기한 이슈가 얼마나 적극적으로 실천되었는지에 대해서도 평가를 해주셨으면 좋겠습니다.

여당일 때의 을지로위원회에 대한 반성적 성찰

우원식　이번 대선을 치르는 동안 우리 당이 부동산 문제 때문에 큰 어려움에 처하고 국민의힘의 지지도가 오를 때 〈조선일보〉가 '국민의힘 이대로 안 된다'면서 '지난 2012년 대선에서 민주당이 실패하고 나서 민주당이 을지로위원회를 만들어서 국민들의 삶을 챙기고 사회적 약자를 도우려 당이 나서서 활동하면서 민주당의 집권 기반이 됐다. 그런데 국민의힘 국회의원들 도대체 뭐 하고 있는거냐'고 국민의힘 국회의원들을 비판하는 사설을 썼습니다. 그걸 보고 〈조선일보〉가 참 대단하다고 생각했습니다. 그런 국민의힘의 태도에도 우리는 대통령 선거에서 졌고 정권 재창출에 실패했습니다. 저는 그 실패의 원인은 두 가지인 것 같습니다.

하나는 탄핵을 함께한 촛불연대의 실패입니다. 우리 당은 박근혜 대통령 탄핵을 통해서 집권을 했습니다. 결과적으로 대통령 탄핵까지 가긴 했지만 시작은 광화문이 아니고 청계광장부터였습니다. "이명박–박근혜 거치면서 도저히 못 살겠다. 이게 나라냐!"라고 생각한 사람들이 청계광장에서 모여서 시작했다가 그게 점점 커지고 있던 도중에 국정농단이 터지면서 그때 폭발을 한 것입니다. 부글부글 끓는 국민들의 고단한 삶 위에 국정농단이라고 하는 뇌관이 터져서 폭발한 게 탄핵입니다. 그런 민심의 배경은 사회 곳곳의 불공정이 심각해졌고 신자유주의 정책을 10년 동안 하면서 최소한의 노동의 권리조차 보장받지 못했으며, 특히 젊은이들의 미래가 깜깜한 사회경제적 상황이었습니다. 그런 민심을 바탕으로 이루어진 대통령 탄핵은 우리 당만 한 게 아닙니다. 정당만 놓고 보면 국민의당, 바른미래당, 정의당까지 4개 정당이 같이 했습니다. 그렇게 4개의 정치세력이 같이 탄핵을 했는데 정권이 바뀌고 난 다음에 우리가 뭘 했나 돌이켜보면 아쉬움이 있습니다.

당시 제가 원내대표였고 박홍근 의원이 원내수석부대표였는데 우리 당이 원내에서 소수였습니다. 빨리 탄핵이 요구했던 개혁을 해야 되는데 우리는 소수고 정부를 구성하려면 표결을 해야 하지만 일부 야당이 동의

해주지 않으면 할 수가 없는 상황이었습니다. 한 달에 한 번, 두 달에 한 번 겨우 야당에서 30여 표 정도 끌고 오는 상황이 되어야만 표결 하나 하고, 또 한두 달 거쳐서 설득해서 그 다음 표결을 하면서 정부 구성하는 데에만 1년이 걸렸습니다.

그러니, "촛불의 요구를 빨리 실현하려면 정부 구성은 금방 해치우고 탄핵이 요구했던 개혁을 해야 한다"는 말이 나오기 시작했습니다. 그 개혁은 정치적인 개혁과 함께 사회경제적 개혁도 있었습니다. 탄핵의 출발이 젊은이들의 삶, 또 최소한의 노동의 권리처럼 국민의 삶과 닿아있는 요구였는데, 그걸 못했습니다.

또 표결을 하는 데 협조한 야당들이 "아쉬울 때는 표결해달라고 하는데 그 다음에 민주당이 우리한테 해주는 게 뭐가 있냐"고 하는데, 저는 그때 입법개혁연대를 하자고 주장했는데 결국 우리 당이 그걸 받아들이지 못했습니다. 권력의 욕심이 너무 컸다고 생각합니다. 탄핵을 하면서 자유한국당이 무너지니까 우리가 국민의 지지를 갖고 독자적으로 정권을 유지해 갈 수 있다고 생각한 것이 오만했다는 생각입니다.

다른 하나는 정권의 출발이 청계광장에 모인 민심에서 시작됐기 때문에 사회경제개혁을 해야 되는데 첫 해를 다 놓친 것입니다. 사회경제개혁이 중요하다는 것은 우리 정부도 잘 알고 있었고, 문재인 대통령의 '사람이 먼저'라는 슬로건도 바로 그것이었습니다.

문재인 대통령도 당에 들어와서 을지로위원회를 직접 회원으로 하지는 않았지만 중소상인 생계형 적합업종에 문구점을 채택하라고 을지로위원회가 농성할 때도 함께했고, 씨앤앰 노동자들 해고사태로 한겨울에 광고전광판 고공 농성장 앞에서 제가 열흘 동안 농성할 때는 당 대표 선거

중에 와서 같이 한나절 농성을 하기도 했었습니다. 그런 마음이 충분히 있는 분이었으니 소득주도성장, 공공부문 비정규직 정규직화, 최저임금 인상 같은 의제를 다 제시했지요.

그런데 준비가 전혀 안 돼 있었습니다. 사회경제개혁을 해가는 과정에서 소득주도성장이 맨 앞에 걸렸는데 그것을 최저임금 인상으로만 봤어요. 원래는 임금주도성장인데 굳이 소득주도성장이라고 쓴 이유는 소상공인·자영업자와 중소기업의 문제를 해결하지 않으면 안됐기 때문입니다. 임금주도성장을 대기업은 할 수 있는데 자영업과 중소기업의 문제를 해결하지 않으면 임금주도성장이 안 된다, 그러니까 중소기업과 자영업자의 소득까지 올려야만 최저임금 인상이 가능하기 때문에 소득주도성장이라고 했고 명칭 자체에 그 의미가 다 들어있는 것이었어요. 그렇게 하려면 이 불공정 문제를 해결하지 않으면 안 되는 것이었습니다.

사회경제개혁이 진행되다가 '소득주도성장'에서 걸리니까 차츰 그 기조가 약화되고 그 자리를 '혁신성장'으로 바꾸어 버렸습니다. 소득주도성장의 의미에는 우리 사회가 안고 있는 대기업과 중소기업, 또 유통재벌과 가맹점, 정규직과 비정규직, 이런 문제들의 해결이 다 깔려 있는 것이거든요. 이 구조적 불공정 문제를 해소하기 위한 사회경제개혁으로 세게 드라이브를 걸고 갔어야 되는데, 그걸 하지 않고 혁신성장 쪽으로 방향을 바꾸면서 경제민주화가 실종돼버리고 말았습니다. 그래서 우리 정부에서 경제민주화, 사회경제개혁이 정권 중반 이후에는 거의 실종돼 버리고 말아서 우리가 탄핵을 통해서 요구했던 민심을 받들지 못하고 개혁도 충실하게 해내지 못하게 됐고, 그러다가 방향을 잘못 틀어버리면서 신뢰를 잃었다고 봅니다.

민주당 재집권전략 보고서

국민들이 먹고사는 문제를 우리 당의 전체 노선으로 중심에 세우고 그것을 탄핵연대를 통해서 실현하기 위해서 다른 정치세력들과 최소한의 정책연대를 했으면 상황이 달랐을 텐데 문재인 정부에서 제대로 하지 못한 것이 정권재창출에 실패한 가장 중요한 요인이라고 생각합니다.

좀 더 과감했어야 할 을지로위원회

박홍근 촛불정치연합을 통해 구시대의 잔재를 청산하거나 또 시대의 흐름에 걸맞은 제도의 개혁을 성과 있게 했어야 했는데 그러지 못했다는 것에 십분 공감합니다.

문재인 정부 들어서면서 소위 범정부 을지로위원회를 만든다고 했습니다. 대통령의 공약 사항이었습니다. 그런데 막상 범정부 을지로위원회를 놓고 청와대와 정부, 우리 당이 협의하는 과정에서 이것이 대통령 공약사항이었음에도 결국 흐지부지됐습니다. 공정거래위원회도 있는데 옥상옥 구조가 될 수 있다는 것이 당시 반대 논리였습니다. 귤이 강을 넘으면 탱자가 된다는 말처럼 야당 시절에는 이런 제도의 필요성들을 강하게 느껴서 경제적 약자와 공정성의 문제, 사회경제적 민주주의 과제를 국정과제의 전면에 둬야한다고 했는데 막상 국정 운영을 하니 현실론이 대두된 것입니다.

'범정부 을지로위원회가 옥상옥이고 비효율적'이라는 관료들의 문제의식으로 그나마 가져온 게 당정청 을지로 현안회의였습니다. 주로 당이 의제를 잡아서 청와대, 공정거래위원회와 파트너가 돼서 논의를 했습니다. 야당 때는 국회 상임위나 국정감사, 대정부질문을 통해서 문제제기를 하거나 혹은 현장에 직접 가서 문제 해결을 위해서 노력을 했다면, 여당이 되고 나니 협조하는 정부의 행정 권력을 활용해서 문제를 풀 수 있으니 강점이 있었습니다.

예를 들어, 카드 수수료 인하 사례가 그랬습니다. 2018년 카드 수수료 인하 문제를 가지고 자영업자들이 광화문에서 대규모 시위와 농성을 이어갔었습니다. 그때 당에서 이해찬 당 대표, 남인순 민생 최고위원, 우원식 의원, 이학영 당시 을지로위원장, 그리고 저까지 함께 그런 자영업자들의 요구에 힘을 실으면서 카드 수수료를 대폭 낮출 수 있었습니다. 당시 이해찬 대표는 청와대 정책실장에게 직접 전화하면서 소통하고, 저를 비롯한 다른 의원들은 당정 협의로 정부의 협조를 이끌어 냈습니다.

이런 사례처럼 우리가 여당이 되면서 생겨난 장점은 동시에 단점이 되기도 했습니다. 행정 권력을 십분 활용해서 효과적이고 성과적으로 할 수 있는 일들이 많아진 장점이 있는 반면, 행정 권력이란 수단이 생겨서 안이해진 측면도 생겼기 때문입니다. 행정 권력의 협조를 이끌어 낼 수 있었음에도 우리 당이 우선순위에 둔 일이 무엇이었고, 의지와 책임감을 갖고 접근했는지 반성해야 할 부분이 많습니다. 과거에 비해서 치열한 현장성과 투쟁성, 전투력이 떨어졌어요. '정부에 얘기하면 알아서 해결하겠지'와 같은 판단들이 우리 안에 있지 않았나 싶습니다.

대표적인 사례가 온라인플랫폼공정화법 같은 경우인데, 지금까지도 성과가 없습니다. 코로나-19 확산과 겹치기도 했지만 소상공인·자영업자들의 부채가 많이 늘어났고, 또 한편에서는 플랫폼 노동자가 양산되는 시기였습니다. 소상공인·자영업자 생태계나 노동시장이 현장에서는 엄청나게 빠르게 변하고 있는데, 제도화의 속도는 한참 뒤떨어졌습니다.

을지로위원회가 좀 더 과감하고 결단력 있는 역할을 하면서 정부를 설득했다면 더 많은 성과를 내지 않았을까 생각합니다. 우리가 집권하면서 안이하게 접근하면서 놓쳤던 것은 반성해야 합니다.

정당의 강한 뒷받침이 있어야 변화 가능

진성준　우원식 의원님께서 굉장히 신랄하게 비판해주셨는데요 문재인 정부의 청와대에 있었던 사람으로서 말씀드리자면, 촛불탄핵을 형성했던 정치세력들이 여럿 있는데 그들과 함께 정치연합을 실현했어야 된다는 것은 정치적 과제인데 그것을 청와대가 주도권을 갖고 풀어갔어야 될 문제라기보다는 오히려 당이 주도적으로 연합을 형성하거나 합당을 추진하면서 당의 필요에 따라 주도권을 갖고 풀어갔어야 할 문제라고 생각합니다. 물론 정부 입장에서는 그 정치세력들의 대표적인 정치인들을 내각에 참여시키는 방식으로 연합을 형성하는 방법도 있었겠으나 큰 틀의 정치연합은 당이 주도해서 만들고 그것의 결과로 내각에 참여시키는 일을 기획했어야 한다고 봅니다. 청와대와 당이 그 문제를 심도 있게 논의했는지 그것에 대해서 청와대가 난색을 표했는지는 알지 못합니다. 다만, 촛불혁명을 함께 추진했던 정치연합이 크게 형성되었더라면 집권의 기반이 굉장히 넓어졌을 것은 틀림없어도 그것이 정부의 과제였다고 하는 것은 다시 돌아볼 필요가 있다고 생각합니다.

문재인 정부는 이전 정부가 저질러놓은 일 때문에 여러 가지 과제를 동시에 안고 있었습니다. 대표적으로 세월호 참사 이후 국가와 정치의 존재 이유를 묻는 물음에 정권이 '국가는 국민의 생명과 안전을 위해서 마지막까지 최선을 다해야 된다.'는 확답을 드려야 했습니다. 그런 태도가 고성 산불이나 코로나 팬데믹 대응으로 나타났는데, 그건 문재인 정부가 굉장히 훌륭하게 잘했다고 생각합니다.

두 번째로는 훼손된 민주주의를 회복하는 일을 해야 했습니다. 대표적으로 권력기관 개혁이었습니다. 국가정보원, 사이버사령부, 기무사령부가 댓글부대를 조직해서 인터넷 상에서 국민을 상대로 심리전을 벌이는데, 총칼만 안 들었지 사이버상의 쿠데타 아닙니까. 이런 걸 완전히 개혁해야 하는 정치개혁의 과제가 있었습니다. 남북관계 역시 전쟁 직전까지 갔다고 할 정도로 심각한 상황이었기 때문에 이를 정상화해야 했습니다. 이건 다 이전 정권이 저질러놓은 잘못들을 치유하고 회복하는 과정이었죠.

거기에 시대적인 과제로 사회경제적 민주주의로 진입하는 길을 여는 일을 맡았어야 했습니다. 그에 대한 문재인 정부의 처방은 소득주도성장입니다. 하나는 최저임금을 올리고 또 하나는 복지를 더 튼튼하게 해서 생활비를 복지체계로 절감시켜서 가처분 소득을 늘리겠다는 전략을 세우고 있었는데 두 개 다 충분치 못했습니다. 말씀하신 것처럼 치밀한 준비를 통해서 조급하지 않게 추진했으면 어땠을까 싶습니다.

그런데 돌아보면 '최저임금 1만 원'은 대선 당시에는 모든 정당의 공약이었고 달성하는 기간이 3년이냐 5년이냐의 차이밖에 없었는데, 최저임금 인상에 대해서 우리 진영이 제대로 방어를 못했습니다. 소상공인·자영업자, 중소기업의 하소연이 을과 을의 싸움처럼 비쳐서 어느 편을 들기가 참 어려웠는데 정부가 고용 지원을 확실하게 늘려서 최저임금 인상의 당위성을 만들고 이를 통해 소득주도성장을 흔들리지 않는 큰 길로 만들어내려는 공동의 노력이 정부 내부에서도, 정치권에서도, 우리 당의 뒷받침도 부족했다고 생각합니다.

　이런 와중에 임기 말에는 부동산 문제가 터지는데, 빈부 격차의 핵심적인 문제입니다. 최저임금 아무리 올려봐야 집 한 채가 있나, 없나를 두고 평생이 달라지는데 이 문제를 제대로 싸우지 못했고 그것이 결국 대선에 패배하는 결과로 이어졌습니다.

　우리 당이 을지로위원회의 사회경제적 민주주의를 체화한 상태라고 하기는 어렵다고 박주민 의원님이 지적해 주셨는데 저는 그 말씀에 동의합니다. 그런데 사회경제적 민주화의 길을 열어야 되고 그것의 주요한 전략이 무엇인가에 대한 나름의 고민들이 있었고 우리들의 처방이 있었는데, 이 처방에 대한 우리의 확신이 부족해서 늘 기득권 세력들의 이념 공세 또는 정치적 공세에 눈치 보면서 스스로 흔들렸다고 생각합니다.

소득주도 성장의 문제의식 살렸어야

우원식　연합하고 연대하는 것이 정치권 또는 당의 역할이라고 얘기하는 것에 대해서는 좀 다르게 생각합니다. 정부나 당이 아니라 문제인 대통령을 만들어낸 핵심적인 정치 세력이 했어야 되는 것입니다. 대통령을 중심으로 한 핵심세력이 안 했다는 겁니다. 그때 당시에 토론이 꽤 있었는데, "저쪽이 다 무너졌는데 뭐하러 권력을 나눠서 하는가. 지금처럼 해도 잘 끌고 갈 수 있다."라는 것이 주요 논리였습니다. 초반부터 많은 노력을 쏟은 권력기관 개혁이나 남북관계 정상화는 정치연합의 대상이었던 탄핵을 같이 했던 세력도 함께 참여할 수 있는 것들이었습니다. 그 세력들에게 이 일을 맡기고 우리 당은 사회경제개혁 쪽으로 조금 더 갔으면 좋았을 거란 생각입니다.

소득주도성장 깃발을 걸고 나니 당장 자영업이나 중소기업 쪽에서 문제 제기가 왔잖아요. 중소기업이나 자영업이 소득주도성장으로 갈 수 있는 기반이 되는 납품단가연동제하고, 단가 후려치기와 기술 탈취 막고, 자영업과 중소기업의 단체협상력 강화시켜주고, 카드 수수료 낮춰주는 일을 우선하지 않고 최저임금만 올리는 것은 안 되는 일이었습니다. 이런 문제 제기는 처음부터 됐음에도 불구하고 안 한 것입니다. 거기에다가 박홍근 의원이 얘기한 대로 범정부 을지로위원회 한다고 하다가 그것도 흐지부지 돼버렸습니다. 누구 한 사람을 비난하자는 것이 아니라 다음에 우리 당이 다시 집권하면 뭐부터 해야 되는지에 대한 반성적인 평가가 필요합니다.

전 우리가 너무너무 잘못했다고 생각해요. 권력이 아주 오만해졌고 다른 세력들을 함께 끌어당기지 못하면서 우리가 늘 얘기한 민주대연합이라고 하는 관점도 다 상실해 버렸습니다. 특히, 국민들의 삶을 챙기는 일에 대해 아젠다만 던졌지 그걸 실행할 수 있는 프로그램도 없었고 할 생각도 없었다는 겁니다.

범정부 을지로위원회가 되지 않는 과정에서 그걸 얼마나 많이 요청했는지 모릅니다. 당시 제가 원내대표였는데, 하도 안 돼서 직접 문서를 만들어서 정부에 있는 사람들 찾아다니기도 했습니다. 그렇게까지 해도 안 됐기 때문에 무책임했다는 점을 비판하지 않을 수 없다는 생각입니다.

성찰을 넘어 새로운 변화로

박상훈 자연스럽게 과제 얘기를 같이 하셔도 좋을 것 같아요. 지금 우리

나라는 정치해서는 안 되는 분을 정치의 수장으로 만든 게 되어버렸습니다. 엄밀히 말하면 검찰이라고 하는 국가기관의 특성 자체가 정치에서는 안 되는 일을 규범으로 안고 있는 국가기관인데, 어떻게 보면 국제정치학회에 보고될 만한 일입니다. 베를루스코니 정도가 아니라 거의 '유사 푸틴'에 가까운 그런 문제니까요.

게다가 지금 정부 행정수반을 하시는 분의 노동 문제에 대한 생각은 너무나 걱정스럽습니다. 노동 문제가 지금처럼 공안公安의 대상이 되면 저소득층 전반의 삶의 전선이 무너지게 됩니다. 지금까지 대통령이 말씀하신 대로 되면 당장 내년 총선부터 경제적 약자들의 절규가 나올 것 같습니다. 결국 민주당이 사회경제적 민생정당으로서의 모습을 더 튼튼히 해야만 앞으로의 4년 가까운 시간 동안에 민생을 지킬 수 있을 것 같습니다.

제가 재밌게 본 역사적인 사례는 〈베버리지 보고서〉입니다. 2차 세계대전을 승리로 이끈 영국의 처칠은 다 합해 62년 동안 국회의원을 한 사람입니다. 그런데 전쟁 끝에 치러진 총선에서 그가 패배할 것이라고는 아무도 생각을 못했어요. 그런데 총선에서 패배하면서 베르사유에서 평화협정을 맺고 있던 처칠의 역할이 끝나서 급거 귀국을 해야만 했습니다. 그 배경에는 〈베버리지 보고서〉가 전쟁 끝에 모든 사람들의 주목을 받은 것이 컸습니다. 결국 이 보고서는 노동당 집권을 만들어 내게 되는 계기가 되는데 을지로위원회도 그런 좋은 보고서가 이번에 녹서Green Paper의 형태로 나와서 그런 변화를 촉발하는 계기가 됐으면 하는 생각입니다. 의원님들 생각도 들어보고 싶습니다.

교육과 소통의 구조 만들기

박주민 우원식 의원님 말씀하실 때 우리 당이 집권했을 때 준비가 덜 됐었다고 말씀하신 것에 다 공감하실 텐데, 저는 특히 우리 당이 당원과 국민들을 설득할 수 있는 구조와 시스템이 없는 것도 말씀드리고 싶습니다. 예를 들어, 우리 당이 정책을 내걸면 우리 당원들도 그 의미를 잘 몰라요. 잘 모를 뿐만 아니라 심지어는 그걸 지금 왜 하냐고 얘기하는 경우들도 굉장히 많습니다.

우리 당이 당원은 엄청나게 많은데 이 당원들에 대한 적절한 교육과 소통의 구조와 기회가 없다 보니까 특히 사회경제적인 이슈에 대해서는 공유되고 있는 게 없습니다. 그래서 저는 민생을 잘하기 위해서는 우리 당이 소통과 교육 시스템을 갖춰야 하고 그걸 통해서 개혁정책을 공격하는 언론의 공세를 방어하는 것이 굉장히 중요하다고 생각합니다.

당원들을 뭐라고 할 게 아니라 당원들 교육 안 하는 당을 뭐라고 하는 게 필요합니다. 저는 당의 정책도 있지만 당의 체질적인 부분은 교육 시스템, 소통 구조를 만드는 것도 반드시 개선되어야 할 과제라고 생각합니다.

지금 민생연석회의가 더 필요한 이유

남인순 저는 2018년도에 최고위원을 하면서 만든 민생연석회의를 했었는데, 그때 을지로 당정청하고 같이 돌아갔었습니다. 을지로 당정청은 관련 정부 부처와 의원들이 참여해서 이제 일을 속도감 있게 해결하는 역할이었고, 민생연석회의는 민간과 같이 하는 일종의 거버넌스 구조였습니다. 카드 수수료 인하나 현 정부에서 무력화시킨 제로페이를 활성화하는 문제를 다뤘습니다.

당시 민생연석회의가 집권여당으로서 민관 거버넌스도 하면서 또 정부 관계자와 분야별·과제별로 소분과 모임을 했습니다. 당시 민생연석회의 차원에서 김용균법을 우원식 의원님이 책임의원으로 하시고, 제로페이는 이학영 의원님이 책임의원을 하시면서 현안을 해결했습니다. 그런데 우리 당이 정권을 뺏기고 나서는 민생연석회의를 사실상 안 하고 있습니다. 아무래도 여당으로 행정부와 함께 했을 때 민생연석회의가 힘을 가질 수 있다고 보는 것 같습니다.

그런데 저는 오히려 지금이야말로 민생연석회의가 더 필요하다고 생각합니다. 민생단체들이 사안이 있을 때 제기하면 만나는 게 아니라 상시적인 네트워크 구조를 만들어서 평상시에 민생이슈들을 같이 소통하면서 신뢰를 계속 쌓을 필요가 있다고 봐요. 야당일 때보다 오히려 집권했을 때 민생문제 해결이 부족했다는 평가가 있었을 때 민생연석회의를 출범하게 되어서 모두의 기대가 컸습니다. 당시에 여러 가지 의제들이 나왔는데 정리했던 것만 수십 가지였고 그중에서 일부만 처리했지 다 하지 못한 일들이 많았습니다. 그때 정리한 아젠다들을 지금이라도 각 상임위원회를 통해서나 처음 을지로위원회가 했던 것처럼 현장 방문과 이슈 파이팅, 상생 협약 등의 과정을 통해서 해낼 수 있다고 생각합니다. 또, 민생단체와의 관계도 집권해서 만드는 것보다 평상시에 상설적인 네트워크 구조로 만들어서 활성화시켜 놓을 필요가 있습니다.

이걸 을지원국에서 다 맡아서 하기는 버겁기 때문에 각 과제별로 책임의원의 보좌관들이 맡아가면서 하면 좋을 것 같습니다. 정부와 직접 대화하기가 쉽지 않기 때문에 을지로위원회와 민생연석회의 차원에서 최대한 현안 해결을 해나가자는 생각입니다.

재집권에 실패한 이유로는 집권 후 우리 당 구성원의 스펙트럼이 너무 넓어진 측면도 있다고 봅니다. 경제민주화 관련한 얘기를 하다 보면 당안에서 항상 이견이 있어요. 당내의 가치와 노선의 차이가 커지면서 민감한 민생현안에 대해서 당론이 모아지지 않습니다. 예를 들면, 대형쇼핑몰 입점 관련해서 전통시장이나 골목상권 자영업자와 상생할 수 있는 방안에 대해 논의를 했을 때 끝내 결론을 내지 못한 것이 대표적입니다. 우리 당이 집권하고 있는 지방자치단체장들은 오히려 대형 복합쇼핑몰을 만들고 싶어 했으니까요. 그것이 필요한 지역도 있고 아니면 이미 상권이 다 형성돼서 굳이 안 들어가도 되는 지역도 있는데 그런 점에 대한 당내 합의가 안 되고 있습니다.

박주민 위원장님이 좀 더 공부하고 인식의 차이를 줄이기 위한 노력이 필요하다고 했는데, 지금은 필요한 단계인 것 같아요. 그러면서 을지로위원회가 당의 사회경제개혁의 노선을 재정립해야 할 필요도 있습니다. 민주당이 앞으로 지향해야 할 사회경제개혁의 방향을 을지로위원회에서 제시하고 의원들도 뜻을 모아야 당원 교육도 하고 국민들도 설득할 수 있을 것 같아요. 그래야 집권전략으로서도 유의미할 것 같습니다.

당의 기본 노선을 확고히 해야

진성준 사회자께서 〈베버리지 보고서〉를 말씀하셨는데, 미국의 클린턴이 민주당의 제3의 길을 내걸면서 당을 바꾸고 집권의 기반을 만들 때도 일군의 새로운 정치 노선가들이 모여서 미국과 민주당의 현실을 진단하면서 새로운 길을 제시한 것 아닙니까. 저도 그것이 우리 민주당의 숙제라고 생각합니다.

맹아는 있습니다. 대선 당시 이재명 후보의 기본소득에서 출발해서 기본주택, 기본금융 등을 포함하는 기본사회라는 개념으로 확장되었는데 이 개념이 아직 충실하지 못합니다. 이걸 튼튼하게 갖춰서 그것이 우리 시대의 과제인 사회경제적 민주주의를 실현하는 데 주요한 프레임으로 작동하도록 만들고, 그 세부사항을 갖춰가는 일이 필요하다고 생각합니다.

이미 몇 가지 주요한 정책적 과제들은 제출된 것 같아요. 이를테면 을^{Z}들의 교섭권을 광범위하게 보장하게 만들자는 것이나 비정규직 자체를 없애겠다는 게 아니라 동일가치노동에 동일임금을 지급하는 원칙을 세우는 것 등 몇 가지 과제들을 현실에 근거한 민주당 식의 처방과 정책적 과제로 설득력 있게 작성하고, 이 과정에서 민주당의 주요 구성원들인 국회의원들이 자발적인 논의와 토론들을 통해서 정돈해가고 이걸 우리 당의 아젠다로 선포할 일이 중요한 과제로 남아 있다고 생각합니다.

우리 을지로위원회의 녹서 작업이 그런 것에 토대가 돼야 한다고 생각하고요, 그것이 발전해서 당의 기본정책으로 정식화되면 좋겠습니다.

목표와 인식에서 구조와 시스템까지

박홍근 정당은 집권을 목표로 하고, 주권자인 국민으로부터 권력을 한시적으로 부여받은 주체입니다. 그렇다면 무엇을 위해 집권을 하려는 것인지, 권력을 어떻게 선용할 것인지가 분명해야 합니다. 그런데 그동안 우리 당은 저쪽이 잘못해서 무너지면 그 실정으로 얻을 반사이익으로 기회가 올 것이라는 측면이 컸지 우리가 집권하면 국민들의 삶이 무엇이 어떻게 달라지는지에 대해서는 분명하게 제시하지 못했습니다. 그래서 우선은 목 표와 인식 자체부터 바뀌어야 한다는 생각입니다.

두 번째는 노선과 시스템의 문제입니다. 당 지도부가 바뀔 때마다 또 는 여당에서 야당으로, 야당에서 여당으로 바뀔 때마다 민생 얘기를 합니 다만 그것을 당의 강령과 정강, 정책부터 시작해서 당의 주요 구성원 특히 의원들의 일상적 활동에까지 어떻게 체화시켜 나가고 정착시킬 것인지에 대한 고민이 부족합니다. 예를 들어, 제가 작년에 원내대표 나오면서 1의 원 1민생단체 전담 책임제를 해보자고 했는데 당 직능국과 몇 개월째 얘 기를 했는데도 아웃풋이 안 나옵니다. 이제는 의원들의 평가를 국회 본회 의 출석이라든가 상임위 출석, 법안 발의 수로 보지 말고, 실제로 국민의 삶을 개선하는 법안을 발의하느냐, 국민의 삶에 문제가 생긴 현장에 얼마 나 가서 실제 그 문제 해결에 기여했고 그 능력을 갖고 있느냐는 의정활 동을 평가 받아서 정당하게 다음 공천에도 반영하는 것이 옳다고 봅니다. 정량적 평가, 형식적 평가에 집중돼 있는데 정성적 평가로 바꾸는 것도 전 면적으로 고민해야 할 것 같습니다.

다음은 의원들의 태도입니다. 저도 69년생으로 86그룹의 막내인데 선 배들에게 느끼는 아쉬움 중에 하나는 정치적으로는 대단히 훈련이 잘 되 어 있어서 정무적 판단 능력은 뛰어난데 현장성 같은 것이 떨어지는 점이 있었습니다. 을지로위원회가 그걸 깼고 그런 점에서도 높게 평가를 받아 야 하는데 아직 당의 전반적인 문화는 거기까지 와 있지 않다는 것을 지적하고 싶습니다.

의제의 선택과 집중이 필요한 이유

을지로위원회 문제로 좁혀서 말씀드리면, 이제 정규직은 노동위원회에서 맡게 되었고 소상공인·자영업자 문제는 소상공인위원회가 전국위원회로 되면서 전통적인 활동 흐름에서 보면 비정규직 노동자 의제만 남았습니다. 이제는 우리가 주로 대변해야 할 계층을 시대의 흐름에 맞게 재정립을 해야 한다고 생각합니다. 을지로위원회가 잘할 수 있는 차별화되고 선택과 집중을 할 수 있는 의제가 나와야 합니다. 그동안 을지로위원회는 불공정 문제라든가 또는 억울한 일들이 있으면 주로 그것을 받는 방식으로 활동을 해왔다면 이제는 선택과 집중을 통해서 정치적 효과를 높여야 한다고 생각합니다.

시대의 흐름을 고려한다면 앞으로 플랫폼 경제가 커지면서 발생하는 플랫폼 노동이나 경제 시스템 문제, AI와 관련해서 정의로운 전환을 얘기하는데 전통적인 노동시장이나 노동력이 없어지는 과정에서 을지로위원회가 해야 할 일들은 무엇인지도 있을 수 있습니다. 과거에는 무조건 정규직화만 얘기했는데 그게 아니라 실제 더 중요한 것은 동일노동 동일임금이라고 하는 부분들을 어떻게 전략적으로 접근할 것인가 하는 문제도 있습니다.

기존에 우리가 해왔던 활동을 평가하면서 새로운 시대의 흐름에도 맞추어 가면서 동시에 새로운 의제를 채택하고 집중해야 할 의제들을 정리해 갈 필요가 있지 않나 생각합니다. 정년 연장 문제도 우리가 좀 고민을 해야 할 텐데, 전반적으로 이런 점들을 10년을 마감하면서 을지로위원회가 앞으로는 어떤 사람들을, 어떤 방식으로 대변해 나갈 것인지 그런 의제부터 대상까지 고민을 집중적으로 해야 할 때가 아닌가 싶습니다.

민생연대, 민생정당, 민생제일주의를 향하여

우원식   미국의 역사를 보면 50년 공화당 집권하고 50년 민주당 집권하는데 그 전환기가 딱 뉴딜New Deal입니다. 대공황이 오고 우연히 기회를 잡은 민주당이 뉴딜을 통해서 당시에 가장 어려웠던 노동자, 유색인종, 사회적 약자와 여성의 문제들에 대해 노동조합법도 만들고 복지제도도 구축하면서 정치에 무관심하던 사람들을 민주당의 지지 세력으로 만든 것이 민주당 50년 집권의 핵심전략입니다. 지금도 그 사람들이 주요 지지층입니다. 결국은 우리도 이런 뉴딜연대, 민생연대를 해야 합니다. 그런 면에서 지금 우리에게 새로운 기회가 주어지는 게 아닌가 싶습니다.

윤석열 정부는 그 성격 자체가 명확하다고 봅니다. 철 지난 신자유주의로 국가를 운영해 보려고 하면서 이명박근혜 시즌 2 성격을 아주 강하게 가지고 있고, 또 음지에서 활동하던 검찰이 양지로 나온 무신정권의 성격을 가지고 있고, 문재인 대 반反문재인을 확실히 내걸고 가면서 문재인 정부 때 혁신과 쇄신의 대상이 되었던 재벌, 검찰, 언론, 경제관료라는 기득권 세력들의 동맹임을 명확하게 드러내고 있기 때문에 그 속에서 피해를 보는 사람들이 굉장히 많이 생길 것 같습니다. 우리는 여기서 새로운 집권의 가능성, 또 사회 변화의 가능성을 볼 수 있습니다 그 피해자들을 묶어서 우리의 연대세력으로 만드는 것이 다음의 집권 전략이 아닐까 싶습니다.

그렇다면 그 사람들이 필요로 하는 일들을 우리가 잘 찾아내야 합니다. 그것이 그동안 을지로위원회에서 해왔던 일과 닿아 있다는 생각입니다. 잘 살펴보면 그런 세력들이 산재돼 있는 것 같지만, 위기업종 노동자라든가, 특수고용 노동자, 문화예술인, 소상공인, 중소기업 이런 데가 이제 다 피해를 볼 테니까 여기에 맞는 일들을 잘 찾아나가야 됩니다. 우리가 야당이고 법사위원장도 뺏기고 있기 때문에 최종적으로 입법을 하지 못하더라도 그들을 대상으로 법을 만들고 통과시켜야 합니다. 사회경제적 이익을 누리고 있는 기득권이 판을 치는 세상에서 피해를 보는 사람들의 이해와 요구를 담아서 윤석열 대통령과 기득권 동맹이 거부할 수밖에 없는 또는 거부하더라도 그런 법들을 아주 뾰족하게 만드는 일을 지금 우리가 해야 된다고 생각합니다.

지금까지 민생입법 만든다고 그러면 말은 민생입법인데 끝나고 나면 누가 만든 건지도 잘 모르는 움푹움푹 패인 그런 법들 말고, 아주 뾰족하게 만들어서 피해를 보는 계층에게 확실히 도움이 되는 법들을 만들어서 통과시키는 일이 국회의 다수당으로서 해야 할 일입니다. 그것이 을지로위원회가 민생연대를 통해 다음 집권을 하겠다는 소신을 가지고 밀고 나갈 일이라고 생각합니다.

또 하나는 우리 당을 진짜 민생정당, 민생제일주의 정당으로 만들어야 한다고 생각합니다. 지금 당은 그야말로 선거 지원 조직으로 머물러 있거든요. 선거 때 지원하는 시스템 때문에 평상시 활동이라는 게 별로 없습니다. 선거를 어떻게 하면 잘 치를 수 있을까 고민하는 건 있습니다만,

국민을 대상으로 하는 활동이 별로 없습니다. 저는 당의 3분의 1 정도는 민생조직으로 만들어야 된다는 생각입니다. 소상공인국도 만들고 을지로국도 제대로 만들어서 여기 당직자들을 제대로 붙이고, 현장에 문제가 생기면 이 사람들이 먼저 가서 현장을 파악하고 거기에 국회의원들을 배치하고 이 일을 중앙당뿐 아니라 시도당이나 지역당도 같이 현장으로 찾아가고 그런 현장의 문제 해결에 대한 실적을 점검하는 시스템도 갖는 그런 정당의 모습을 다시 갖춰야 한다고 봅니다.

진성준 의원이 얘기했듯이, 이제는 국민들의 먹고사는 문제 이런 것들을 뾰족하게 잘 챙기는 역할이 우리한테 지금 오기 시작했는데 그것을 효능감 있게 해야 합니다. 그래야 국민의 신뢰를 받을 수 있습니다. 그것을 민생연대를 통해서 우리의 우호세력으로 만들어야 합니다. 미국 민주당이 뉴딜연대를 통해서 지지 세력을 만들었듯이 그런 일을 준비를 하고 해나가는 게 을지로위원회가 해야 할 일이라고 생각합니다.

더 넓고 보편적인 의제로 '조직하라, 교육하라, 선전하라'

진성준 저는 '민생'이나 '먹고사는 문제'가 새롭게 표현돼야 한다고 생각합니다. 예를 들면, 평등·공평·정의와 같은 가치들을 우리 민주당의 중요한 노선으로 포섭해내는 일들이 필요하다고 봅니다.

박상훈 정당 이론에 보면 세 단어가 아주 자주 나옵니다. 하나는 비전Vision이라는 말이고 다른 하나는 벨류Value라고 하는 가치관입니다. 다른 하나는 얼라인먼트Alignment라는 단어입니다.

비전은 문제를 보는 각도를 뜻합니다. 예를 들어, 국민의힘은 당연히 그 각도가 위에서 문제를 보겠죠. 그리고 민주당 안에서도 생각이 다른 분들마다 사안을 바라보는 각도가 다를 겁니다. 그러면 을지로위원회의 비전, 을지로위원회가 문제를 보는 그 각도가 말씀하신 대로 좀 뾰족해지고 그래서 다른 그룹들도 그것에 맞춰서 서로 논쟁을 위해서라도 실력을 키우게 하는 그런 비전 그룹으로 을지로위원회가 되어야 한다는 말씀으로 요약할 수 있을 것 같습니다.

다른 두 번째 단어인 밸류는 보통 중요한 것과 중요하지 않은 것을 구분하고 또 결합하는 능력이라고 합니다. 우리가 인생을 살면서 가치관이라고 하면 '나는 돈만 바라볼 거야'하고 사는 사람은 없거든요. '돈이면서 가족도' 또는 '돈이면서 명예도' 이렇게 얘기하는 거니까 만약에 좋은 비전이 있으면 그걸 실현하기 위해서는 중요한 것과 중요하지 않은 것을 구분해야 하고 그 가운데 중요한 가치를 현실화하기 위해서는 다른 가치들을 충분히 교환할 준비도 해야 되는 게 또 정치의 역할이라는 말씀도 한편에 해주신 것 같습니다. 그건 또 다르게 보면 여당일 때랑 야당일 때도 밸류는 달라야 되는 거죠. 그때는 말씀하신 대로 행정 관료제를 지휘하면서 그 유익함을 잘 활용하는 것도 공적 명령을 잘 응용하는 것도 중요하지만 지금은 다른 방법의 중요한 것을 손에 쥐어야 되겠습니다.

얼라인먼트는 바퀴 정렬이라는 뜻하고도 똑같습니다. 이걸 정치학자들은 '정당과 지지자 연합 체제'라고 부릅니다. 우원식 의원님이 아주 정확히 말씀해 주셨는데, 어느 민주주의 국가에서 투표 성향이 자주 바뀌면 그건 좀 문제입니다. 대개는 믿어주는 겁니다. 한 번 바퀴가 정렬이 되면 그 방향으로, 이번에는 조금 못 했지만 또 잘할 수 있을 거라고 믿어주는 게 얼라인먼트입니다. 정당party은 부분part이라는 단어에서 왔기 때문에 정치의 힘이나 평등의 힘이 꼭 필요한 사람들에게 필요로 하는 일을 중심으로 일단 하면서 다른 걸 보완해 가는 게 지금까지 말씀해 주신 것을 요약할 수 있는 정당 언어들이 아닌가 싶습니다.

이런 언어를 옛날 사람들은 슬로건으로 잘 말했습니다. '조직하라, 교육하라, 선전하라'. 이게 정당에서 나온 말인데, 여러 말씀 중에 지금이야말로 더 현장에 가깝게 가서 을Z들의 요구를 조직해야 할 것이고, 이 정당이 왜 그 길을 가야 되는지를 당원들이나 당의 또 오래된 구성원들하고 공유되는 교육의 과정을 거쳐야 할 것이고, 이런 것을 설득력 있게 만들어내는 게 선전이라는 말들로 말씀해 주신 것을 요약해 볼 수 있을 것 같습니다. 이 취지에서 앞으로의 과제, 민주당 을지로위원회의 발전에 꼭 필요한 생각, 다 말하지 못한 과제가 있으면 말씀해 주시면 좋겠습니다.

'86그룹'이 정체하는 모습을 보이는 이유

박주민   저는 오히려 좀 궁금한데요. 아까 박홍근 원내대표님이 86세대 막내라고 하셨잖아요. 그 86세대보다 아랫세대들은 그 세대를 사회경제적인 이슈에 대해서 약간 주저한다는 느낌을 확실히 받거든요. 을지로위원회에 계신 분들 말고 굉장히 정무적 감각이 탁월하지만 어떤 사회경제적 이슈를 좀 해보자 하면 "경제를 혼란시킬 수 있어" 또는 "오히려 혁신에 방해가 돼" 이런 얘기를 하시는 분들을 굉장히 자주 봅니다. 이유가 뭘까요.

그분들 말이 다 틀린 건 아니겠지만, 적어도 제가 보기에는 굉장히 사회경제적 이슈에 대해서는 관심이 별로 없으시고, 평화라든지 민주 이런

민주당 재집권전략 보고서

데 굉장히 관심이 많으시고 사회경제적 이슈에 있어서 오히려 약간 보수적이시고 이런 분들이 꽤 있거든요. 제가 봤을 때는 왜 그런 건지가 좀 궁금해요.

박홍근 왜 그럴까요?

진성준 민주당의 국회의원을 형성하는 분들이 모두가 다 민주당에서 어렸을 때부터 활동하고 학습하고 훈련된 사람들이 아니잖아요. 어느 사회에선가 일하고 있던 사람들이 어떤 계기를 통해서 당에 인입되어 들어오거나 영입되어 들어온 분들이 많습니다. 그러니까 당파성, 정체성 정치, 노선 정치, 사상이 다 일치할 수 없죠. 그리고 현대의 정당들이 표를 많이 얻으려고 하다 보니까 극좌에서부터 극우까지 다 포괄해가지고 넣으려고 하는 그런 노력이 우리에게도 있었습니다. 그래서 이제 불가피하게 사상적인 편차들은 다 있을 수밖에 없다고 생각됩니다.
　일률적으로 86세대들이 사회경제적 문제에 대해서 조금 둔감하다 보기는 좀 어렵고, 저희들은 정치적 민주화의 과제에 굉장히 민감한 건 사실인 것 같습니다. 부르주아 민주주의 과제, 즉 절차적인 민주주의의 문제, 이런 거에 굉장히 민감한 것 같아요.

박홍근 사회경제적 문제를 중요하지 않다고 생각하는 게 아니라, 그건 너무 당연하다고 생각하는 기류가 있습니다. 제가 시민운동하다가 좀 늦게 당에 들어온 경우잖아요. 86세대 안에서 선배들에게 제가 "선배들은 여당 시절에 정치권에 들어와서 여당 국회의원부터 시작한 게 불행의 시작"이라고 얘기했습니다. 그러니까 여당 또는 정부를, 대통령을 방어하는 것부터 먼저 시작을 해 온 겁니다. 그런데 이제 그 사이에 세상은 빠르게 바뀌고 현장에서는 다양한 아젠다가, 다양성이 막 분출되고 노동 문제도 많이 바뀌었는데 따라가지 않고 여전히 그런 방어적 입장에서 정치를 하는 것입니다.

두 번째로 정치 문제 관련해서 정무적 판단력이 아주 뛰어나고 잘 훈련되어 있습니다. 그래서 이런 민생문제, 경제문제는 '결국은 정치가 잘하면 돼'라고 생각하는 경향이 있습니다. 정치가 더 상위 개념이기 때문에 우리가 정치를 잘하면 이 문제는 자연스럽게 풀린다고 보는 부분이 큽니다.

오늘도 기자들에게 "우리가 아무리 민생 얘기하고 을지로위원회 얘기하고 경제 중요하다고 해봐도 기사 하나 제대로 안 나온다."고 얘기했습니다. 현장에 열심히 뛰어다녀봐야 제대로 된 사진 한 번을 안 찍어주고 기사 한 줄이 안 나옵니다. 국회나 정당 안에서는 민생과 경제 이야기는 하면 좋고 안 해도 어쩔 수 없는 것이 되고, 그것보다 더 급한 정치 현안이 많으니까 이 문제에 우선 천착해야 되는 이런 상황에 모두가 익숙한 것입니다. 그러니까 "현장에 다니면서 고생하는 것도 좋은데, 그것도 할 수 있으면 해. 그런데 그렇게 해서 바뀌는 게 아니야. 이게 더 중요해."라고 하는 생각이 그동안 쌓이고 쌓여서 그렇게 비치지 않았을까 생각합니다.

사회경제적으로 더 절박함 갖는 86 이후 세대

남인순 86세대에 대해서 분석한 책에 나오는 내용인데, 소위 86세대는 고용안정 세대잖아요. 그때는 어느 정도 자기가 준비를 하면 취업하거나 고용이 가능한 세대였습니다. 운동하는 86그룹에 대한 얘기를 하는 것이 아니지만 그 86그룹이라고 하는 것도 그때 세대가 갖고 있는 사회경제적 토대를 반영하는 부분인 것이죠.

근데 박주민 의원님은 IMF세대인데, 그 세대는 경제적 문제가 생존 그 자체였던 경험을 겪은 거잖아요, 그래서 굉장히 다르다고 하더라고요. 86세대들이 갖고 있는 사회경제적 문제에 대한 인식과 IMF를 겪은 세대들의 사회경제적 인식의 격차가 크다는 얘기입니다.

그래서 고용안정 세대인 86세대들은 정치 과잉인 부분이 있는 거고 소위 IMF세대들은 자기 생존 문제가 있는 것이라 그것이 정치에 투영되는 부분도 다르다고 얘기하는데 저는 크게 공감이 되더라고요. 저도 상대적으로 86세대 정치인들이 확실히 이런 사회경제적 이슈에 대해서는 덜 나서는 느낌이 있습니다.

그래서 처음에는 아쉬웠는데 그게 안 되는 것이더라고요. 그런 부분에 대해서 이러쿵저러쿵 얘기할 필요가 있는 것 같지는 않고 오히려 박주민 의원님 세대에서 조금 더 다양한 이슈로, 우리가 발굴한 이슈보다 훨씬 더 다양한 이슈로 사회경제적 이슈에 접근해야 된다고 생각합니다.

박주민 저는 여러 가지 경로로 그런 느낌을 받았고 그게 좀 답답했습니다. 우리 당을 밖에서 보거나 안에서 보거나 86세대의 당이라고 보는 경우가 많습니다. 아무래도 제일 영향력도 크고 숫자도 많고 또 당의 의사결정하는 쪽에 많이 계시니까요.

좀 더 신랄하게 말씀드린다면 86 선배들 중에는 최근 민생 이슈에 대해서 관심이 매우 적으신 분들도 많은 것 같아요. 어떤 부분에서 국민이 고통 받는지에 대해서 너무 둔감하시지 않나 하는 생각이 들 정도입니다.

저는 사회경제적 이슈가 검찰 개혁이나 이런 것들에 비해 더 복잡하고 더 어렵다고 생각합니다. 그런데 사회경제적 개혁을 위해서 제가 말씀드렸던 당의 소통이나 교육 구조를 강화한다든지 국민들과 함께 거대 언론이나 재벌하고 장기적으로 싸우는 분들이 의외로 많지 않습니다. 평화, 한반도, 민주주의 이러면 아주 뜨거우신 분들도 사회경제적 이슈가 터지면 별로 관심이 없으시고 잘 안 하시려고 하고요.

그리고 이 부분에서 자신감이 없으니 관료들 얘기에 쉽게 귀를 기울이는 그룹이기도 한 것 같습니다. 그러니 여당이 되면 태세가 빨리 변하는 분들도 86세대 분들이신 것 같아요. 야당일 때는 정부와 여당을 공격한다는 정치적인 목적과 이익이 있는 것인데, 여당이 딱 되는 순간 이제 굉장히 태세 전환이 빠르게 보이는 것 같습니다.

'정치적인 이익이 중심이 되는', '지금 당장 여기서 얻을 수 있는', 약간 그런 느낌을 받는 거예요. 그래서 정치 기술적으로 굉장히 뛰어난데, 사회경제적 이슈에 있어서는 가치라는 게 명확하지 않은 이런 느낌을 받을 때가 있습니다.

진성준　그러니까 내로남불 소리를 듣는 것이겠죠. 그러면 박주민 의원님 연배의 정치인들은 86들에 비해서 훨씬 더 사회경제적 문제에 대해서 치열하다 이런 말씀이신가요?

박주민　아니요, 상대적으로 그렇게 평가를 하기는 저희들도 부족한 건 많은데 아까도 말씀드렸던 대로 누가 봐도 우리 당은 86당이라고 보니까,

그분들의 태도 변화가 당에 영향을 가장 크게 미친다는 점에서 말씀드렸습니다.

단기적인 정치 효능감을 넘어 중장기적인 사회경제적 효능감으로

우원식 세대에 따라서 그런 경향성의 차이는 있을 수 있죠. 86세대가 독재정권의 막을 내린 6월 항쟁의 중심 세력이고, 그 다음 세대는 또 다른 과제가 있었으니까요.

그럼에도 본인들이 겪었던 정치적 효능감이 어디에 더 방점이 찍히느냐가 중요하다고 봅니다. 지금은 사회적 약자들의 삶이 굉장히 어려워지는 시기기 때문에 여기서 효능감을 갖게 되면 거기로 주목할 가능성이 굉장히 크리라 봅니다.

그런 의미에서 전 두 가지를 좀 해봤으면 좋겠어요. 하나는 아까 얘기했듯이 정말 이런 피해를 당하는 그룹들을 확실하게 대변하는 법안들을 총선 치를 때까지 다수의 효능감을 느낄 수 있도록 하는 법들을 잘 발굴해서 을지로위원회가 좀 세게 제기해서 확 밀고 가보자는 겁니다. 정권이 민생법안을 거부하는 재의 요구를 자꾸 발동하면 그것도 나쁘지 않다고 생각합니다.

또 다른 하나는 공천 문제입니다. 이번에 이동주 의원 같은 사람이 들어와서 열심히 하는 사례를 늘려야 합니다. 자기가 해왔던 문제이니 잘 알고 또 그걸 하려는 의무감도 있어서 이번 총선에서도 민생정당으로 새로 태어나기 위한 상징적인 사람들을 비례대표로 공천하자는 것입니다. 이들을 당선 가능한 위치에 추천하고 그걸 좀 밀고 나가는 일들을 해보면 어떨까 싶어요.

박상훈 　원하든 원하지 않든 윤석열 정부 밑에서는 계층 문제가 굉장히 두드러질 것 같다는 생각을 합니다. 하나는 일단 노동 문제일 것입니다. 너무 공격적인 노동 정책의 문제는 내년 선거에도 큰 영향을 미칠 거라고 봅니다. 무엇보다도 중하층의 사람들의 삶이 훨씬 더 어려워지는 국면으로 들어가기 때문에 오히려 이런 조건에서 민주당이 사회경제적인 정체성을 분명히 해주면 정당 발전에도 도움이 되고 사람들도 이슈가 분명해져야 가난한 사람들도 목소리를 갖게 되는 거니까 을지로위원회에서 그런 역할을 하는 게 선거에도 저는 도움이 되지 않을까 이런 생각이 듭니다.

'을'^{Z}을 확고하게 대변하자!

우원식 　어렵게 사는 사람들이 민주당의 효능감을 별로 느끼지 못하기 때문에 투표도 안 하고 저쪽으로 넘어가고 있다고 봐야 되겠죠. 계급 배반 투표라는 면도 있지만 또 다른 면으로 뒤집어서 보면 민주당이 우리 계급에 대해서 별로 한 게 없다고 볼 수도 있는 것입니다.

박상훈 　지금까지 현대 민주주의의 200년 정도 경험을 되돌아보면 가장 중요한 건 평등이에요. 예를 들어, 우리가 세계 10위의 경제 대국이 되고 세계 6위의 군사 대국에 세계 7위의 우주 강국인데, 뭘 해도 발전만 하면 사실 별 의미가 없습니다. 그게 어느 정도 불평등을 완화해 가는 발전인지가 중요하고 그 불평등이 완화돼야 여성의 권리도 쉽게 사회가 수용하고 무엇보다도 생태적인 전환을 위한 합의의 비용도 사회가 감당하는 것이 가능합니다.

그러니까 사회경제적 문제는 옛날 얘기나 계층 문제라고 보는 태도는 잘못된 것 같습니다. 오히려 그게 어느 정도 완화돼 줘야 새로운 이슈들도 사람들이 수용할 수 있는 기반이 됩니다. 저는 그런 데서 을지로위원회가 한국 사회가 앞으로 한 발 올라가는 데 디딤돌 같은 역할을 할 수 있을 것 같습니다.

진성준 의원 말씀대로, 민생이라는 개념하고 뭘 이렇게 자꾸 섞어서 쓰는 방법도 좋을 것 같아요. '민생 또는 불평등의 완화', '평등과 균형의 가치'처럼 쓰면 조금 더 현대적으로 보이기도 하고 미래 지향적이기도 하지 않을까 합니다.

진성준 신문 칼럼이나 이런 걸 봐도 80년대보다도 그런 담론이 훨씬 더 적어진 것 같다는 느낌이 듭니다. 80년대는 반독재 민주주의가 큰 프레임이었음에도 불구하고 평등담론이든 민중담론이든 이런 게 막 차고 넘쳤거든요. 비록 체화되지는 않았지만요. 그런데 지금은 아예 민중담론이 없지 않습니까?

박상훈 요즘은 오히려 사람들이 불평등해져야 노동을 좀 더 싸게 할 수가 있다는 논리가 너무 많습니다. 확실히 이런 경우는 정당의 역할이 주어진 어려움을 회피하지 말고 정면으로 받아 안아서 싸우는 것도 저는 효과적인 방법 같아요. 당내에서도 이걸 설득하는 건 그리 어려운 일은 아니지 않을까요?

무신념, 무원칙의 실용주의로는 변화 못 만든다

진성준　근데 그게 제법 어려워요. 다들 말씀 안 하셨지만 저는 지난 대통령 선거 때 이재명 후보가 그런 중요한 사회적 아젠다에 대해서 자기가 계속 천명해 왔고 추진해 왔던 걸 뒤로 감춘 것에 대해서 대단히 실망스럽습니다. 그것을 중대한 선거의 아젠다이자 이슈로 만들었어야 되거든요. 그게 아니니까 뭐 대장동이니 뭐니 이런 것들이 자꾸 떠오르게 된 것입니다.

우원식　기억나는 공약이 없죠.

진성준　그야말로 과도한 실용주의, 과도한 중도확장론 뭐 이런 것들 때문에 망쳤다, 저는 그렇게 생각합니다. 소확행 중에서 생각나는 건 탈모인 공약 하나밖에 없어요.

박상훈　이제 마무리를 해도 되겠죠. 마지막은 위원장님께서 향후 하실 계획이라든지 포부 같은 것을 들어봤으면 좋겠네요.

을지로위원회가 만들어갈 민주주의의 미래

박주민　을지로위원회가 개혁과 혁신으로 국민의 우산이 되고, 민주당을 이끌어가야 합니다. 사실 국민들께서 압도적인 의석을 주셨지만, 시대적 과제를 해결하기에는 미흡한 시스템, 자원, 리더십을 보여줬고, 우선순위를 결정하는 과정에서도 실패하는 등 반성할 지점이 많습니다. 특정 정치인에게 책임을 물을 일은 아니고요, 지금부터라도 더 열심히 뛰어야 합니다.

충분하지 않지만, 민생연석회의도 가동되기 시작했고, 쨍소리 나는 법안들을 정책위의장, 민주연구원장 등을 만나 설득하고 있습니다. 이런 과정을 통해서 당 차원에서 민생을 위해 반드시 추진해야 할 정책 리스트 하나를 만들 수 있으면 좋죠. 그 과정에서 을지로위원회 중심으로 녹서도 나올 거고, 내부 토론을 녹서 만드는 과정에서 계속하면 당의 정체성을 채우는 데 한 숟가락, 두 숟가락 정도의 양념 역할이라도 할 수 있지 않을까 생각을 합니다.

'자유'라는 이름으로 사회적 약자를 위한 방패를 하나씩 없애려는 윤석열 정부를 제대로 견제하고 민주당의 가치를 실현해야 합니다. 현장에서의 목소리를 꼼꼼하게 듣고, 우리와 함께하는 국민들과 연대해야 합니다. 저는 의제 선정, 의제화, 의제추진을 국민들과 함께하는 이러한 방식을 '사회적 의제 연석회의'라고 정의하고 있습니다만, 그 수준까지 가지 않더라도 을지로위원회가 민생 현장의 목소리를 담는 기본적인 역할을 할 수 있을 것이라는 기대가 있습니다.

보다 많은 사람들이 이러한 고민을 가질 수 있도록 을지로위에서는 최초로 전국지역위원회의 을지로위원장을 모두 모아 워크숍하여 당원 교육을 진행했고요. 당의 참좋은지방정부위원회나 지자체장들을 만나서 을지로위원회가 추구하는 정책과 과제를 설득하기도 했습니다. 당원, 시민, 전문가, 국회의원, 자치단체장, 지방의원 등이 모두 참여해 치열하게 토론해 답을 찾고, 그렇게 도출된 결과로 대국민 설득을 이끌어내는 일을 10

년을 맞이한 을지로위원회가 해야 합니다. 이러한 구상을 하고 있습니다.

박상훈　한국 현대사라는 게 야당의 역할이 좋았기 때문에 여기까지 왔다고 생각합니다. 여당의 경우 정당이 정부를 만든 게 아니라 정권을 잡고 사후적으로 정당을 만든 게 지금 여당의 패턴인데 반해서 야당은 그래도 군부 권위주의 때도 유지가 됐고 그 당을 지켜낸 사람들이 있었기 때문에 저는 민주화 때 중남미나 동남아시아나 북아프리카보다 피를 훨씬 덜 흘렸다고 생각합니다. 그리고 민주화가 된 다음에 10년 만에 그래도 야당이 집권한 게 저는 축복이었다고 생각합니다. 그때 야당의 집권이 있었기 때문에 야심한 밤에 누가 군화발로 방문을 차고 들어올 거라는 두려움도 없어지고. 그 다음부터는 우리가 민주의 가치 안에서 어쨌든 해볼 만큼 해보는 면도 없지 않아 있었다고 생각합니다.

다음 단계가 이제 민주당이 정부를 만들었을 때도 잘하고 야당일 때도 잘한다는 평가를 받으면서 일관되게 사람들이 의존하고 기대하는 그런 지지연합이 안정적으로 만들어지는 것을 을지로위원회가 해주셔야 하지 않을까 하는 바람을 말씀드립니다. 오늘 긴 시간 대담에 응해주셔서 감사드립니다.

모두　네, 수고하셨습니다.

2

을(乙)과 함께 나아갈
사회경제개혁의
길

선진국 대한민국, 민생은 왜 점점 더 어려워지는 걸까?

들어가는 글

민생의 관점에서 보면 2012년 대통령 선거는 한국 분배정치에서 매우 중요한 의미를 갖습니다. 1948년 정부 수립 이래 민주당을 포함한 범진보진영의 의제였던 분배가 보수와 진보의 경쟁담론이 되었기 때문입니다. 2012년 대선에서 박근혜 새누리당(현재 국민의힘) 대통령 후보는 전통적으로 진보진영의 의제였던 복지국가와 경제민주화를 전면에 내걸었습니다(윤홍식, 2019a: 422). 민주통합당(현재 더불어민주당) 문재인 후보가 선거대책위원회 정책캠프에 '복지국가위원회'까지 구성하며 민생 공약에 공을 들였던 점을 고려하면, 박근혜 후보가 민생 공약을 전면화한 것은 민주당에게 매우 당황스러운 일이었습니다.

더 당황스러운 것은 민생 공약과 관련해 문재인 후보와 박근혜 후보의 공약이 유사하다는 세간의 평가가 주를 이루었기 때문입니다. 심지어 2012년 대통령 선거 당시 문재인 후보의 민생 공약을 총괄했던 김수현 전 청와대 정책실장조차도 문재인 후보와 박근혜 후보의 복지공약이 유사했다고 평가할 정도였습니다(김수현·이창곤, 2013: 323). '안보는 보수, 민생은 진보'라는 공식이 흔들린 것입니다.

결국 진보진영의 전통적 의제를 보수 정당의 의제로 전환하는 데 성공했던 박근혜 후보는 제18대 대통령 선거에서 승리했습니다. 물론 집권 이후 박근혜 정부는 복지국가와 경제민주화 의제를 주변화 시키며, 보수 정당 본래의 모습으로 되돌아갔습니다. 모든 노인에게 보편적으로 지급할 것이라고 약속했던 기초연금은 소득하위 70%로 제한했고, "주요 법안들이 국회에서 통과되어 거의 끝에 오지 않았나 생각한다."고 말한 박근혜 대통령은 경제민주화를 정권 출범 반년 만에 폐기했습니다(경제개혁연대, 2016). 하지만 이러한 과정에서 민생을 진보를 위한 의제라고 믿었던 민주당을 포함한 범진보진영이 받은 충격은 대단했습니다.

을지로위원회의 출범은 2012년 대통령 선거를 계기로 경쟁적 담론이 된 민생 의제에 대한 민주당의 위기의식이 반영된 산물이었습니다. 민생이 진보와 보수의 경쟁적 담론이 되면서, 당시 야당이었던 민주당은 민생 의제를 실천하기 위해 국회를 중심으로 논의를 시작했습니다. 2013년 5월 8일 개최된 '유통재벌 횡포 규탄 현장 최고위원회의 및 간담회'를 계기로 민생 의제를 다룰 민주당 위원회 논의가 본격화되었고, 2013년 5월 10일 민주당 최고위원회는 우원식 최고위원을 초대 위원장으로 임명하고 이후 을지로위원회로 공식화될 〈을^z 지키기 경제민주화추진위원회〉를 출범합니다(더불어민주당 을지로위원회, 2023: 26~27). 이후 을지로위원회는 현장 중심의 활동을 통해 민주당의 민생과 관련된 입법에 중요한 역할을 수행하게 됩니다. 이러한 활동에 힘입어 을지로위원회는 2014년 2월에 당의 상설위원회가 되고, 2015년 9월에는 이례적으로 전국위원회로 승격되는 등 민주당의 민생 활동을 대표하는 위원회로 자리 잡게 됩니다.

을지로위원회의 민생 노선에 대한 재검토

문제는 을지로위원회의 그간 활동에도 불구하고 민생 문제가 근본적으로 개선될 기미를 보이지 않았다는 점입니다. 촛불항쟁 이후 문재인 정부가 출범하고 민주당이 국회와 지방자치단체 모든 곳에서 절대적 다수였음에도 불구하고 대한민국에서 '을'^{Z}이 겪어야 할 차별, 불공정, 생존 문제는 좀처럼 해결되지 않았습니다. 오히려 민생 문제는 날이 갈수록 점점 더 심각해졌습니다. 을지로위원회 활동에 대한 근본적 성찰이 필요한 시기가 다가온 것입니다.

특히, 민주당이 경제민주화 노선을 전환하며 을지로위원회가 출범했던 2012년 결정의 논리를 재검토할 필요성이 제기되었습니다. 구체적으로 보면, 민주당의 민생 노선은 2012년을 계기로 민생을 왜곡시키는 '재벌개혁'에서 "서민들의 기본적인 삶이 위협을 받는 상황에서 당의 경제민주화 노선은 서민들의 생활과 생존 문제가 걸린 민생이 핵심이며, 이를 위한 경제민주화가 되어야 한다."는 방향으로 전환됩니다. 소위 "경제민주화 노선을 '담론' 중심에서 '실천' 중심의 민생 의제로 전환해야 한다"는 것이었습니다(더불어민주당 을지로위원회, 2023: 26).

하지만 지난 10년의 경험으로 민생 현장에서 제기되는 다양한 민생 의제에 개별적·프로그램적으로 대응하는 것만으로는 한국 사회에서 평범한 사람들이 직면한 불공정과 누적된 민생 위기를 완화할 수 없었습니다. 재벌개혁으로 대표되는 한국 사회경제의 구조적 개혁이 필요 없는 것이 아니었음에도 이에 눈감고 현장에서 제기되는 개별 민생 문제를 해결하는 데만 역량을 집중한 한계가 드러난 것입니다. 구조적 문제로부터 발생한 경제사회적 위기는 현장에서 발생하는 개별 민생 의제들을 미시적으로 대응해서는 해결될 수 있는 것이 아니기 때문입니다. 더욱이 구조개혁이 지연되면 될수록 현장에서 발생하는 민생 문제는 점점 더 확산되고 심각해졌습니다.

민생 현장에서 발생하는 개별 의제와 한국 사회경제의 구조를 전환하는 거시적·구조적 개혁 과제는 이분법적 선택의 문제가 아니라 둘 다 실행해야 할 동시적·병행적 과제입니다. 왜냐하면 민생 문제는 구조적 개혁이 완수될 때까지 기다릴 수 없는 문제이기 때문입니다. 평범한 사람들에게 민생은 하루하루 먹고사는 지금 당장의 문제이고, 단 하루도 끼니를 거를 수 없는 것이 현실이기 때문입니다. 또한, 구조적 개혁을 외면할수록 현장에서 민생 문제는 점점 더 심각해지기 때문입니다.

문제인식과 총론의 구성

문제인식의 출발은 민생을 지키려는 을지로위원회가 현장에서 발생하는 개별 민생 의제에 대해 대응하는 기존 활동방향과 함께 민생 위기의 근본적 원인을 완화·해소하는 새로운 활동방향을 병행해야 한다는 것입니다. 이 총론은 지금까지 을지로위원회가 잘해왔던 개별적 민생 의제와 을지로위원회가 다루지 않았던 구조적 민생 의제에 대한 대응을 병행하는 방향으로 활동을 전환하기 위해 작성했습니다.

먼저, '선진국 대한민국이 직면한 민생 위기의 현재'에 대해 개괄했습니다. 기본 관점은 대한민국은 제2차 대전 이후 식민지에서 독립한 국가 중 에릭 홉스봄이 이중혁명이라고 이야기했던 산업화와 민주화(Hobsbawm, 1998[1962])를 이루고 복지국가로 나아가는 거의 유일한 국가일 정도로 놀라운 성공을 이루었으나 한국 사회가 직면한 민생 위기는 그 놀라운 성공이 무색할 정도로 우리 사회의 지속가능성을 근본적으로 위협하고 있다는 것입니다.

제3절에서는 놀라운 성공을 거둔 대한민국이 직면한 위기의 근원에 대해 검토했습니다. 현재 우리가 직면한 사회경제적 위기는 우리가 실패했기 때문이 아니라 성공했던 그 방식과 밀접한 관련이 있다는 점을 강조했습니다. 제4절에서는 이러한 놀라운 성공과 심각한 위기가 공존하는 대한민국이 성공의 덫에서 벗어나 지속가능한 사회경제를 만들기 위해 우리가 어디로 가야 하는지를 총론적 차원에서 제시했습니다. 우리가 이야기했던 과제를 실현하기 위해 무엇을 해야 하는지 검토했습니다.

세계에서 가장 가난한 나라에서 불과 수십 년 만에 부유한 나라로 탈바꿈한 한국의 성공과 실패의 이야기는 단순히 한국만의 이야기가 아닙니다. 한국의 이야기는 지금도 가난과 독재와 싸우며 성공적인 산업화와 민주화를 꿈꾸는 저개발국가와 개발도상국에 살고 있는 모든 사람들의 희망의 등불이자, 반면교사이기 때문입니다. 우리는 이 총론을 통해 우리가 가야 할 길을 찾는 것과 함께 가난과 독재로부터 벗어나려는 저개발국과 개발도상국에 살고 있는 사람들에게 더 나은 세상을 만들어갈 새로운 가능성의 단초를 보여줄 수 있기를 기원합니다.

선진국 대한민국이 직면한 민생 위기의 현재

한국은 '이상한 선진국'입니다. 세계인이 입에 침이 마르도록 칭찬하는 놀라운 성공을 이룬 나라이지만, 그 성공한 나라에 살고 있는 사람들의 삶이 행복하지 않은 나라이기 때문입니다. 여기서는 그 놀라운 성공을 경제, 정치, 문화의 측면에서 살펴보고 이러한 성공의 덫이라고 할 수 있는 사회경제적 위기를 개괄했습니다. 놀라운 성공을 이야기하는 이유는 우리의 성공이 기적이었다면, 우리가 직면한 현재의 위기를 우리가 헤쳐나가지 못할 이유가 없기 때문입니다.

놀라운 성공

경제적 성공: 한국인의 50년과 영국인의 300년

한국의 놀라운 성공을 경제적 성취만큼 잘 보여주는 자료는 없습니다. [그림 1]에서 한국이 자본주의 세계경제에 편입되기 시작한 1880년대부터 2018년까지 1인당 GDP의 상대적 성장률을 보면 한국의 성장률은 거의 4,000%에 이릅니다. 제2차 대전 이후 기적적인 성장을 이루었다는 일본의 성장률이 2,000%를 조금 넘고, 1980년대부터 놀라운 성장을 기록한 중국이 1,500%에 미치지 못하는 현실을 고려하면, 한국의 성장률은 놀라움을 넘어 어지러울 정도입니다.

이러한 한국의 성공은 1인당 GDP의 변화에서도 확인됩니다. 한국의

---

1) Roser, M. (2020). Our World in Data: Economic Growth.
    https://ourworldindata.org/economic-growth#citation (접속일, 2023. 5. 6).

[그림 1] 1인당 GDP의 상대적 변화, 1880년부터 2018년까지:[1)]

- 인플레이션과 생활비 차이를 조정한 성장률

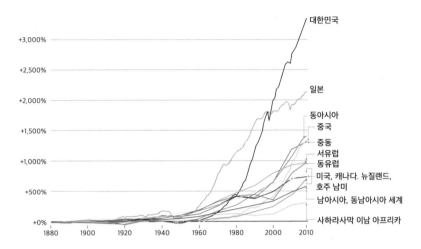

Source: Maddison Project Database 2020
(Bolt and van Zanden, 2020)

OurWorldInData.org/
economic-growth·CC BY

Note: This data is expressed in international-$ at 2011 prices.

[그림 2] 1인당 GDP 변화, 1880년부터 2018년까지:

- 인플레이션과 생활비 차이를 조정한 1인당 GDP

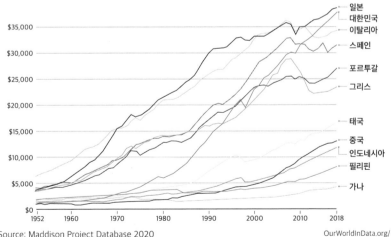

Source: Maddison Project Database 2020
(Bolt and van Zanden, 2020)

OurWorldInData.org/
economic-growth·CC BY

Note: This data is expressed in international-$ at 2011 prices.

1인당 GDP는 한국전쟁이 끝나기 직전인 1952년 1,038달러(구매력 기준)로, 중국은 물론 아프리카의 가나(1,728달러)와 필리핀(1,890달러)의 절반을 조금 넘는 수준에 불과했습니다([그림 2] 참고). 그러나 1970년대에 들어서면 한국의 1인당 GDP는 동남아시아 국가들을 앞서고, 1990년대부터 남유럽 국가인 그리스를 앞서기 시작하여 2010년대가 되면 이탈리아를 포함한 남유럽 4개 국가보다 높아집니다.

더 극적인 사례는 한국과 영국의 1인당 GDP 변화를 통해 확인할 수 있습니다. [표 1]을 보면 1인당 GDP 기준으로 1967년에 태어난 한국인은 영국인으로 치면 무려 300년이 넘는 변화를 불과 50년이 조금 넘는 시간 동안 경험했다고 할 수 있습니다.

더 대단한 것은 한국은 단순히 돈만 많은 부자나라가 아니라는 점입니다. 1인당 GDP로만 보면 자원 부국의 1인당 GDP가 한국은 물론 서구 선진국보다 높은 경우가 얼마든지 있습니다. 2018년 기준으로 석유 부국인 아랍에미리트연합UAE과 쿠웨이트의 1인당 GDP는 한국의 두 배에 가까운 6만 달러 이상입니다. 한국 경제를 요소 투입(노동과 자본)에 의존하는 성장 모형이라고 평가하기도 합니다. 노벨경제학상을 수상한 폴 크루그먼 Paul Krugman은 "한국(정확하게는 아시아)의 성장 모형은 과거 소련의 고도성장

[표 1] 1967년에 태어난 한국인과 1712년에 태어난 영국인

	연도	1인당 GDP (구매력 기준, 달러)	연도	1인당 GDP (구매력 기준, 달러)	기간
한국	1967	2,232	2018	37,928	51년
영국	1712	2,257	2018	38,058	306년

자료: 다음 자료를 재구성한 것이다. Roser, M. (2020). Our World in Data: Economic Growth. https://ourworldindata.org/economic-growth#citation (접속일, 2023. 5. 6).

기와 같이 효율성을 높이는 방식보다는 노동과 자본의 집약적 투입을 통해 이룬 성장"이라고 평가했습니다(Krugman, 1994: 70).

하지만 크루그먼의 주장과 달리 한국의 성장은 노동과 자본 같은 투입 요소만으로 이룬 것이 아닙니다. 요소 투입만으로는 한국이 중간소득 함정에 빠지지 않고 지속적으로 성장했던 이유를 설명할 수 없습니다. 실제로 한국은 1997년 IMF 외환위기 이후에도 지속적인 성장을 했기 때문입니다. 1990년대부터 최근까지 출간된 경험적 연구들을 종합하면 한국의 성장은 총 요소 생산성Total Factor Productivity 또는 기술technology의 변화가 핵심적 역할을 했습니다(Lee,J.W., 2002; Chen, 1997). 더욱이 한국은 어떻게 후발국형 혁신체제가 선진국형 혁신체제로 이행할 수 있는지를 경험적으로 보여주는 대표적 사례이기도 합니다(Lee, Lee, and Lee, 2021). 한국은 기술의 고도화를 통해 1950년대 돼지털을 수출하는 나라에서 1990년대 들어서면서 반도체와 같은 최첨단 제품을 수출하는 나라가 되었고, 2010년대 들어서면서 기존 선진국과 어깨를 나란히 하는 국가로 발돋움할 수 있었습니다(윤홍식, 2021).

2020년 기준으로 전 세계 수출 중 한국의 비중은 2.9%로 세계 6위입니다(UNCTAD, 2021).[2] 한국보다 수출을 많이 하는 나라는 중국, 미국, 독일, 일본, 네덜란드 5개국밖에 없습니다. 조사기관에 따라 차이가 있지만, 한국은 항상 가장 혁신적인 국가 중 하나로 분류되기도 합니다. 특히, 블룸버그는 2021년 한국을 전 세계에서 가장 혁신적인 국가로 분류했습니

---

[2] 이 순위는 홍콩을 중국에 포함한 수치이다.

다. 한국에 이어 싱가포르(2위), 스위스(3위), 독일(4위) 등이 뒤를 따랐습니다(Bloomberg, 2021.2.3.).[3]

정치적 성공: 한국 민주주의

한국의 성공 이야기는 경제적 성공에 그치지 않습니다. 한국은 1945년 8월 일제 강점으로부터 벗어난 이후 무려 40년 가까이 권위주의 체제(독재)를 경험했습니다. 그러나 독재정권 시기에도 한국인의 민주주의에 대한 열망은 좀처럼 사라지지 않았습니다. 1960년 4·19혁명으로부터 시작해서 1960년대와 1970년대를 거치면서 박정희 독재정권에 대한 지속적인 저항과 1980년 5·18민주화운동을 거쳐 1987년 6월 민주항쟁을 통해 한국인은 민주주의를 자신의 힘으로 쟁취하며 마침내 산업화와 민주화라는 이중혁명을 이루어냈습니다.

물론 한국의 민주주의는 많은 문제점을 안고 있습니다. 그러나 영국의 주간지 이코노미스트[Economist](2022.2.9.)가 조사한 자료에 따르면 한국의 민주주의 지수(8.16점)는 2021년 기준으로 전 세계 167개국 중 16위로 완전한 민주주의 국가로 분류됩니다. 민주주의의 본고장이라고 할 수 있는 영국(8.10)이 18위로 한국보다 낮고, 미국(7.85점, 26위)과 프랑스(7.99점, 22위)가 결함 있는 민주주의로 분류된다는 점을 고려하면, 한국의 성취는 놀라울 뿐입니다.

스웨덴 연구기관에서 발표하는 민주주의 지수인 V-Dem 지표는 민

---

[3] 세계경제포럼(World Economic Forum, 2023.2.3)은 2023년 한국을 가장 혁신적인 국가 6위에 올려놓았다.

민주당 재집권전략 보고서

주주의의 5가지 원칙(선거, 자유, 참여, 심의, 평등)을 기준으로 각국의 민주주의가 어떻게 변화해 왔는지를 측정합니다. [그림 3]은 한국이 일제 강점으로부터 벗어난 1945년부터 2021년까지 선거민주주의의 변화를 보여줍니다(나머지 4가지 원칙도 유사한 경향을 보여주기 때문에 여기서는 선거민주주의만 도식화했다). 한국의 민주주의는 일제강점에서 벗어난 1945년부터 상승하기 시작해, 이승만 독재정권 하에서 정체됩니다. 이 기간 동안 한국은 민주주의가 빠른 속도로 확대되었던 일본과 대비되는 것은 물론 식민지를 경험했던 필리핀보다도 낮은 수준이었습니다.

1960년 4·19 혁명을 거치면서 일시적으로 상승했던 민주주의는 박정희와 전두환 군사독재정권을 거치면서 침체의 늪으로 빠집니다. 그러나 1987년 민주화 운동을 거치면서 한국의 민주주의는 급격히 성장했고, 2000년대 들어서면서 영국, 일본 등과 유사한 수준에 다다릅니다. 그러나 2008년부터 2016년까지 보수정부(이명박과 박근혜 정부) 9년을 거치면서 한국의 민주주의는 다시 퇴행을 거듭했습니다. 보안사령부, 안기부 등의 선거개입과 행정부가 재판에 관여하는 등 보수정부 기간 동안 민주주의가 퇴행했기 때문입니다. 그러나 2016~2017년 촛불항쟁을 거치면서 한국의 민주주의는 다시 반등에 성공하면서 아시아에서 민주주의의 모범 국가 중 하나로 알려진 일본보다 더 높은 민주주의를 향유하고 있습니다.

2022년부터 다시 보수정부가 집권함에 따라 한국의 민주주의가 어떤 방향으로 흘러갈지를 예단하기는 어렵고 보수정부 기간 동안 또다시 민주주의가 퇴행할 수도 있습니다. 그러나 한국의 시민사회는 지금까지 그래왔듯이 민주주의를 회복시킬 수 있는 강력한 잠재력이 있다는 점에서 그 퇴

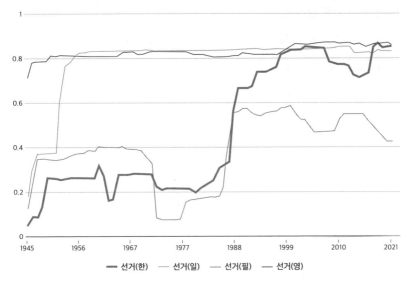

[그림 3] 선거민주주의 지수, 1945~2021

자료: V-Dem. (2021). The V-Dem dataset.

행은 일시적일 것입니다. 더불어 "특정한 사람들의 집단으로부터 규칙체계로의 권력 이전이야말로 민주주의로 가는 결정적인 발걸음이었다."라고 이야기했던 쉐보레스키[Przeworski](1997[1991]: 34)의 말을 빌린다면, 한국은 1987년 이후 4차례에 걸쳐 여당에서 야당으로 평화적인 정권 교체를 이루었다는 점에 큰 의미를 부여할 수 있습니다. 실제로 아시아의 어떤 국가도 한국과 같은 수준의 민주주의를 향유하지 못하고 있으며, 전 세계 어떤 나라도 불과 40년도 되지 않는 기간 동안 민주주의를 한국처럼 공고화한 사례가 없습니다.

문화적 성취: 한류

"나는 우리나라가 세계에서 가장 아름다운 나라가 되기를 원한다. 가장 부강한 나라가 되기를 원하는 것이 아니다. (…) 인류의 이 정신을 배양하는 것은 오직 문화이다. 나는 우리나라가 남의 것을 모방하는 나라가 되지 말고, 이러한 높은 문화의 근원이 되고, 목표가 되고, 모범이 되기를 원한다. 그래서 진정한 세계의 평화가 우리나라에서, 우리나라로 말미암아서 세계에 실현되기를 원한다."

김구, 『백범일지』, 돌베개, 2002

김구 선생은 예언자였을까요. 전 세계인이 즐기는 한류^{韓流}를 당연한 것으로 받아들이는 세대에게 김구 선생의 소망은 진부할 수도 있을 것 같습니다. 그러나 어려서는 일본 만화를 보고, 청소년기와 청년기에는 미국 드라마와 영화를 보며, 팝 음악을 듣고 자라서 지금은 중년이 된 세대에게 한국 문화를 전 세계인이 즐긴다는 것은 믿을 수 없는 일입니다. 싸이^{Psy}의 강남스타일이 전 세계를 휩쓸 때에도, 봉준호 감독의 영화 〈기생충〉이 아카데미상 4개 부문에서 수상했을 때도, 일시적이고 일회적 사건이라고 생각했습니다. 관대하게 평가해도 한류는 동아시아와 동남아시아에 국한된 현상 정도로만 여겼습니다.

그런데 지금, 전 세계인이 한국 드라마와 영화를 보고, 한국 음악을 들으며, 한국 웹툰을 즐길 정도로 한국은 문화 강국이 되었습니다. 실제로 [그림 4]를 보면 한국의 글로벌 소프트 파워지수는 2022년 기준으로 12위입니다. 물론 한국은 국제사회 명성(22위), 국제관계(22위) 등에서 여전히 낮은 순위이지만, 한국보다 앞선 순위에 있는 국가들이 전통적 강대국이라는 점을 고려하면 한국의 약진은 놀라울 정도입니다.

[그림 4] 글로벌 소프트 파워 지수, 2022

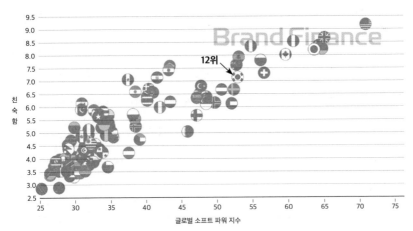

자료: Brand Finance. (2022). 국가별 소프트파워지수 2022.
https://brandirectory.com/softpower/ (접속일, 2023.5.8.).

이처럼 한국의 성공 이야기는 단순히 경제적 성공에 그치지 않습니다. 경제적 성공이 정치적 민주화를 이끌었고, 민주주의가 공고화되면서 자유로운 창작 활동이 가능해졌습니다. 강준만(2020)은 "나라를 빼앗긴 일제 치하에서도, 민주주의를 박탈당한 군사독재정권 치하에서도, 엔터테인먼트 문화는 전혀 주눅 들지 않았으며 내내 번성했다."라고 이야기합니다. 하지만 산업화와 민주화가 없었다면 비판적이고 창의적인 지금의 한류는 상상할 수 없었습니다. 한국은 이렇게 그 어떤 개발도상국도 해내지 못했던 경제적, 정치적, 문화적 선진화를 이루어 냈습니다.

성공의 덫에 빠진 대한민국

이처럼 놀라운 성공을 이룬 한국인은 행복할까요. 불행히도 그렇다고 대답하기 어렵습니다. 지독한 역설입니다. 놀라운 성공을 거둔 국가를 만

[그림 5] 한국과 OECD 주요국 합계출산율의 변화

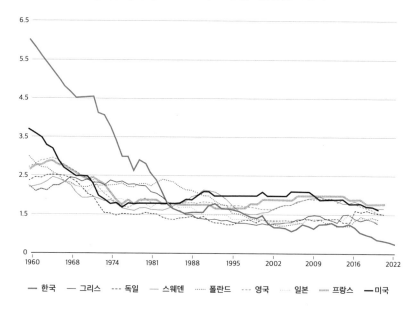

자료: OECD (2023a), Fertility rates (indicator). doi: 10.1787/8272fb01-en (Accessed on 08 May 2023)

들어낸 사람들이 그 놀라운 성공을 이루고도 행복하지 않다는 것은 '성공의 역설'이라는 말 이외에는 달리 표현할 길이 없습니다. 실제로 한국 사회가 직면한 위기는 우리의 상상을 초월합니다. 한국 사회가 직면한 사회경제적 위기를 몇 가지 대표적인 지표를 통해 개략해봅니다.

먼저 합계출산율^{TFR}입니다. [그림 5]에서 보는 것과 같이 2022년 현재 합계출산율은 0.78로 2018년 0.98을 기록한 이래 5년 연속 1 이하를 기록하고 있습니다. "인구학자들이 생각해 본 적이 없는 설마 하는 수준으

---

4) 통계청의 추산에 따르면 2023년은 더 낮아져 0.73, 2024년에는 0.70을 기록할 것으로 보인다(한겨레, 2023. 5. 3.).

로 떨어졌다"는 평가가 있을 정도입니다.[4] 대부분의 OECD국가들이 2000년대를 경과하면서 합계출산율을 회복했던 것과 비교하면 한국의 경향은 매우 예외적입니다. 한국과 문화적 유사성이 크다고 알려진 일본도 1.3~1.4대의 합계출산율을 유지하고 있기 때문입니다.

이런 한국의 예외성은 [그림 6]을 통해서도 확인할 수 있습니다. 한국, 독일, 스웨덴, 미국 등 OECD 주요 국가의 1인당 GDP가 10,000달러, 20,000달러, 30,000달러에 도달했을 때 합계출산율입니다. 1인당 GDP가 높아지면, 합계출산율이 감소하는 경향이 있기는 하지만, 일반적으로 1.6대에서 수렴하며, 1.0 이하로 내려가는 경우는 거의 없습니다. 그런데 한국을 보면 1인당 GDP가 10,000달러였던 1994년 합계출산율은 1.63이

[그림 6] 한국과 OECD 주요국의 일인당 GDP와 합계출산율의 변화

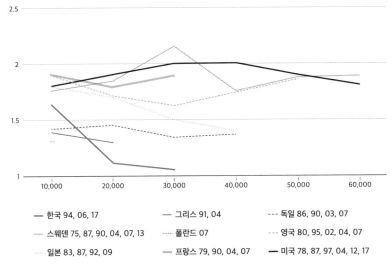

자료: The World Bank. (2021). GDP per capita(current US$),
　　　https://data.worldbank.org/indicator/NY.GDP.PCAP.CD (접속일, 2021.5.8.),
　　　OECD(2023b), Fertility rates (indicator). doi: 10.1787/8272fb01-en (Accessed on 08 May 2023),
　　　통계청. (2023). 국가지표체계: 합계출산율.
　　　https://www.index.go.kr/unify/idx-info.do?pop=1&idxCd=5061(접속일, 2023.5.8.).

었고, 20,000달러로 높아졌을 때 1.12로 급락했습니다. 30,000달러에 도달했을 때는 다시 1.05로 낮아졌으며, 40,000달러에 도달하지 않았는데, 2022년 기준으로 이미 0.78을 기록하고 있습니다.

더 역설적인 사실은 일반적으로 경제성장과 함께 인간개발지수[HDI]가 높아지면 합계출산율이 회복되거나 더 이상 낮아지지 않습니다. 그런데 한국의 합계출산율은 계속 낮아지고 있습니다.[5] 출산율은 단순히 하나의 지표가 아닙니다. 출산율은 그 사회가 살만한 사회인지를 보여주는 대표적인 지표 중 하나인데, 한국의 낮은 출산율은 한국이 전혀 살만한 나라가 아니라는 것을 의미합니다.

합계출산율과 함께 그 사회가 살 만한 사회인지를 가늠할 수 있는 또 다른 지표는 인구 10만 명당 자살률입니다. 모두가 알고 있듯이 한국의 자살률은 OECD 국가 중 24.1로 압도적 1위를 기록하고 있습니다(OECD, 2023b). 1990년부터 2020년까지 지난 30년 간 자살률의 변화를 보면 한국은 무려 179.5%가 증가한 반면, 대부분의 OECD 국가들은 감소했습니다. 특히, 덴마크와 스페인은 같은 기간 자살률이 절반으로 줄었습니다. 자살을 불평등과 같은 사회경제적 위기의 심화와 밀접한 관련이 있는 '사회적 타살'이라는 점을 고려하면(김교성, 2014), 한국 사회에서 민주화가 공고화되고, 경제적으로 선진국에 진입했던 1990년대 이후 지난 30년 동안 자살률이 180% 가까이 높아졌다는 것은 역설입니다.

사회경제적 위기를 종합적으로 나타내는 대표적인 지표인 합계출산율

---

5) 2019년 기준으로 국제연합계발계획(UNDP)이 발표한 한국의 인간개발지수는 0.916으로 전 세계 국가 중 23위에 해당한다(통계청, 2023).

과 자살률을 살펴보았지만, 한국 사회의 위기는 다양한 지표를 통해서 확인할 수 있습니다. 소득불평등을 나타내는 다양한 지표에서 한국은 선진국 중 가장 불평등하다고 알려진 미국과 유사해지는 중입니다. 65세 이상 노인빈곤율은 40.4%로 이미 잘 알려진 대로 OECD 회원국 중 가장 높습니다(OECD, 2023c). 비정규직 비율이 가장 높은 국가 중 하나라는 것도 잘 알려져 있습니다. 거주 지역에 따른 격차 또한 심각하며, 부동산 문제는 백약이 무효할 정도로 계속 방치되고 있는 상황입니다. 사회경제적 측면에서 본 성평등 지수 또한 OECD 회원국 중 최하위입니다.

또 다른 상징적인 지표를 살펴보겠습니다. 한국인은 OECD 회원국 중 범죄에 직간접으로 피해를 당한 경험이 가장 낮은 1.49에 불과했지만([그

[그림 7] 범죄 피해 불안을 느끼는 사람의 비율 및 직간접적인 위해 경험률

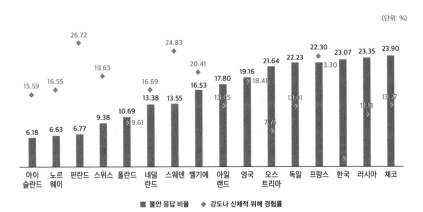

(단위: %)

주: 1) 범죄 피해에 대한 불안은 "어두울 때 집 주변을 혼자 걸을 때 당신은 얼마나 안전하다고 느끼십니까?"라는 질문에 대해 '①매우 안전하다, ②안전하다, ③안전하지 않다, ④매우 안전하지 않다'라는 응답으로 측정하였으며, ③과 ④로 응답한 사람들을 불안을 느끼는 사람으로 리코딩하여 분석하였음
    2) 위해 경험률은 "귀하나 가구원 중 최근 5년 동안(2011년~현재) 강도나 신체적 위해를 당한 적이 있습니까?"란 질문에 대해 '①예', '②아니오'의 응답으로 측정하였음
자료: 1) 한국보건사회연구원, (2016), 사회통합 실태 및 국민인식 조사, 원자료를 이용해 분석함
    2) ESS ERIC, (2016), European Social Survey(Round8), 원자료를 이용해 분석함
                    출처: 우선희(2018). "범죄 피해 불안과 인구사회학적 요인:
                    유럽국과 비교를 중심으로" 『보건복지포럼』, 261: 66~80.

림 7 참고), 범죄의 희생자가 될 수 있다는 불안감은 러시아, 체코와 함께 가장 높은 것으로 나타났습니다(우선희, 2018). 지금까지 살펴본 한국 사회의 심각한 사회경제적 위기를 보면, 한국 사회의 놀라운 성공이 우리에게 어떤 의미를 갖는지를 묻지 않을 수 없습니다.

민생 위기의 원인: 대한민국이 성공의 덫에 빠진 이유

왜 한국은 놀라운 성공이 심각한 사회경제적 위기와 공존하는 사회가 되었을까요. 놀라운 성공과 심각한 사회경제적 위기가 공존하는 역설적 현실이 만들어진 이유를 찾지 못한다면, 지금 우리가 직면한 사회경제적 위기를 풀어갈 해법을 찾을 수 없다는 것은 분명합니다. 여기서는 앞에서 밝혔듯이 한국 사회가 직면한 심각한 위기의 원인을 한국 사회가 실패했기 때문이 아니라 놀라운 성공을 거두었던 방식 때문이라는 관점에서 접근했습니다. 즉, 놀라운 성공을 이룰 수 있게 했던 그 방식이 한국 사회가 심각한 사회경제적 위기에 직면한 원인이라는 것입니다. 위기의 원인을 경제, 복지, 정치적 측면에서 살펴보았습니다.

경제적 성공: 대기업이 주도하는 수출 중심의 성장 방식

성장이 불평등으로 대표되는 사회경제적 위기를 낳는 것은 한국만이 아니라 서구 국가도 예외가 아닙니다. 근대화(산업화와 민주화)는 항상 긍정적 결과와 함께 부정적인 결과를 낳았기 때문입니다(Ang, 2023[2020]). 그래서 놀라운 성공과 심각한 사회경제적 위기가 공존하는 한국 사회의 성공의 역설은 한국만의 고유한 문제가 아닙니다. 그런데 단순한 근대화의 부작용만이 아니라 한국의 근대화가 다른 사회보다 더 심각한 사회경제적 위기를 만든 원인에 더 주목해야 합니다. 양의 축적은 결국 질의 변화를 가져오기 때문에 사실 여부보다 그 수준이 더 중요합니다.

이제는 많은 사람들이 알고 있듯이 한국은 대기업에 자본을 집중하는 방식으로 산업화를 이루었습니다. 동원할 수 있는 자원이 제한된 조건에서 국가가 권위주의적으로 성공 가능성이 높은 기업에게 자원을 집중하는 방식은 효율적이었습니다. 더불어 한국의 산업화 과정은 독일, 일본 등과 같이 노동자의 숙련을 높이는 방식이 아니라, 1970년대 생산현장에 수치제어^{Numerical control, NC} 자동기계가 도입되었을 때 본격적으로 진행되었다는 점을 주목할 필요가 있습니다. 상대적으로 노동자의 숙련이 덜 중요해진 시점에서 산업화를 본격화했다는 것입니다.

이런 한국 산업화의 특성을 핫토리 타미오^{服部民夫}(2007[2005]: 100~105)는 '조립형 공업화'라는 가설을 통해 설명합니다. 노동이 자본보다 흔할 때 노동집약적인 생산은 필연적이지만, 이러한 생산방식이 수출주도형 경제와 만나면 수출을 위해 수입을 하는 것이 불가피한 산업구조가 만들어진다는 것입니다. 여기에 앞서 언급한 것처럼 한국은 수치제어 자동기계가 생산현장에 도입되었을 때 본격적인 산업화를 시작하면서, 일본과 달리 숙련을 우회하는 방식으로 산업을 고도화했다는 것입니다.

1990년대 이후 한국 대기업이 노동숙련을 우회하고 본격적으로 자동화에 기초한 생산성 향상을 도모할 수 있었던 이유도 이런 한국 산업화의 특성과 관련이 있습니다. 실제로 1990년대 한국 대기업은 노동의 숙련을 높이는 방식이 아니라 최첨단 자동화 설비를 통한 생산방식을 채택했습니다. 핫토리 타미오(2007[2005]): 105)의 표현에 따르면 소재, 부품, 장비를 수입에 의존하는 '기술기능축적 절약형' 공업화를 추구했던 것입니다. 그리고 이런 방식을 통해 한국 대기업은 1990년대 이후 경제위기에도 불구하고 글로벌 기업으로 성장할 수 있었고, 한국도 선진국으로 진입할 수 있었습니다. [그림 8]은 1990년대 이후 한국 산업의 자동화가 얼마나 급격하게 이루었는지를 로봇밀도를 통해 보여주고 있습니다. 1980년대 후반만 해도 한국의 로봇밀도는 매우 낮은 편이었습니다. 그러나 1990년대

[그림 8] 주요 제조업 강국의 로봇밀도의 변화, 1985~2020

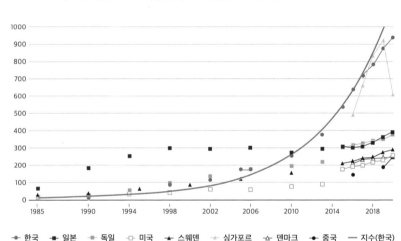

자료: 1985~2013: 정준호. (2016). "한국 산업화의 특성과 글로벌 가치사슬" 이병천·유철규·전창환·정준호 엮음, 『한국의 민주주의와 자본주의: 불화와 공존』, pp. 70~111. 서울: 돌베개. 2015.

IFR. 2016 World robotics report. 2016: European Union occupies top position in the global automation race. 2016~2017.

The Robot Report. 2019. US robot density ranks 7the in the world. April 5, 2019.

https://www.therobotreport.com/us-robot-density-ranks-7th-in-the-world/ 2018.

IFR. 2019. IFR Press Conference 18th September 2019, Shanghai.

https://ifr.org/downloads/press2018/IFR%20World%20Robotics%20Presentation%20-%2018%20Sept%202019.pdf 2019.

IFR. 2021. Facts about robots: Robot density worldwide.

https://youtu.be/w_kApx8C-O4

IFR. (2021). Robot density nearly doubled globally. Dec 14, 2021.

https://ifr.org/ifr-press-releases/news/robot-density-nearly-doubled-globally

를 경과하면서 급격하게 높아지기 시작해 2013년이 되면 세계 최고 수준에 이르게 됩니다. 2020년 현재 독일과 일본 등 다른 제조업 강국과 비교할 수 없을 만큼 압도적으로 높은 수준입니다.

물론 한국 대기업의 성장이 단순히 돈 주고 첨단기계를 구매했기 때문에 가능했다고 이야기할 수는 없습니다. 최첨단 자동화 설비를 활용한 생산 또한 그 설비를 운영할 수 있는 숙련된 엔지니어 없이는 불가능하며, 최첨단 설비를 가장 효율적인 방식으로 배치하고 운영하는 것 또한 고도의 숙련을 요구합니다. 이런 점에서 혁신을 통해 생산성을 지속적으로 높이려고 했던 대기업의 헌신 또한 한국이 급속한 경제성장을 이룰 수 있었던 중요한 배경이라고 할 수 있습니다(송성수, 2013). 제철, 자동차, 반도체, LCD 등 현재 한국 대기업의 주력 상품은 모두 숙련된 엔지니어의 헌신적인 노력에 빚을 지고 있습니다. 한국 산업화의 이러한 특성을 현대 자동차의 사례를 들어 '기민한 생산방식'이라고 이름 붙이기도 했습니다(조형제, 2016, 2005).

한국의 생산방식은 후발국이 선진국을 추격하는 효과적인 방식입니다. 하지만 이런 생산방식은 심각한 사회경제적 위기를 불러왔습니다. '기술기능축적 절약형' 성장방식은 첨단 최종재를 생산하기 위해 필요한 핵심 소재, 부품, 장비를 해외에서 수입해야 합니다. 한국 경제가 첨단제품을 수출하는 것을 동력으로 성장하면 성장할수록 더 많은 소재, 부품, 장비를 해외에서 수입해야 하는 것입니다. 한국의 대(對)일본 무역적자가 지속되는 이유이기도 합니다. 이로 인해, 국내 산업 간 연관관계가 약화되고, 소재, 부품, 장비를 생산하는 국내 중소기업의 성장이 지체됩니다. 그러니 첨단 제품을 수출해도 국내에서 창출되는 부가가치는 낮을 수밖에 없습니다(정준호, 2020).

실제로 [그림 9]에서 보는 것처럼 로봇밀도와 제조업 수출품의 국내 부가가치 창출 비중은 부적 관계에 있는 것으로 나타났습니다. 결국 이러한 성장방식은 기업규모와 고용지위에 따라 생산과 임금이 상이해지는 이중적 노동시장을 확산시켰습니다. 더욱이 최첨단 설비를 설치하기 위해 대규모 투자를 했던 대기업은 생산에 필요한 핵심 부문을 제외한 비핵심 부문을 외주화해 비용을 줄이려는 시도를 지속했고, 이는 다시 노동시장의 이중구조를 확대하는 결과로 나타납니다. [그림 10]에서 보는 것처럼 한국의 기업규모에 따른 생산성과 임금격차는 OECD 회원국 중 가장 큽니다.

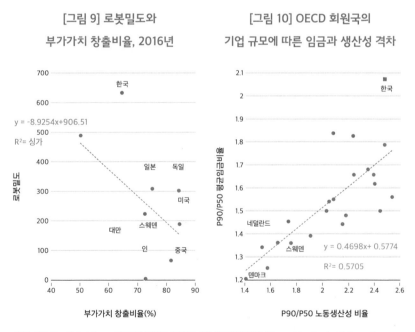

[그림 9] 로봇밀도와 부가가치 창출비율, 2016년

[그림 10] OECD 회원국의 기업 규모에 따른 임금과 생산성 격차

자료: (좌) The Robot Report(2019). 정준호(2020). (우) OECD (2016), "Promoting Productivity and Equality: Twin Challenges", OECD Economic Outlook, No. 99

또 다른 문제는 기업규모에 따라 이렇게 생산성의 격차가 심하다는 것은, 다른 말로 하면, 대기업과 중소기업이 필요한 숙련이 상이하다는 것을 의미합니다. 노동시장의 이동성 측면에서 보면 비정규직에서 정규직으로, 중소규모의 사업체에서 대규모 사업체로, 임시직에서 상용직으로의 이동이 극히 제한된 노동시장이 만들어진다는 것을 의미합니다. 실제로 한국 노동시장의 이동성은 극도로 제한되어 있습니다. 한 연구에 따르면 중소규모에서 대규모 사업체로, 비정규직에서 정규직으로, 임시직에서 상용직으로 이동하는 비율이 2015~2016년 기준으로 각각 2.0%, 4.9%, 22.0%에 불과했습니다(전병유·황인도·박광용, 2018).

한국 경제는 조립형 산업화 전략(이후에는 모듈형 산업화 전략으로 전환)으로 놀라운 성장 신화를 이루어 냈습니다. 하지만 바로 그 성장방식이 노동시장에서 불안정한 일자리를 만들어내고, 노동시장이 이중구조화되는 중요한 원인 중 하나였습니다. 다양한 설명이 가능하지만, 점점 심각해지는 한국의 소득·자산 불평등은 기본적으로 노동시장 이중구조를 만든 성장방식이 결정적 역할을 했다고 할 수 있습니다. 성공의 방식이 우리를 사회경제적 위기라는 덫으로 밀어 넣은 것입니다.

더욱이 한국의 놀라운 성장을 가능하게 했던 세계화 Globalization가 코로나19 팬데믹, 미·중 패권경쟁, 우크라이나 전쟁 등으로 새로운 방식으로 재편되면서, 한국 경제는 2023년 5월 현재 15개월 연속 무역적자를 기록하는 등 위기에 직면해 있습니다. 아니, 우리의 성공 방식 자체가 총체적 위기에 처했습니다.

안정적 고용에 기초한 사회보장제도

한국의 성장방식의 영향은 단순히 노동시장의 문제와 경제위기로만 국한되지 않습니다. 한국의 성장방식은 개발국가 복지체제와 소위 '역진적 선별성'이라고 개념화하는 한국 복지체제의 두 가지 핵심적 특성과 밀접한 관련을 갖습니다.

먼저, 개발국가 복지체제의 특성을 살펴보겠습니다. 1945년 8월 일제강점에서 해방되면서 함께 찾아온 분단과 전쟁은 한국을 폐허로 만들었습니다. 한국전쟁 직후 한국은 세계에서 가장 가난한 나라답게 많은 국민이 절대빈곤으로 고통 받았습니다. 한국전쟁 직후인 1953년 요구호대상자(생존이 위협받는 인구) 비율은 전체 인구의 절반에 가까운 49.3%에 이르렀을 정도입니다(하상락, 1998). 1960년대에 들어서도 상황은 나아지지 않았습니다. 1965년 절대빈곤율은 도시를 기준으로 54.9%에 이르렀습니다. 농촌의 상황은 도시보다 나았지만, 농촌의 절대빈곤율 역시 35.8%에 달했습니다. 국민의 절반 가까이가 절대빈곤에 놓였던 상황은 1970년대를 지나면서 급격히 낮아지기 시작해 1980년이 되면 9.8%로 낮아집니다(서상목, 1979; Suh and Yeon, 1986).

최저생계비를 기준으로 측정한 절대빈곤율을 보면 더 극적인 변화를 실감할 수 있습니다. 1982년 도시근로자가구의 총소득 기준 절대빈곤율은 무려 78.7%에 달했지만, 1997년 IMF 외환위기 직전에는 대략 3%로 낮아집니다. 정말 믿을 수 없는 극적인 변화였습니다. 절대빈곤율이 1982년부터 1997년까지 무려 96.3%나 감소했습니다(이상은, 2006: 253). [그림 11]에서 보는 것처럼 지니계수로 측정한 소득불평등의 변화에도 유사한 현상이 나타납니다. 소득불평등은 1970년대 말부터 낮아지기 시작해 1997년 IMF 외환위기 직전까지 상대적으로 낮은 수준을 유지했습니다.

[그림 11] 지니계수로 측정한 소득불평등과 GDP 대비 사회지출의 변화

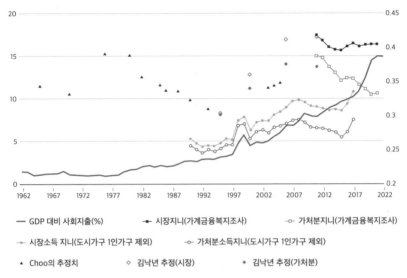

자료: 한국보건사회연구원. (2020). 2020 빈곤통계연보. 한국보건사회연구원.
Choo,H.J. 1992. "Income distribution and distributive equity in Korea." In L. Krause and F. Park, eds.,
Social Issues in Korea. Seoul: KDI. OECD(2023). Social expenditure-Aggregated data.
https://stats.oecd.org/Index.aspx?DataSetCode=SOCX_AGG (2023.4.4).
윤홍식. (2019b). 『한국 복지국가의 기원과 궤적 1』. 서울: 사회평론아카데미.

주목할 특성은 절대빈곤율과 소득불평등이 극적으로 낮아졌는데도 불구하고, 국내총생산[GDP]에서 사회지출이 차지하는 비중은 좀처럼 늘지 않았다는 점입니다. 1997년 IMF 외환위기가 발생하기 전까지 GDP 대비 사회지출은 가장 높을 때인 1996년에도 3.1%에 불과했습니다. 이는 한국 사회가 절대빈곤과 불평등에서 벗어날 수 있었던 주요 원인이 사회적 연대에 기초한 공적 사회지출에 있지 않았다는 것을 의미합니다. 다시 말해, 빈곤과 불평등을 완화했던 힘은 국가가 주도하는 성장전략이었습니다. 고도성장이 시장에서 일자리를 만들고 이렇게 만들어진 일자리에 사람들이

저임금으로 장시간 노동을 통해 절대빈곤이 사라지고 불평등이 완화되는 '개발국가 복지체제'가 만들어진 것입니다.

더욱이 개발국가 복지체제에서 실업, 질병, 노령, 돌봄 등 사회적 위험에 대한 대응은 개인과 가족이 축적한 사적 자산의 규모에 달렸기 때문에, 사람들은 사적 자산의 축적을 위해 상대적으로 낮은 세금을 요구했습니다. 이렇게 개발국가 복지체제가 성공적으로 불평등과 빈곤을 완화시켰던 경험은 한국 사회에서 사회적 연대에 기반한 공적 사회보장제도의 보편적 확대를 어렵게 하는 원인 중 하나가 되었습니다. 왜 한국 사회에서 경제성장에 걸맞은 공적 복지를 확대하라는 요구가 크지 않았는지를 이해할 수 있는 대목입니다.

다른 하나는 1997년 IMF 외환위기 이후 한국이 걸었던 복지확대의 길과 관련이 있습니다. 한국은 1997년 IMF 외환위기를 거치면서 해방 이후 처음으로 여에서 야로 평화로운 수평적 정권교체가 이루어지면서 〈국민의 정부〉가 출범합니다. 국민의 정부는 이전 정부와 다르게 적극적으로 사회보장제도를 확대했습니다. 특히 그간 소수에게 제한적으로 실시되었던 사회보험을 전면적으로 확대하면서 사회보험 중심의 복지체제를 만들어갔습니다.

문제는 사회보험의 수급자가 되기 위해서는 정기적으로 사회보험에 기여금을 낼 수 있어야 하고, 정기적으로 기여금을 낼 수 있는 노동자는 대부분 안정적 고용과 소득을 보장받는 정규직이란 점입니다. 그러나 한국은 1980년대 말부터 이미 탈산업화가 시작되면서 노동시장에서 좋은 제조업 일자리가 줄어들고, 비정규직 등 불안정 일자리가 늘어나고 있던 상황이었습니다. 이러한 조건에서 사회보험 중심의 복지확대는 필연적으

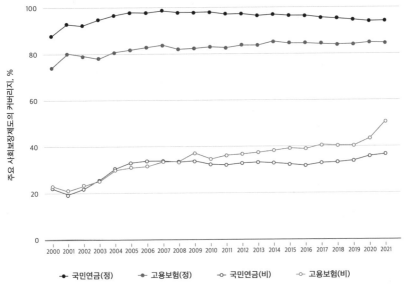

[그림 12] 고용상 지위에 따른 국민연금과 고용보험의 적용율 차이

주요 사회보장제도의 커버리지, %

국민연금(정)   고용보험(정)   국민연금(비)   고용보험(비)

자료: 김유선. (2021). "비정규직 규모와 실태: 통계청, 경제활동인구조 부가조사(2021.8) 결과." KLSI Issue Paper, 제159호, 2021-18호.

로 공적 복지가 상대적으로 안정적 고용과 소득을 보장받는 계층에게 집중되는 문제를 유발합니다. 한국 복지체제에서 가장 보호가 필요한 사람들을 공적 사회보장제도에서 배제하는 역진적 선별성이 강화된 것입니다. 실제로 사회보험 적용률은 노무현 정부와 문재인 정부를 거치면서 많이 완화되었지만, [그림 12]에서 보는 것처럼 고용상 지위에 따라 큰 차이를 보이고 있습니다.

　　정리하면 한국의 성장방식은 한국 복지체제의 두 가지 핵심적 특성에도 중요한 영향을 미치면서, 한국 복지체제가 불평등과 빈곤을 완화하는 역할을 제약했다고 볼 수 있습니다.

위기를 풀 수 없는 무능한 정치

[그림 11]을 통해 한국 사회의 불평등은 1990년대 초 이후 점점 더 심각해졌음을 알 수 있습니다. 김대중 정부 출범 이후 공적 사회지출의 확대가 불평등을 줄이는 역할을 했지만, 불평등이 심각해지는 추세를 막지는 못했습니다. 예외가 있다면 문재인 정부 집권 기간에 시장소득 불평등이 높은 수준을 유지했지만, 가처분소득 불평등은 낮아졌던 경우입니다. 문재인 정부의 적극적인 복지확대의 결과라고 할 수 있습니다.[6] 그러나 문재인 정부 기간을 고려하더라도 한국 사회의 불평등은 1997년 IMF 외환위기 이전 수준으로 낮아지지는 못했습니다.

그러면 왜 한국 사회는 1987년 민주화 이후 커져가는 불평등으로 대표되는 사회경제적 위기에 무기력했을까요? 민주화 이후 정권이 4차례나 바뀌었지만, 소용이 없었습니다. 정치가 한국 사회가 만들어낸 위기를 완화하는 데 제 역할을 하지 못한 것입니다. 다양한 이유가 있겠지만 그 근원을 따라가 보면, 한국 정치체제의 특성과 연결됩니다. 여기서는 한국 정치가 왜 사회경제적 위기에 이토록 무기력했는지를 중요한 논점으로 살펴보겠습니다. 크게는 세 가지로 첫 번째는 한국 정치체제의 기본 틀을 형성한 협소한 이념적 스펙트럼에 대해 검토하는 것이고, 두 번째는 '국가 대 사회'의 틀로 현재 한국 정치체제가 만들어진 특성을 살펴보는 것입니다. 마지막으로는 '권력자원'이라는 측면에서 한국 정치체제의 특성을 살펴보는 것입니다.

---

6)   [그림 11]을 보면 문재인 정부 기간 GDP 대비 사회지출은 비약적으로 증가했다.

먼저 한국 사회에서 협소한 이념적 스펙트럼이 어떻게 형성되었는지를 보기 위해서는 1945년부터 1948년 8월 대한민국 정부가 수립되기 전까지 지속된 미군정을 주목할 필요가 있습니다. 미군정을 거치면서 한국 사회의 권력관계는 좌파 중심에서 우파 중심으로 대역전이 일어났기 때문입니다(윤홍식, 2019c). 미군정이 만들어 놓은 정치 지형에 한국 전쟁이 발발하자 한국 사회의 정치 지형은 단숨에 우파가 지배적인 지형으로 굳어졌습니다. 해방 직후 남쪽에 살고 있는 조선인의 절대다수가 사회주의와 민주주의를 지지했다는 점을 고려하면, 놀라운 전환이었습니다(윤홍식, 2021). 이후 여야는 치열한 경쟁을 했지만, 좌파 이념이라는 한쪽 날개를 잃은 사회에서 둘 간의 차이는 협소할 수밖에 없었습니다.

이러한 우파적 대안만이 남아있는 사회에서 국가는 시장을 강화할 때에만 강력한 힘을 발휘할 수 있습니다. 박정희 정권의 개발전략이 국가주도적인 경제개발이었으나 이는 어디까지나 국가가 성장을 위해 시장을 강화하는 전략이었습니다. 반대로 한국 사회에서는 불평등과 빈곤을 완화하기 위해 국가의 역할을 강화하고 시장의 역할을 제한하는 것이 바람직하지 않은 것으로 여겨졌습니다. 놀라운 성장이 왜 사회적 연대에 기반해 사회적 위험에 대응하는 공적 복지의 확대로 나아가지 못했는지를 이해할 수 있는 대목입니다.

다음으로 국가와 사회 간의 관계를 살펴보겠습니다. 앞서 언급했듯이 이미 이념적 스펙트럼이 우파로 제한된 조건에서 이승만에서 박정희, 전두환 정권으로 권위주의 체제가 근 40년간 지속되었다는 점에 주목할 필요가 있습니다. 국가와 사회 간 관계에서 국가의 일방적 우위가 지속된 시기입니다. 권위주의 체제 40년 동안 국가의 힘이 압도적인 상황에서 국가

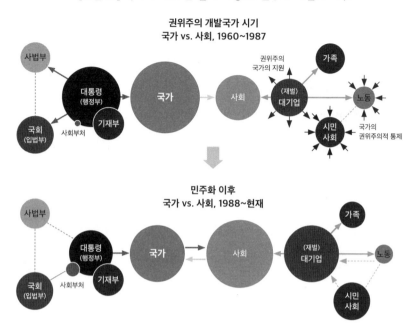

[그림 13] 국가와 사회 간 힘의 지형도: 민주화 이전과 이후

권위주의 개발국가 시기
국가 vs. 사회, 1960~1987

민주화 이후
국가 vs. 사회, 1988~현재

를 견제할 시민사회가 성장하지 못했습니다([그림 13] 참고).

　루이스 캐럴의 동화 〈거울나라의 엘리스〉에 나오는 레드 퀸의 비유처럼 국가와 사회 간 힘의 균형이 유지되어야 지속가능한 포용적 번영이 가능합니다Acemoglu and Robinson(2020[2019]). 이런 관점에서 보면 한국은 권위주의 국가가 주도한 성공적(?) 산업화라는 예외적인 사례입니다. 하지만, 한국은 권위주의 체제 기간과 민주화 이후에도 성장의 성과가 공정하게 공유되지 못했다는 점에서, 권위주의 국가가 주도했던 성장의 한계를 분명히 보여주는 사례이기도 합니다.

　한국 사회에서 국가와 사회 간 힘의 균형 문제는 여기서 끝나지 않습니다. 1987년 민주화가 되면서 애쓰모글루와 로빈슨Acemoglu and Robinson

(2020[2019])[7]이 지적한 것과 같이 국가와 사회 간 힘의 균형이 회복될 수 있는 조건이 갖추어졌습니다. 하지만 일반적 예상과 달리 한국에서 국가와 사회 간 힘의 균형은 자본, 특히 재벌 대기업의 압도적 힘의 우위로 전환되었습니다. 권위주의 체제 기간 동안 몸집을 불리며 성장을 주도했던 재벌 대기업은 1987년 민주화로 자신을 만들고 통제했던 권위주의 국가가 약화되자, 누구도 통제할 수 없는 힘을 갖게 되었습니다. 이제 한국 사회의 과제는 다시 자본의 힘을 약화시켜, 국가와 사회 간 힘의 균형을 이루어야 했습니다.

그러나 먹고사는 문제가 재벌 대기업의 손에 달려 있는 상황에서 어떤 국가도 재벌 대기업의 이해에 반하는 힘을 행사할 수 없었습니다. 더불어, 민주화 이후 국가 내에서 힘의 균형 또한 주목할 필요가 있습니다. 국회를 포함해 국가기관 내에서 기획재정부(경제부처)가 갖는 힘의 '절대적' 우위는 권위주의 체제 이래 단 한 번도 변화한 적이 없었습니다. 이는 왜 한국 사회에서 사회적 연대에 기반한 비시장 영역에서 국가 역할의 확대가 제한적이었는지를 설명해 줍니다.

이러한 상황은 한국 정치체제의 마지막 특성인 권력자원의 구성에 그대로 드러납니다. 권위주의 체제가 지속되었던 40년 동안 자본은 엄청난 성장을 거듭했습니다. 반면 자본을 견제할 수 있는 노동은 그러지 못했습니다. 40년 간 권위주의 체제를 거치면서 노동의 성장은 성장과 안보를 이유로 원천적으로 봉쇄되었기 때문입니다. 1987년 민주화 이후 그 제약

---

7)   Acemoglu, D. and Robinson, J. (2020[2019]). 『좁은 회랑』. 장경덕 옮김(The narrow corridor). 서울: 시공사.

이 약화되었을 때, 한국 경제는 탈산업화 사회로 접어들었습니다. 전통적 노동계급의 비중은 줄어들고 지위는 약화되는 시기였습니다.

또 하나의 안타까운 점은 1987년 민주화 과정에서 민주화 운동 세력으로 대표되는 개혁세력이 성장할 수 있는 정치적 조건(예를 들어, 비례대표제 강화 등)을 만들 수도 있었지만 민주화 운동의 대표성을 보수야당(현재 더불어민주당과 국민의힘의 일부−김영삼계)이 독점하면서 민주화가 보수야당과 권위주의 세력의 타협을 통해 이루어진 점입니다. 민주화 운동 세력이 세력으로서 정치권에 진입할 수 있는 통로가 근본적으로 차단된 것입니다. 이런 조건에서 사회 내에서 자본을 견제하고 경제적 성과를 공정하게 분배할 수 있는 사회적 힘은 사실상 거의 존재하지 않았습니다.

이처럼 한국 사회에서 성장체제, 복지체제, 정치체제는 밀접한 관련성을 가지면서 역사적으로 구성되었습니다. 그리고 그 결과가 현재 우리가 직면한 심각한 사회경제적 위기입니다. 위기에 대한 현상적 대응으로 위기가 완화되지 않았던 이유이기도 합니다. 실제로 북서유럽에서 공적 복지의 확대(보편적 복지국가의 성립)는 산업화의 자연스러운 결과가 아니라 국가와 사회 간 힘의 균형과 사회 내에서 자본과 노동 간 힘의 균형의 결과였기 때문입니다.

전망과 과제: 어디로 가야 하나

현재 우리가 직면한 사회경제적 위기의 근원을 이해하는 것이 우리가 위기를 완화·해소할 수 있는 적절한 대안을 알고 있다는 것을 의미하지는 않습니다. 그러나 적어도 위기의 구조적 원인을 이해하는 것은 우리가 위기에 대응하기 위해 어느 방향으로 가야 할지를 알려준다는 점에서 그 의미가 작지 않습니다. 총론에서 전망에 대한 구체적인 이행계획을 제시할 수는 없지만, 적어도 그 방향은 이야기할 수 있습니다.

우리가 선택할 수 있는 길은 크게 보면 두 가지입니다. 하나는 현재 사회경제적 위기의 근원인 성장방식을 그대로 두고, 그 성장방식이 만들어낸 위기를 완화하기 위한 대안에 집중하는 것입니다. 다른 하나는 위기의 근원인 성장방식 자체를 전환하는 것입니다.

먼저 현재 성장체제를 그대로 두고 사회경제적 위기에 대응하는 방식을 검토해 보겠습니다. 다시 문재인 정부를 불러오겠습니다. [그림 11]을 보면, 시상소득 불평등은 2015년부터 다시 높아지기 시작합니다. 그러나 조세와 복지급여를 포함한 가처분 소득 불평등은 문재인 정부가 집권한 2017년부터 낮아지기 시작했습니다. 시장에서 불평등이 증가하는데 이를 복지지출을 통해 완화한 것은 [그림 11]에서 보는 것처럼 1962년 이래 처음 있는 일이었습니다. 실제로 2017년부터 2021년까지 GDP 대비 사회지출 비중을 보면, 2017년 10.1%, 2018년 10.8%, 2019년 12.3%, 2020년 14.4%, 2021년 14.9%로 불과 4년 만에 4.8% 포인트나 증가했습니다. 코로나-19 보건위기라는 상황이 사회지출이 증가하는 원인 중 하나일 수 있지만, 한국 복지국가 역사에서 매우 예외적인 일이었습니다.

이에 따라 [그림 14]에서 보는 것처럼 사회지출과 조세를 통해 소득 불평등을 완화하는 비율이 2016년 -11.7%에서 2021년 -17.8%로 높아졌습니다. 문재인 정부는 사회지출의 확대를 통해 불평등으로 대표되는 사회경제적 위기를 완화시킬 수 있다는 것을 실천적으로 보여주었습니다. 하지만 문재인 정부처럼 사회지출을 매년 GDP 1% 포인트에 가까운 수준

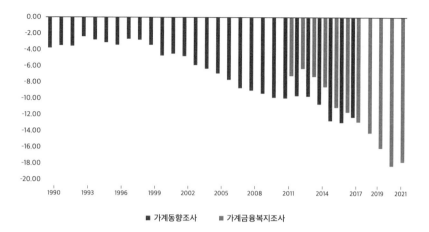

[그림 14] GDP 대비 사회지출의 소득불평등 감소효과, 1990~2021

■ 가계동향조사　　■ 가계금융복지조사

자료: 한국보건사회연구원. (2022). 2022 빈곤통계연보. 한국보건사회연구원.
　　OECD (2023). Social expenditure-Aggregated data.
　　https://stats.oecd.org/Index.aspx?DataSetCode=SOCX_AGG (2023.4.4.).
　　윤홍식. (2019b). 『한국 복지국가의 기원과 궤적 1』. 서울: 사회평론아카데미.

으로 확대하는 것이 얼마나 지속 가능할지는 논쟁적입니다. [그림 11]에
서 보는 것처럼 이미 2022년에 GDP 대비 사회지출은 2021년 14.9%에서
0.1% 포인트 감소한 14.8%에 그쳤습니다. 문재인 정부가 편성한 예산인데
도 불구하고 2022년 GDP 대비 사회지출이 감소한 것입니다.

　　또한 2022년 한국의 GDP 대비 사회지출은 이미 14.8%에 달하여 소
위 중부담·중복지라고 이야기하는 OECD 평균 수준보다 불과 6% 포인
트 낮은 수준입니다. 우리가 GDP 대비 사회지출을 6% 포인트 늘린다고
현재 한국이 직면한 사회경제적 위기가 약화 또는 해소될 것이라고 믿는
사람은 아무도 없을 것입니다(노령화에 따른 건강보험과 국민연금 증가분을 고
려하면, 6% 포인트를 온전히 다 사용하는 것도 불가능합니다). 시장에서 불평등
이 계속 증가하는데 이를 복지확대로 막는 것은 한계가 분명하기 때문입

니다. 서유럽 복지국가도 일반적인 예상과 달리 신자유주의 지배적인 담론으로 부상한 1980년대 이후에도 GDP 대비 사회지출은 꾸준히 증가했지만, 경제적 불평등은 전례 없이 심화되었습니다.

사회지출을 저소득층에 집중해 빈곤과 불평등을 완화할 수도 있습니다. 하지만 중·상층이 재원을 부담하고 있는 상황에서 복지급여를 저소득층에 집중한다는 것은 정치적으로 현실성이 낮습니다. 중·상층이 자신과 무관한 '선별적' 복지에 '최소한의 생존을 유지하는 수준' 이상으로 재원을 제공할 동기가 크지 않기 때문입니다. 다만, 민생 문제는 하루도 기다릴 수 없는 생존이 달린 문제이고 집권 세력의 정당성은 유권자의 지지에 달려 있기 때문에, 국민이 식면한 위기를 즉각적으로 완화하기 위한 사회지출의 확대는 불가피합니다. 한국의 GDP 대비 사회지출이 경제 수준에 비해 여전히 낮은 것도 염두에 둘 필요가 있습니다.

두 번째 길은 첫 번째 길과는 정반대의 길입니다. 위기의 근원인 생산방식 자체를 바꾸는 것이기 때문입니다. 1960년대 스웨덴은 스웨덴 경제의 중심이었던 고품질 제조업이 위기에 직면하자, 산업구조를 고품질 제조업에서 ICT와 다이내믹 비즈니스(AS, 물류, 디자인, 기획 등)로 전환합니다. 스웨덴 복지체제의 보편성을 유지하기 위해서는 시장에서 충분한 부가가치를 창출해야 하는데 전통적 제조업으로는 보편적 복지를 유지하기 위한 충분한 부가가치를 창출할 수 없었기 때문입니다. 그리고 이러한 산업구조 전환에 필요한 사회경제적 토대로서 숙련된 양질의 노동력을 공급하기 위해 사회서비스에 과감한 지출을 단행합니다(Avlijaš, S., Hassel, A., and Palier, B. eds., 2021; Baccaro and Howell, 2017). 현재 스웨덴 복지국가의 특성으로 알려진 '양질의 보편적 사회서비스 중심의 복지국가'가 만들어진 것입니다.

경쟁이 치열한 고품질 제조업(자동차, 선박 등 수송기계)에서 경쟁력을 지속적으로 유지하는 것은 중요합니다(한국이 지금까지 잘해왔다는 점에서). 하지만 앞서 언급했듯이 한국의 성장과정은 숙련 노동을 우회하는 방식으로 상대적으로 기술주기가 짧고 최첨단 설비가 중요한 역할을 하는 장치산업의 비중이 큽니다(이근·박태영 외, 2014). 이러한 산업은 과감한 투자를 통해 우리가 선진국을 추격했던 것처럼, 우리도 후발국에게 상대적으로 쉽게 추격당할 수가 있습니다.

결국 우리가 가야 할 길은 고품질 제조업의 경쟁력을 유지하기 위해 첨단 설비에 의존하는 방식을 넘어, 노동 숙련이 중요한 소재·부품·장비 분야에서 경쟁력을 확보하는 것입니다. 이러한 산업구조를 고도화하기 위한 인프라, 즉 양질의 인적자본을 확충해야 합니다. 이를 위해서는 스웨덴이 그랬던 것처럼, 보건·의료·돌봄·교육 등과 관련된 양질의 사회서비스를 보편적으로 제공하는 것이 필수적입니다. 물론 양질의 사회서비스가 제 역할을 하기 위해서는 국민 모두가 기본생활을 영유할 수 있는 수준의 소득보장정책도 필요합니다.

이처럼 두 번째 길은 복지확대를 통해 한국 경제가 산업구조를 고도화할 수 있는 기반을 확대하는 방식입니다. 국가가 주도하는 산업정책이 여전히 필요하지만, 대기업이 자발적으로 자신이 생산하는 제품을 고도화하는 제도적 인센티브를 제공할 필요가 있습니다.

괜찮은 일자리를 만드는 방식으로 지속 성장을 이루며 보편적 복지를 실현하기 위해서는 ① 한국 경제의 장점인 재벌 대기업의 수출경쟁력을 유지·강화하고, ② 최첨단 최종재에 필요한 중·상위 소재·부품·장비의 일정 부분을 국내 기업을 통해 조달하며, ③ 부가가치 창출에서 점점 더 중요해지는 로지스틱·디자인·기획 등의 다이내믹 서비스를 성장시키고, ④ ①~③에 필요한 인적자원을 양성하기 위해 질 높은 사회서비스(보건, 의료, 교육, 돌봄)를 보편적으로 확대하는 것입니다. ①~④의 전략은 전체 일자리의 10~20%에 불과한 괜찮은 일자리의 비중을 획기적으로 확대하는 과정이 될 것입니다. 그리고 마지막으로 ⑤ 구조개혁은 시간이 걸리기 때문에 민생 위기에 직면한 국민을 위해 기본생활보장제도(최소소득보장제도)를 도입해 모든 국민의 기본적인 생활을 보장하는 것은 필수입니다.

국민적 숙의와 합의를 통해 새로운 성장체제와 복지체제를 만들어 가야 합니다. 위기는 언제나 기회이기도 합니다. 그러나 그 기회를 잡는 것은 준비된 사람들의 몫입니다. 윤석열 정부를 비판하는 것보다 더 중요한 것은 비판을 통해 대안을 마련하는 것입니다. 국민은 지금보다 더 나은 현실적 선택이 있을 때, 그 개혁세력과 함께하기 때문입니다. 을지로위원회는 모든 가능성을 열어 놓고 공론을 모으는 숙의에 숙의를 거듭해야 합니다. 그리고 한국 사회의 비전을 제시하는 것을 넘어 비전을 실행할 수 있는 구체적 실행계획을 국민에게 보여주어야 합니다.

참고문헌

강준만. (2020). 『한류의 역사: 김시스터즈에서 BTS까지』. 서울: 인물과사상사.

경제개혁연대. (2016). [논평] 현실과 괴리된 대통령의 상황 인식이 경제민주화 실종의 핵심원인

김교성. (2014). '사회적 타살과 소득불평등.' 『비판사회정책』, 44: 278~325.

김수현 · 이창곤. (2013). "정책, 무엇이 문제였고, 어떻게 해야 하나?"

이창곤 · 한귀영 엮음, 『18 그리고 19』, pp. 316~329. 서울: 도서출판 밈.

더불어민주당 을지로위원회. (2023). 『정치, 민생에서 답을 찾다』, 서울: 경성문화사.

서상목. (1979). '빈곤인구의 추계와 속성분석.' 『한국개발연구』, 1(2): 13~30.

송성수. (2013). 『한국 기업의 기술혁신』, 파주시: 생각의 힘.

우선희. (2018). '범죄 피해 불안과 인구사회학적 요인: 유럽국과 비교를 중심으로.' 『보건복지포럼』,
        261: 66~80.

윤홍식. (2019a). 『한국 복지국가의 기원과 궤적 3: 신자유주의와 복지국가-1980년부터
        2016년까지』, 서울: 사회평론아카데미.

윤홍식. (2019b). 『한국 복지국가의 기원과 궤적 1』, 서울: 사회평론아카데미.

윤홍식. (2019c). 『한국 복지국가의 기원과 궤적 2』, 서울: 사회평론아카데미.

윤홍식. (2021). 『이상한 성공: 한국은 왜 불평등한 복지국가가 되었을까?』, 서울: 한겨레출판.

이근 · 박태영 외. (2014). 『산업의 추격, 추월, 추락』, 서울: 21세기북스.

이상은. (2006). '우리나라에서의 경제성장과 빈곤의 관계: 1982~2004년 도시가구를
        중심으로.' 『한국사회복지학』, 58(3): 245~268.

전병유 · 황인도 · 박광용. (2018). '노동시장의 이중구조와 정책대응: 해외사례를 및 시사점.'
        BOK 경제연구. 제2018-40호.

정준호. (2016). '한국 산업화의 특성과 글로벌 가치사슬'

이병천 · 유철규 · 전창환 · 정준호 엮음. 『한국의 민주주의와 자본주의: 불화와 공존』, pp. 70~111.

　　　　서울: 돌베개.

정준호. (2020). '한국 생산체제의 유산과 쟁점'

윤홍식 엮음. 『우리는 복지국가로 간다』, pp. 54~83. 서울: 사회평론아카데미.

조형제. (2005). 『한국적 생산방식은 가능한가? Hyundaism의 가능성 모색』, 서울: 한울아카데미

조형제. (2016). 『현대 자동차의 기민한 생산방식』, 서울: 한울아카데미.

통계청. (2023). UNDP 인간개발지수(HDI) 순위.

　　　　https://www.index.go.kr/unity/potal/main/EachDtlPageDetail.do?idx_cd=1527,

　　　　(접속일, 2023. 5. 8.).

통계청. (2023). 국가지표체계: 합계출산율.

　　　　https://www.index.go.kr/unify/idx-info.do?pop=1&idxCd=5061 , (접속일, 2023. 5. 8.).

　　　　"통계청의 추산에 따르면 2023년은 더 낮아져 0.73, 2024년에는 0.70을 기록할 것으로

　　　　보인다"(한겨레, 2023. 5. 3.).

하상락. (1989). '한국 사회복지사의 흐름.' 하상락 편, 『韓國社會福祉史論』, pp. 38~109.

　　　　서울: 박영사.

한겨레. (2023). "인구감소에 일본은 긴 저성장...한국은 한방에 훅 갈 수도." (2023.5.3. 25면)

한국보건사회연구원. (2022). 2022 빈곤통계연보. 한국보건사회연구원.

핫토리 타미오(服部民夫). (2007[2005]). 『개발의 경제사회학: 한국의 경제발전과 사회변동』,

　　　　유석춘·이시라 옮김(開発の経済社会学: 韓国の経済発展と社会変容)

Acemoglu, D. and Robinson, J. (2020[2019]). 『좁은 회랑』, 장경덕 옮김(The narrow corridor).

　　　　서울: 시공사.

Ang, Y. (2023[2020]). 『부패한 중국은 왜 성장하는가』, 양영빈 옮김(China's gilded aged:

　　　　The Paradox of economic boom and vast corruption). 서울: 한겨레출판.

Avlijaš, S., Hassel, A., and Palier, B. eds. (2021). Growth and welfare in advanced

　　　　capitalist economics. New York: Oxford University Press.

Baccaro, L. and Howell, C. (2017). <유럽 노사관계의 신자유주의적 변형>. 유형근(역). 서울: 한울.

Bloomberg. (2021). South Korea leads world in innovation as U.S. exits top ten. Feb.

　　　　3rd 2021.

　　　　https://www.bloomberg.com/news/articles/2021-02-03/south-korea-leads-world-in-

　　　　innovation-u-s-drops-out-of-top-10#xj4y7vzkg (접속일, 2023. 5. 7.).

Brand Finance. (2022). 국가별 소프트파워 지수 2022.

　　　　https://brandirectory.com/softpower/ (접속일, 2023. 5. 8.).

Chen, E. (1997). "The total factor productivity debate: Determinants of economic
    growth in East Asia." Asian-Pacific Economic Literature, 11(1): 18~39.

Hobsbawm, E. (1998[1962]). 『혁명의 시대』, 정도영 · 차명수 옮김(The age of revolution
    1789~1848). 서울: 한길사.

IFR. (2016) World robotics report. 2016: European Union occupies top position in the
    global automation race.

IFR. (2019). IFR Press Conference 18th September 2019, Shanghai.
    https://ifr.org/downloads/press2018/IFR%20World%20Robotics%20
    Presentation%20-%2018%20Sept%202019.pdf

IFR. (2021). Facts about robots: Robot density worldwide.
    https://youtu.be/w_kApx8C-O4

IFR. (2021). Robot density nearly doubled globally. Dec 14, 2021.
    https://ifr.org/ifr-press-releases/news/robot-density-nearly-doubled-globally

Krugman, P. (1994). "The myth of Asia's miracle." Foreign Affairs, 73(6): 62~78.

Lee, J. W. (2000) "Success and filure of the Korean economy and its prospects."
    Presented in the Hong Kong Workshop, July 19~21, 2000.

Lee, K., Lee, J. H., and Lee, J. Y. (2021) "Variety of national innovation systems (NIS)
    and alternative pathways to growth beyond the middle-income stage: Balanced,
    imbalanced, catching-up, and trapped NIS." World Development, 144: 1~20.

OECD (2016), "Promoting Productivity and Equality: Twin Challenges", OECD Economic
    Outlook, No. 99

OECD (2023). Social expenditure-Aggregated data.
    https://stats.oecd.org/Index.aspx?DataSetCode=SOCX_AGG (2023. 4. 4).

OECD (2023a), Fertility rates (indicator). doi: 10.1787/8272fb01-en (Accessed on 08 May 2023)

OECD (2023b), Suicide rates (indicator). doi: 10.1787/a82f3459-en (Accessed on 08 May 2023)

OECD (2023c), Poverty rate (indicator). doi: 10.1787/0fe1315d-en (Accessed on 08 May 2023)

Przeworski, A. (1997[1991]). 『민주주의와 시장』, 임혁백 · 윤성학 옮김 (Democracy and the market).
    서울: 한울.

Roser, M. (2020). Our World in Data: Economic Growth.
    https://ourworldindata.org/economic-growth#citation (접속일, 2023. 5. 6).

Suh, S. M. and Yeon, H. C. (1986). Social welfare during the structural adjustment period in Korea. Working Paper 8604. Seoul: Korea Development Institute.

The Economist. (2022). "A new low for global democracy." Feb. 9th 2022.

    https://www.economist.com/graphic-detail/2022/02/09/a-new-low-for-global-

    democracy (접속일. 2023. 5. 7.).

The Robot Report. (2019). US robot density ranks 7the in the world. April 5, 2019.

    https://www.therobotreport.com/us-robot-density-ranks-7th-in-the-world/

The World Bank. (2021). GDP per capita(current US$).

    https://data.worldbank.org/indicator/NY.GDP.PCAP.CD (접속일, 2021. 5. 8).

UNCTAD. (2023). Evolution of the world's 25 top trading nations.

    https://unctad.org/topic/trade-analysis/chart-10-may-2021 (접속일, 2023. 5. 5.).

V-Dem. (2021). The V-Dem dataset.

World Economic Forum. (2023). "Which countries are the most innovative?",

    https://www.weforum.org/agenda/2023/01/worlds-most-innovative-countries-

    economy (접속일, 2023. 5. 7.).

2장
공정경제의 길

독과점 플랫폼 앞에서 갈등하는 혁신과 공정

들어가는 글

새로운 혁신에 의해 잠식될 가능성 때문에 시장에서 지배력을 확보한 독과점 기업들에게는 기존 상품 혹은 서비스를 대체할 가능성이 높은 혁신의 등장을 꺼리는 소위 혁신가의 딜레마innovator's dilemma가 존재합니다. 과거와 같이 혁신이 점진적으로 일어나는 시장에서는 독점기업이 혁신의 유인이 될 수도 있었지만, 현재와 같은 수많은 혁신이 급속하게 이루어지는 동태적 시장에서는 독점은 혁신을 가로막는 진입장벽이 됩니다(강민지, 2022).

미국의 공정경쟁법학회의 철학은 새로운 혁신을 위해서는 혁신으로 형성되는 자연독점을 깨주어야 한다는 것입니다. 혁신을 통해 성장한 혁신기업이 독점적 초과이익을 향유하고 진입장벽을 쌓아 경쟁을 저해할 때, 혁신으로 형성된 자연독점을 깨주는 것이 지속적인 혁신을 보호하는 길이고 그것이 공정한 경쟁의 출발이란 의미입니다.

혁신으로 형성되는 독점을 깨야 새로운 혁신이 이루어진다!

1970년대 미국의 전기·통신사인 AT&T는 전국의 전기와 통신 서비스를 독점하고 있었습니다. 미국 공정거래위원회의 반독점소송 제기로 법원은 AT&T를 각 지역별로 20여개의 회사로 분할하도록 판결했습니다. 그 결과 '인터넷 서비스'와 같은 창조적 파괴의 혁신적인 새로운 통신 서비스가 등장할 수 있었습니다. 1980년대 PC컴퓨터의 운영체제를 독점하고 있던 마이크로소프트가 인터넷 익스플로러 끼워팔기를 통해 웹 브라우저마저 독점하려고 하자 이를 공정거래위원회가 반독점 제소로 막아 인터넷 서비스 기반의 구글과 같은 검색 엔진이나 애플과 같은 모바일 운영체제가 새로이 등장할 수 있었습니다. 이제 미국의 반독점 행정을 담당하고 있는 법무부 독점국과 공정거래위원회는 새로운 혁신이 등장하기 위해서는 디지털 플랫폼 시장을 장악하고 있는 GAFA의 독점을 깨야 한다는 사명감에서 이들을 상대로 반독점 소송을 제기하고 있습니다.

문재인 정부는 '공정경제와 혁신성장'의 두 바퀴로 기울어진 운동장을 바로잡고 균형 있는 경제발전을 이루겠다는 국정기조를 천명했습니다. 그러나 다른 국가와 달리 '디지털 시장 경쟁 실태조사'와 같은 기초적인 독과점 플랫폼에 대한 실태조사도 하지 않았습니다. 전 세계적인 독과점 플랫폼의 시장 지배력 남용과 언론의 다양성 저해, 데이터 착취와 독점의 폐해를 규제하고 성장하는 혁신기업과 중소상공인, 소비자 등을 보호하는 진보적인 흐름에 한국의 진보정부인 문재인 정부만 오히려 거리를 두고 소극적인 태도를 취했습니다.

이런 태도는 2021년 발의된 온라인플랫폼공정화법 제정을 둘러싼 상황에서 적나라하게 드러났습니다. "혁신의 아이콘인 플랫폼 기업을 규제하여 혁신을 저해하고 공정거래법과 중복규제를 한다."는 플랫폼 업계와 이를 지지하는 일부 학계의 우려를 문재인 정부의 주요 인사들과 더불어민주당의 일부 국회의원은 그대로 수용했습니다. 코로나 팬데믹으로 비대면 경제가 급속도로 늘어나는 시점에서 중소상공인들의 플랫폼 기업에 대한 의존도도 커지는 시점이었음에도 '혁신 vs 공정(독과점 규제)'의 대립적인 논쟁만 남기고 입법은커녕 제대로 된 정책 방향조차 수립하지 못했습니다.

온라인플랫폼공정화법(안)은 독과점 플랫폼만 규제하는 것이 아니라 플랫폼 기업 일반을 규제하는 법(안)으로 매출액 1,000억 원, 중개거래액 1조 원 이상 플랫폼 대상으로 노출 순위^{ranking} 등 알고리즘의 주요 기준 공개, 약관 신고와 표준계약서 작성, 계약해지나 변경 시 사전통지, 적정한 수익배분의 거절 금지, 거래상 지위 남용행위 금지 등의 사전 의무를 부과하는 것이 주요 골자입니다. 플랫폼 사업자와 입점업체 사이에 정보의 비대칭을 해소하고 불공정 행위 금지와 상생 협력을 강조하는 수준의 입법이고 강력한 독과점 플랫폼 규제 입법이라 할 수 없는 내용입니다. 그럼에도 불구하고 혁신을 저해하는 독과점 플랫폼을 규제하는 것조차도 혁신을 가로막는 낡은 사고라 비난하거나 유럽 각국의 독과점 플랫폼 규제 노력을 미국의 Big Tech를 규제하여 자국 플랫폼을 육성하기 위한 폐쇄적인 정책인 것처럼 비판합니다. 혁신으로 형성된 자연독점을 깨주는 것이야말로 지속적인 혁신을 보호하는 것이라는 점을 간과하고 다소 합리적이지 못한 논쟁이 이어졌습니다.

한국의 민주당이 미국이나 유럽의 진보정당과 달리 진보적 정체성을 제대로 갖추지 못하다거나 정치적인 계기로 정체성을 상실한 것이 아니냐는 등의 다양한 비판이 있습니다. 적어도 '혁신성장' 기조를 추상적이고 이념적인 차원에서 접근했기 때문에 독과점 플랫폼이 시장과 사회에 미치는 영향에 대한 진지한 고민과 분석, 논의를 위한 노력 자체가 부족했다는 점은 부인하기 어려울 것 같습니다.

정부의 공식적인 실태조사는 없지만 국회에서 진행된 독과점 플랫폼에 의한 불공정 피해실태 토론회 등에서 현출된 사안들을 보면 구글, 페이스북, 애플, 네이버, 카카오 및 쿠팡과 배달의 민속 등의 독과점 남용행위의 문제는 한국에서도 그대로 나타나고 있고 공정거래위원회와 개인정보보호위원회는 이미 Big Tech를 제재한 경험도 있습니다. 심지어 윤석열 정부가 들어서고 발표된 2022년 12월 정부의 보고서에서도 플랫폼의 혁신을 지원하는 정책과 함께 독과점 플랫폼을 규제하는 정책을 병행한다는 기조를 보이고 있다는 점을 뼈아프게 받아들여야 합니다.

미국의 연매출 100만 달러 미만의 앱 개발 스타트업들은 애플 앱 스토어와 구글 플레이가 인앱결제를 강요하며 과도한 수수료를 요구해서 앱 개발 스타트업들이 개발한 상품과 서비스를 소비자에게 판매할 길을 방해하였다고 애플과 구글에 대해 손해배상을 구하는 집단소송을 제기했고 그 결과 애플과 구글은 각각 8000만 달러, 9000만 달러를 배상했습니다. 한국에서도 전기통신사업법과 시행령 개정으로 구글의 인앱결제 강요를 막으려 했으나 구글이 개정된 법령을 따르지 않자 한국의 출판문화협회는 구글을 상대로 2022년 4월 공정거래위원회 신고, 7월 형사 고발, 10

월에는 손해배상 소송까지 제기했습니다. 한국의 수많은 앱 개발자들이 이를 지켜보고 있지만, 구글과 애플의 앱 시장에서의 시장 지배력을 두려워하여 적극적으로 소송에 나서지 못하고 있습니다. 이런 독과점 플랫폼의 피해자들과 혁신의 길을 차단당한 개발자들이 각자의 힘으로 길을 찾아 뚫어 보려는 노력과 시도 앞에서 문재인 정부가 '혁신과 공정'의 가치를 저울질하며 좌고우면한 모습은 참으로 부끄러운 일입니다.

을지로위원회를 중심으로 더불어민주당의 독과점 플랫폼 규제에 대한 태도를 바꿀 결단이 필요합니다. 이제는 유럽이나 중국, 일본처럼 독과점 플랫폼에 대한 규제와 플랫폼 일반의 규율 입법을 구분하여 시장과 사회에 미치는 영향에 따라 차등하여 규제하는 종합적인 전략을 가져가야 합니다. 플랫폼을 그 시장 지배력과 사회적 영향에 상관없이 획일적으로 혁신이다 독과점이다 하면서 혁신 지원과 규제를 획일적으로 하다가 또다시 추상적 논쟁의 늪에 빠지는 것을 경계해야 합니다.

혁신은 오로지 공정한 시장질서에서 실현될 수 있고 지속가능합니다. 이 글은 을지로위원회가 공정한 시장 경쟁을 보장해야 독과점으로 인한 혁신의 저해를 막고 사회와 경제 전체의 관점에서 혁신의 지속성을 담보할 수 있다는 분명한 철학과 원칙을 가지고 정책과 입법에 임하기 위해서 작성되었습니다.

디지털 경제와 정보화 사회를 선도하고, 지배하는 독과점 플랫폼

디지털 플랫폼이란 다양한 시장 참여자들이 디지털을 기반으로 재화나 서비스를 제공-거래-소비할 수 있도록 연결·매칭시킴으로써 가치를 창출하는 서비스를 말합니다. 글로벌 디지털 시장은 디지털 전환과 코로나 팬데믹으로 인한 비대면 사회의 확대로 급성장하여 2025년에는 세계 기업 매출의 30%를 차지하고 향후 10년간 신규 비즈니스 70% 이상이 디지털 플랫폼을 기반으로 할 것으로 전망하고 있습니다(관계부처 합동, 2022). 디지털 플랫폼은 경제성장과 사회 혁신을 선도하는 혁신의 아이콘으로 추앙받고 미래의 성장과 변화를 이끌 추진동력으로 받아들여지고 있습니다.

하지만 다른 한편으로는 플랫폼의 네트워크 효과, lock-in 효과 등으로 이용자들을 선점한 소수의 독과점 플랫폼들의 시장 지배력이 강력하여 진입장벽을 형성함으로써 새로운 혁신기업의 성장이 저해되고 있고, 중소기업, 벤처·스타트업, 소상공인들이 플랫폼을 통한 매출의 신장에도 불구하고 중개·광고·물류·결제 등 과도한 수수료 부담으로 독과점 플랫폼의 시장 지배력 남용을 규제해야 한다는 목소리도 강력해지고 있습니다. 미국과 유럽에서 구글^{Google}, 애플^{Apple}, 페이스북^{Facebook}, 아마존^{Amazon} 소위 GAFA라고 하는 Big Tech에 대한 독과점 플랫폼 규제법을 시행하거나 추진하고 있는 것도 그 이유입니다.

현재 시행되거나 추진되고 있는 미국과 유럽의 Big Tech 독과점 플랫폼에 대한 규제는 전통적인 경쟁법에서의 독과점 규제 방식과 달리 ▲독과점 플랫폼의 사전지정 ▲독과점 지위 남용행위의 금지만이 아니라 ▲플랫폼 시장에서의 경쟁회복을 위한 데이터의 이동성·접근성 보장 등 새로운 내용을 담고 있습니다. 그만큼 독과점 플랫폼이 시장 경쟁에 미치는 영향과 언론과 데이터 착취와 독점, 문화산업의 지배 등 사회에 미치는 영향을 크고 심각하게 받아들이고 있고 이미 독과점의 폐해가 크다고 진단한 각국의 당국이 독과점을 해소하고 디지털 시장에서의 경쟁 강화를 위해 전통적인 경쟁법만이 아니라 다양한 새로운 방안을 시도하고 있습니다.

미국과 유럽이 이런 노력을 경주한 시기(2019~2022년)에 한국에서는 진보정부를 표방한다는 문재인 정부가 이러한 독과점 플랫폼의 폐해를 시정하기 위한 입법을 추진하지 않았습니다. 시장지배력과 기업의 업무와 시민의 일상생활에 광범위한 영향력을 공고화해 가는 독과점 플랫폼의 시장지배 남용행위에 대한 전면적인 실태조사도 진행되지 못했습니다.

이 글에서는 문재인 정부 시기 유럽과 미국, 호주, 일본 등 OECD 주요 국가에서 진행된 독과점 플랫폼의 시장 지배와 언론과 정보사회에 미치는 부정적 영향에 대한 대응 노력을 살펴보고, 한국에서의 독과점 플랫폼의 시장과 사회에 대한 지배력 실태와 이에 대한 대응 정책에 대해 살펴보고자 합니다.

플랫폼 혁신의 아이콘 vs 혁신을 저해하는 독과점

혁신의 아이콘으로 떠오르는 디지털 플랫폼 서비스

2000년대 월드와이드웹의 확산으로 PC연결에 기반한 검색(네이버·다음), e-커머스(옥션), SNS(싸이월드) 등이 등장했습니다. 이에 따라 기업의 업무 효율화 및 투명성 제고, 이용자의 정보 획득을 통한 정보비대칭 해소 등 기업의 업무와 일상생활에서 혁신이 일어났습니다. 2010년대에는 스마트폰의 등장으로 모바일 서비스에 기반한 카카오톡과 인스타그램 등 실시간 소통채널을 비롯하여, 우버·에어비앤비와 같은 공유경제 서비스와 클라우드·빅데이터·IoT 등의 다양한 디지털 플랫폼이 등장했습니다.

2010년대 말 2020년 초에는 코로나 팬데믹의 영향으로 비대면 경제가 발전하면서 텍스트만이 아닌 사진·동영상을 통한 소통문화, 알고리즘 추천 기반의 검색·쇼핑·여가 활동을 영위하는 문화 등 일상의 모든 영역에서 디지털 플랫폼의 사용이 촉진되었습니다. 앞으로도 메타버스, 블록체인, 인공지능(AI), 대량의 데이터를 전송하는 컴퓨팅 기술 등의 발전으로 디지털 플랫폼 서비스는 급속하게 발전할 전망입니다. 우리 사회와 산업에서 플랫폼은 혁신의 아이콘으로 떠오르고 있습니다.

산업적 측면에서도 벤처·스타트업, 앱 개발자, 중소기업, 소상공인, 문화 창작자들은 앱 스토어, OTT, O2O^{Online-to-Office} 등의 디지털 플랫폼을 통해 더 많은 고객을 만날 수 있고 신시장, 판로 개척의 기회를 얻고 있습니다. 소상공인들은 배달플랫폼, e-커머스를 활용해 입지와 무관하게 고객을 접하여 질 좋은 상품과 서비스를 판매하여 매출을 증대하고 있습니다. 먼저 성장한 플랫폼 기업이 스타트업의 서비스와 기술을 결합하여 스타트업은 성장의 기회를 얻고 플랫폼 기업은 더 다양한 서비스로 이용자를 확대하는 시너지 효과도 발생합니다. 카카오 엔터테인먼트와 같은 웹툰 플랫폼이나 넷플릭스와 같은 OTT 플랫폼을 통해 웹툰작가나 영화 제작자들은 자신들의 창작 콘텐츠를 대중에게 판매할 기회를 얻고 세계적인 흥행 성공 사례도 나오고 있습니다.[8]

이와 같이 플랫폼은 시장 개척의 어려움을 겪는 중소기업, 벤처·스타트업, 소상공인들에게 성장과 글로벌 진출을 지원하는 창구 역할을 하고 있습니다. 정부도 세계적인 디지털 플랫폼 혁신에 뒤처지지 않고 이를 선

---

8) OTT 시장 규모는 2019년 8131억 수준이었으나, 2019년 9919억, 2020년 1조1567억, 2021년 1조 3583억으로 연평균 성장률이 20.1%에 달한다(PWC, 2021. 11.).

도할 수 있도록 디지털 기술 고도화 선도, 플랫폼 주도의 신시장 창출, 산업간 경계를 넘어선 융합·혁신 촉진 등의 정책을 추진하고 있습니다(관계부처 합동, 2022).

독과점 플랫폼의 혁신과 경쟁의 저해

각국의 독과점 플랫폼 규제에 관한 입법 제안문에서는 독과점 플랫폼이 시장과 사회에 미치는 부정적인 영향을 강조하고 있습니다. 특히, 독과점 플랫폼에 인수·합병되거나 그와 상품·서비스와 경쟁할 가능성이 있는 스타트업이나 중견기업에 대한 투자를 꺼리는 등 혁신을 저해하는 현상이 뚜렷하게 나타나고 있다고 지적합니다.

EU의 디지털시장법Digital Marrket Act, DMA 제정 배경에서 독과점 플랫폼은 수많은 거래의 '문지기'Gatekeeper9) 역할을 통해 시장지배적 지위를 공고화하고 핵심 플랫폼 서비스를 중심으로 기업집단 생태계를 형성하여 새로운 혁신기업들에게 진입장벽을 강화하고 있다고 분석합니다(EU commission, 2020). 미국의 독과점 플랫폼 패키지 법안의 발의 배경에서는 독과점 플랫폼은 시장을 운영하는 동시에 그 시장 안에서 다른 사업자와 경쟁하므로 시장운영자 지위를 이용해서 경쟁자에 대한 규칙을 설정하고 유사규제를 만들 수 있으며 게이트키퍼의 지위를 이용하여 잠재적 경쟁자를 감시하고 경쟁 위협을 차단하고 있다고 지적합니다(Subcommittee on Antitrust Law,

---

9) 미국 사회학자 레빈이 사용한 용어로 어떤 메시지가 선택되거나 거부되는 현상을 의미하는 사회학적 용어이다. 뉴스 미디어 조직에서는 기사나 편집과정에서 뉴스를 취사선택하는 과정을 "Gate Keeping"이라고 하고 있다. 디지털시장 분야에서는 "정보나 뉴스의 유통을 통제하는 자"라는 의미로 사용되고 있다.

2020).

독일의 경쟁제한방지법 제10차 개정의 배경으로 플랫폼 경제의 상호작용은 독과점 플랫폼의 지배력을 지속시키고 다른 시장으로 확장될 수 있게 하여, 경쟁에 대한 압박을 유지시키고 독과점 플랫폼이 혁신과 경쟁을 방해하거나 다른 시장으로 지배력을 전이하지 않도록 금지할 필요가 있다고 밝히고 있습니다(Commission, 2019). 일본의 특정디지털플랫폼법 제정 배경에서는 양면시장을 연결하는 플랫폼은 민간 영리기업으로서 직접 설계·운영·관리를 모두 하므로 기본적으로 조작가능성이나 불투명성이 높고 이러한 조작가능성, 불투명성, 정보 우위성으로 인해 이용자와 경쟁당국이 플랫폼의 문제점을 입증하는 것이 매우 어렵다는 점을 지적하고 있습니다(經濟産業省, 2019).

미국과 유럽에서 독과점 플랫폼 규제 입법

2019~2021년 EU와 미국, 독일, 영국, 호주 등 OECD 주요 국가들은 독과점 지위에 있는 플랫폼, 소위 Big Tech[10]에 대한 시장과 사회에 대한 지배력에 대한 실태조사를 하고 이를 바탕으로 독과점 플랫폼 규제 입법을 추진하였습니다. 각국의 실태조사에서는 독과점 플랫폼의 알고리즘이 ▲거래 상대방에게 불투명하고 조작을 통한 자사우대 등의 시장지배력

---

10) 빅테크(독과점 플랫폼)는 미국 정보 기술 산업에서 가장 크고 지배적인 5개 기업, 즉 아마존, 애플, 구글(알파벳), 메타, 마이크로소프트이다. 이 회사들은 전 세계적으로 가장 가치 있는 상장 기업 중 하나였으며, 각각의 최대 시가 총액은 약 1조 달러에서 2조 달러 사이였다. 독점 관행에 대한 우려로 인해 미국 법무부와 연방거래위원회, 유럽연합 집행위원회의 독점 금지 조사가 진행되었다. 논평가들은 이러한 기업이 개인 정보 보호, 시장 지배력, 언론의 자유와 검열, 국가 안보 및 법 집행에 미치는 영향에 의문을 제기했다(위키백과, 2023).

민주당 재집권전략 보고서

남용행위의 우려가 크다는 점 ▲이용자의 다양한 데이터를 개인정보 통제권을 침해하는 방식으로 수집하여 맞춤형 광고나 새로운 상품과 사업모델 개발 등에 활용하고 이를 기반으로 독점을 더욱 공고히 하고 있는 점 ▲이러한 시장지배력과 정부의 우위를 바탕으로 진입장벽을 형성하여 새로운 혁신기업의 성장을 가로막고 있는 점 등 독과점 플랫폼의 실태와 이를 분석한 결과를 내놓았고 시장 지배력 남용을 규제하고 경쟁을 회복하기 위한 입법을 권고했습니다.

영국과 호주는 행정입법으로 독일은 경쟁제한법의 개정, EU는 디지털 시장법Digital Market Act, DMA의 제정, 미국은 공화·민주 양당의 5대 패키지 법안[11]을 추진하는 등 방식은 다양했지만 독과점 규제의 방식이나 내용은 공통점이 많았습니다. 종전의 공정거래법은 독과점 남용행위가 발생한 이후 장기간의 조사절차를 거쳐 규제 개입여부를 결정하게 되어[12], 빠르게 변화하는 독과점 플랫폼의 시장 지배력 형성과 남용행위 폐해를 예방하지 못했습니다. 그래서 월간 활성 이용자 수 등 정량적 기준을 바탕으로 사전에 독과점 플랫폼을 지정하고 이러한 독과점 플랫폼[13]에 대해서는 자사우대, 끼워팔기, multi-horming 제한 금지, anti-steering 금지 등 전형적인 독과점 남용행위 금지와 경쟁회복을 위한 데이터의 이동성과 접근

---

11) ①온라인 선택과 혁신법(American Choice and Innovation online Act), ②플랫폼 경쟁법(Platform Competition and Opportunity Act), ③플랫폼 독점 종식법(Ending Platform Monopolies Act), ④데이터 이동성·호환성 보장법(Augmenting Compatibility and Competition), ⑤기업결합심사 수수료 현대화법(Merger Filing Fee Modernization Act).

12) EU 구글 쇼핑 사건의 경우 사건 조사 개시에서 처분까지 7년 정도가 소요되었다.

13) EU의 DMA에서는 문지기(Gatekeeper), 미국의 입법에서는 지정 플랫폼(covered platform)이라는 용어를 사용하고 있다.

성을 보장하는 기술적 제약조치를 하도록 하고 있습니다. 그동안 경쟁법이나 경제학에서는 불온시(?)해 왔던 사전규제 방식의 강력한 입법을 추진하는 것이어서 반발도 많았지만, 미국을 제외하고는 입법에 성공하여 독일, 영국, 호주 등은 2021년부터, EU의 DMA법은 2023년 5월부터 시행되고 있습니다.

혁신기업 육성 vs 혁신을 저해하는 독과점 규제

유럽과 미국에서 독과점 플랫폼에 대한 실태조사와 독과점 규제 입법을 하던 시기(2019~2022년)는 한국에서는 진보정부를 표방하던 문재인 정부의 집권기입니다. 당시 한국에서는 독과점 플랫폼에 대한 실태조사도 독과점 플랫폼에 대한 규제 입법 시도도 없었습니다. EU의 「온라인 중개서비스 투명성, 공정성 제고를 위한 규칙」과 같이 일반적인 플랫폼과 사업적 이용자(입점업체)[14] 사이의 공정한 거래를 규율하는 상대적으로 소프트한 입법인 「온라인 중개서비스 거래 공정화에 관한 법률(이하 "온플법"이라 한다)」을 둘러싸고 혁신기업의 아이콘인 플랫폼 기업을 규제하는 것은 혁신성장의 국정기조와 배치된다는 논쟁이 발생하며 독과점 플랫폼의 시장지배력 남용 문제는 논의가 발전하지 못했습니다.

문재인 정부는 혁신을 가로막는 규제의 혁파에 중점을 두면서 독과점 시장 지배력을 구축한 Big Tech에 대해 독과점 규제를 해야 한다는 점에

---

14) EU의 DMA는 플랫폼 서비스를 소비하는 이용자를 "End User", 사업적 이용자를 "Business User"라고 표현하고 있는데, 한국에서는 온라인 중개서비스를 이용하여 상품과 서비스를 판매하는 사업적 이용자에 대해 흔히 "입점업체"라는 용어를 사용하고 있다.

서는 딜레마에 빠진 모습을 보였습니다. 한국은 유럽과 달리 네이버·카카오·쿠팡 등의 토종 Big Tech를 육성하여 GAFA의 압도적인 지배력을 피할 수 있었던 유일한 나라라는 점을 강조하고, 독과점 플랫폼 규제 입법이 자칫 토종 Big Tech의 성장을 가로막는 것이 아닌가 경계하는 모습을 보이기도 했습니다. 하지만 이미 시장에서 독과점 지위를 구축한 Big Tech들은 그 시장 지배력을 유지, 확대하기 위하여 새로운 혁신기업의 성장을 막고 잠재적 시장 경쟁자로 부각될 수 있는 벤처·스타트기업들의 인수, 합병 등을 통해 경쟁을 피해가고 있습니다.

독과점 플랫폼의 시장 지배력 남용

Network 효과와 Lock-in 효과

플랫폼은 양면 시장관계에 있고, 일면의 최종이용자(소비자) 수의 증대는 다른 면의 사업적 이용자의 편익과 효용을 증대시키는 간접 네트워크 효과indirect network effect와 이용자가 많을수록 더 많은 이용자를 끌어들이는 네크워크의 속성이 있습니다. 이러한 성격으로 플랫폼 사업자는 최종이용자를 먼저 선점하기 위한 무료 플랫폼 서비스(예를 들면 검색엔진, 소셜 네트워크, 동영상 중개(유튜브) 등)에 출혈 투자를 하여 시장 지배력을 확보하고, 다른 면의 사업적 이용자들에게는 과도한 중개수수료, 광고, 결제수수료 등으로 초과이익을 얻으려는 사업모델을 보입니다. 또한, 플랫폼 사업자는 방대한 이용자 데이터를 바탕으로 그 이용자들에게 정교한 개인 맞춤형 서비스를 제공하여 더 많은 이용자들을 자신의 온라인 플랫폼에 고착화하게 만듭니다. 이러한 lock-in 효과나 고객 쏠림현상tipping으로 시장에서 더 높은 진입장벽을 구축하게 됩니다.

핵심 플랫폼 서비스에서 독과점 플랫폼의 시장 지배력 공고화

EU의 디지털시장법$^{Digital\ Market\ Act,\ DMA}$은 독과점 플랫폼으로 지정하여 사전규제를 해야 할 대상을 지정하는 요건의 하나로 8개의 핵심 플랫폼 서비스 중 3개 이상을 제공하는 것을 들고 있습니다. 여기서 8개 핵심 서비스는 ▲운영체제 ▲검색엔진 ▲SNS ▲동영상 공유 ▲온라인 중개 ▲클라우드 컴퓨팅서비스 ▲이들을 기반으로 한 디지털 광고 등입니다. 주요 핵심 디지털 플랫폼 서비스 시장별 독과점 플랫폼의 시장지배력 상황은 아래와 같습니다.

운영체제

운영체제$^{Operating\ System}$는 하드웨어를 소프트웨어 애플리케이션과 연결시켜주는 역할을 담당합니다. 데스크톱 운영체제는 마이크로소프트의 윈도우즈 시스템이 2019년 기준 전 세계 시장점유율 77.8%이고, 모바일 운영체제는 구글의 안드로이드가 2019년 75.5%, 애플의 iOS가 2~30% 수준이고 국내에서는 구글 안드로이드 71.7%, 애플 iOS 28.2%입니다.

운영체제의 무결성^{integrity} 정책[15]을 이유로 이용자가 다른 제3자 애플리케이션 스토어나 애플리케이션을 설치하여 이용하는 것을 제한하거나 애플리케이션 이용자가 다른 유통채널 활용을 제한하는 조건을 부과할

---

15) 데이터를 허용되지 않는 방법으로 변경할 수 없도록 보호하는 것을 의미한다.

민주당 재집권전략 보고서

수 있어 이용자에게는 문지기^{Gatekeeper} 역할을 하게 됩니다(한국정보통신연구원, 2020). 구글과 애플의 인앱결제 논란이 이를 잘 보여주는 사례입니다.

웹 브라우저

인터넷 이용자의 관문^{Gate} 역할을 하는 웹 브라우저는 마이크로소프트의 익스플로러가 시장을 장악하고 있었으나 구글과 애플이 빠르게 잠식하여 2019년 기준으로 전 세계에서 구글의 크롬이 63.3%, 애플의 사파리가 15.9%, 익스플로러가 2.2%를, 국내에서는 구글 크롬이 54.0%, 애플의 사파리가 13.7%를 차지하고 있습니다. 웹 브라우저는 특정 검색엔진을 기본값^{default option}으로 설정하거나 추가 기능, 확장 프로그램 등을 통해 이용자를 유인하고 이용자의 인터넷 이용행태에 관한 데이터를 수집하여 데이터 기반 네트워크 효과를 증가시킴으로써 시장 지배력을 공고히할 수 있습니다(한국정보통신연구원, 2020).

검색엔진

이용자가 입력한 키워드를 토대로 플랫폼이 지속적으로 모니터링하는 웹 사이트를 매칭시켜 결과를 보여주고 관련 사이트로 연결시켜 주는 기능을 하는 검색엔진은 인터넷 생태계의 핵심 기능입니다. 검색엔진은 특히 디지털 광고시장과 밀접히 연결되어 검색엔진 1위인 구글이 디지털 광고시장도 압도적 1위로 점유하고 있습니다. 그리고 비교쇼핑몰 등을 연결시켜 자사 쇼핑몰이 잘 노출되도록 하여 시장 점유율을 끌어올리는 등 자사우대 남용행위의 근거지 역할을 하기도 합니다. 2019년 기준으로 전 세계에서 구글 검색엔진이 92.6%로 압도적 1위를 차지하고 있고(한국정보통신연구원, 2020), 국내에서는 2017년 네이버 75%, 구글 11%였던 것이 2021년에는 네이버 56%, 구글 35%로 급속하게 구글이 검색엔진 시장의 점유율을 늘려가고 있습니다(관계기관합동, 2022).

소셜 네트워크와 소셜 미디어

2019년 전 세계적으로 페이스북이 70%를 점유하고 압도적 1위이고, 국내에서는 2013년부터 카카오가 1위를 차지하고 있었으나 페이스북이 인스타그램을 합산하여 2017년부터 1위를 차지하여 2019년 기준으로 48.9%의 점유율을 보이고 있습니다(한국정보통신연구원, 2020). 모바일 메신저에서는 카카오톡이 2021년 기준 92%의 압도적인 점유율입니다. 소셜 네트워크나 모바일 메신저는 이용자의 개인정보와 이용행태 정보를 데이터 처리하여 맞춤형 광고(타겟 광고)에 활용하여 수익을 올리는 과정에서 이용자의 개인정보 통제권을 침해하고 데이터를 독점하여 경쟁사업자의 데이터 접근이나 데이터 생성 형성의 기회를 배제하여 데이터 경제에서 시장 지배력을 강화할 수 있습니다.

애플리케이션 스토어(앱마켓)

애플리케이션 및 디지털 콘텐츠에 특화된 일종의 전자상거래 플랫폼인 애플리케이션 스토어는 구글 플레이가 250만 개 이상, 애플 앱스토어가 180만 개 이상으로 다른 앱 스토어를 압도하고 있는데, 2014년 이래 각각 60%, 30%대의 시장점유율이 계속 유지되고 있습니다. 국내에서는 2019년 기준으로 구글 플레이 63.4%, 애플 24.4%, 원스토어 11.2%입니다(한국정보통신연구원, 2020). 구글과 애플은 애플리케이션 개발자들의 애플리케이션이나 게임 등의 디지털 콘텐츠가 소비자를 만날 수 있도록 중개 서비스를 하는 한편 자사의 애플리케이션을 직접 판매하는 이중적 지위에 있는데 인앱결제 등 앱 마켓의 규칙을 자신들에게 유리하게 정하면서 자사우대를 통해 경쟁사업자를 차별하여 시장 지배력을 강화하고 있습니다.

전자상거래

2019년 기준으로 전 세계적으로 전자상거래 시장 1위는 아마존으로 월간 방문자수가 2위 사업자인 일본의 PayPay Mall보다 2배 더 많은 57억 명에 달합니다. 입점업체의 판매를 중개하는 플랫폼에서 시작하여 이제는 45% 이상을 아마존 브랜드의 상품을 직접 판매하는 것으로 나타났습니다. 국내에서는 2019년 기준으로 네이버 쇼핑 결제액이 20조 9,249억 원으로 1위이고, 쿠팡이 17조 771억 원으로 2위, 이베이코리아는 옥션과 G마켓의 매출을 합하여 16조 9,772억 원으로 3위입니다(한국정보통신연구원, 2020). 네이버와 쿠팡의 매출액 차이가 크지 않아 오픈마켓 플랫폼에서 한국은 경쟁상황이 유지되고 있다고 평가하는 견해도 있지만 네이버 스마트스토어는 수수료가 없고 네이버 쇼핑은 상품검색과 가격비교 통한 광고가 주 수입이고 네이버 쇼핑의 수수료는 2% 정도로 직접 판매보다는 중개판매 중심이어서, 물품을 구매하여 직접 판매하는 쿠팡이나 옥션, G마켓과는 차이가 있어 이를 구분해야 합니다.

직접 판매 시장에서 아마존의 전략을 벤치마킹하고 있는 쿠팡은 대규모의 물류센터 투자를 통해 이를 무기로 상품을 구입하면 바로 다음날 새벽 배송하는 로켓배송이라는 신속배송 시스템을 구축하고 중개판매에서 직접 판매 위주로 전자상거래 방식을 변화시켜 왔습니다. 1~2인 가구의 증가로 신선식품이나 생활용품을 다음날 새벽에 배송 받아 사용하는 문화가 정착하면서 최종이용자들의 쿠팡에 대한 충성도가 높아지게 되었고, 교차 네트워크 효과에 의해 반대편의 사업적 이용자들인 중소기업, 소상공인은 물론 LG건강, CJ, 코카콜라 등 생활용품 대기업들에서도 쿠팡에서의 매출을 무시할 수 없어 시장 지배력은 더욱 강화되고 있습니다.

전자상거래 플랫폼은 중개판매를 하면서 동시에 직접 판매를 하고 있어 심판과 선수를 겸하는 이해충돌 상황입니다. 자사 상품을 노출이나 배송, 수수료 등에 있어서 우대하고 경쟁사업자(입점업체)들은 접근할 수 없는 경쟁사업자 상품에 대한 이용자의 구매행태에 대한 데이터를 확보함으로써 플랫폼은 새로운 상품이나 서비스의 기획, 마케팅에 활용하여 시장 지배력을 확대하고 있습니다.

여러 디지털 플랫폼 서비스의 결합을 통한 지배력 강화

독과점 플랫폼들은 시장과 시민의 일상생활에 큰 영향을 미치는 핵심 플랫폼 서비스를 직접 또는 계열사를 통해 결합함으로써 지배력을 강화하는 시너지 효과를 얻고 있습니다. 예를 들어, 네이버의 경우 2023년 1분기 매출액이 2조 2804억 원인데, 그중 검색플랫폼 8518억 원, 전자상거래 6059억 원, 결제서비스 등 핀테크 3182억 원, 콘텐츠 4113억 원, 클라우드 932억 원에서 매출을 올리고 있습니다.

독과점 플랫폼과 중소기업과 소상공인의 피해

독과점 플랫폼 문제를 사회적 의제로 끌어올린

소상공인의 과도한 부담 문제

독과점 플랫폼의 시장 지배력 강화와 이들의 독과점 지위 남용행위가 사회적으로 큰 문제를 일으킨 것은 대다수 중소상공인들이 오픈마켓, 배달앱, 숙박앱 등의 플랫폼의 중개서비스를 통하여 매출을 올리는 상황에서 중개수수료, 배달비, 광고비 등이 과도하기 때문입니다. 특히 중소상공인들의 상품과 서비스에 대한 중개 판매를 통해 성장한 쿠팡(오픈마켓)과 배달의 민족(외식 배달앱)의 과도한 수수료 등이 사회 문제가 되었습니다.

오픈마켓과 배달앱 등 온라인 중개서비스의 이용실태

2021년 중소벤처기업부가 오픈마켓, 배달앱, 숙박앱, 부동산앱 등 플랫폼을 이용하여 사업을 영위하는 중소상공인 1,000명을 상대로 조사한 바에 의하면, 온라인 플랫폼 중개서비스를 이용하는 이유에 대해 플랫폼을 이용하지 않으면 영업을 지속하기 어렵다고 대답한 비율이 59.2%로 제일 높아 사업의 확대보다는 생존을 위해 어쩔 수 없이 플랫폼 중개서비스를 이용한다는 응답이 높았습니다. 2020년 매출의 절반 이상을 플랫폼 중개로 올린다는 비율이 74.1%이고, 100%의 매출을 플랫폼에서 올린다는 비율도 23.5%나 되었습니다. 플랫폼 중개서비스를 통해 매출액과 영업이익이 늘었다는 응답이 각각 71.2%, 58.9%로 높았습니다.

과도한 수수료와 광고비 등의 부담

중개수수료가 매출액의 10~15%, 15~20%라는 응답이 각각 46.6%, 15.8%로 71.3%가 부담된다고 응답했습니다. 광고비도 매출액 대비 5~10%, 10~15%가 각각 24.2%, 10.8%로 전체의 69.9%가 부담되는 수준이라고 대답했습니다. 배달앱 이용자의 경우에 건당 배달비가

3,000~3,500원, 3,500~4,000원이 각각 29.7%, 18.7%으로 전체의 69.3%
가 부담된다고 대답했습니다(중소벤처기업부, 2021).

윤석열 정부의 자율규제 정책의 한계

윤석열 정부는 문재인 정부에서 입법을 추진 중이던 온플법을 추진
하지 않고, 대규모 플랫폼 기업 스스로 자율적인 규제 방안을 제공하도록
한다는 소위 자율규제정책을 발표했습니다. 이에 따라 2022년 8월 네이
버, 카카오, 쿠팡 등 대규모 플랫폼 기업과 중소기업중앙회 등이 자율규제
를 위한 상생협의체를 구성하였고, 10여 개월의 논의를 거쳐 2023년 5월
11일 자율규제 빙안을 발표했습니다.

가장 갈등이 컸던 '갑을'분과의 경우 대규모 플랫폼 기업들은 입점 계
약 기간, 제공되는 통신판매 중개서비스의 내용 및 범위, 계약 변경 사유
및 절차, 계약 해지 사유 및 절차, 손해배상 등의 구체적인 내용을 입점
약관(계약서)에 포함하고, 오픈마켓 사업자가 이용사업자(입점판매자)와 체
결한 입점 계약을 해지하려는 경우에는 최소한 계약 해지 예정일의 15일
전까지 그 해지 이유를 구체적으로 이용사업자(입점판매자)에게 알리기로
했습니다. 카카오의 경우 신용카드 결제 금액에만 적용하던 소상공인 수
수료 우대 정책을 카카오페이 머니, 쇼핑 포인트, 휴대폰 결제, 무통장 입
금 등 나머지 결제 금액에 대해서까지 확대 적용하기로 했습니다. 그러나
쿠팡과 네이버는 따로 수수료 변경정책은 추진하지 않고 선先정산 시스템
등을 개발하기로 했습니다.

온라인 중개서비스 입점 중소기업과 소상공인들이 기대한 것은 입점
업체단체의 거래조건 단체협상권, 수수료 상한제나 부담완화, 노출순위

ranking 기준의 투명한 공개 등이었습니다. 그런데 과도한 수수료 부담과 불투명한 플랫폼 알고리즘 운영에 대한 입점업체 등의 개선요구나 개선 협상권은 반영되지 못했습니다. 발표에서도 중소상인 단체들은 참여하지 않아 대규모 플랫폼들이 자신들이 할 수 있는 것을 일방적으로 발표한 것에 지나지 않게 되었습니다. 1년여에 걸쳐 진행되어 온 윤석열 정부의 플랫폼 자율규제 정책은 그 한계를 명확히 보여주었습니다.

독과점 플랫폼이 시장 지배력을 확대하는 불공정한 방식

자사우대

독과점 플랫폼들이 시장 지배력을 남용하고 이를 통해 지배력을 더욱 강화하는 행위로 가장 많이 나타나고 있는 것이 자사우대self-preference 행위입니다. 비공개 알고리즘을 이용하여 검색결과의 노출ranking을 조작하여 자사 상품·서비스를 우대하는 것이 대표적인 유형입니다. 독과점 플랫폼이 보유하고 있는 이용자의 비공개 데이터를 자사 상품 또는 서비스를 우대하는 것에 활용하는 행위도 이러한 유형에 속합니다. EU 집행위원회는 2017년 6월 27일 구글 쇼핑 관련 사건에서 검색서비스를 통하여 시장지배력을 남용하여 자사의 비교쇼핑서비스를 우선적으로 배치한 사건을 자사우대 행위로 과징금 처분을 한 바 있습니다. 한국의 공정거래위원회도 네이버가 검색엔진 서비스에서의 비교 쇼핑시장에서 자사의 네이버 쇼핑의 노출 순위ranking를 우선하는 자사우대에 대해 과징금 처분을 한 바 있습니다(2021.1.27. 의결 제2021-027호). 2023년에는 택시호출서비스 시장에서 90% 이상 독점을 하고 있는 카카오T가 시장 지배력을 확보한 후 자사 가맹점(카카오 블루)을 출범시키고 가맹 택시들에 배차 몰아주기를 하는 방식의 자사우대에 대해 260억 원의 과징금 처분을 받기도 했습니다.

또한, 플랫폼 자체나 상품이나 서비스 제공에 중요한 투입요소인 데이터나 광고 등에 대해 경쟁사업자(입점업체)의 접근을 제한하는 방식을 통해 자사 상품 또는 서비스를 우대하는 것도 이러한 자사우대에 해당합니다. 예를 들어, 독과점 플랫폼이 게시될 경쟁사업자의 광고를 주관적 기준을 가지고 엄격하게 검토하여 배제하거나 배송시스템에서 자사 상품은 신속한 배송시스템을 적용하고 경쟁사업자(입점업체)의 배송은 이러한 신속한 배송시스템에서 배제하는 것입니다.

이러한 자사우대 행위는 독과점 플랫폼의 지배력을 하류시장이나 관련 시장으로 진이하여 경쟁사업자를 배제하고 경쟁사업자들로 하여금 독과점 플랫폼이 그 지위를 남용하여 제품을 모방하고 자사 우대를 할 수 있다는 우려로 혁신의 유인이 약화되는 결과를 초래합니다. 독과점 플랫폼이 지배력을 행사하는 영역에서 신규 진입자들이 혁신활동을 미리 포기하여 잠재적 경쟁이 약화되는 이른바 Kill Zone 현상이 발생합니다. 플랫폼의 자사 상품이 경쟁사업자의 제품보다 열등한 경우에는 보다 저렴하고 우수한 상품 또는 서비스에 대한 소비자 접근 기회 제한으로 플랫폼 시장 내 경쟁이 약화되는 결과를 낳기도 합니다.

끼워팔기

독과점 플랫폼의 끼워팔기의 대표적 유형은 자사 서비스를 플랫폼에 사전 설치(선탑재)하거나 기본값^{default value}으로 설정하여 이용자가 다른 서비스로 전환하지 못하도록 하는 것입니다. 예를 들면, 구글이 안드로이드 운영체제를 설치할 때 인터넷 웹 브라우저인 크롬이나 애플리케이션 스토어인 구글 플레이를 선탑재하고 이를 삭제하지 못하도록 하여 이용자가 다른 웹 브라우저나 애플리케이션 스토어를 이용하지 못하도록 사실상 강제하는 것입니다. 이렇게 구글이 안드로이드 운영체제에 검색 앱과 브라우저를 선탑재하도록 하는 의무를 부과한 사건에 대하여 EU 집행위원회는 2018년 6월 18일 43.4억 유로의 과징금을 부과한 바 있습니다.

또한, (사업적)이용자로 하여금 플랫폼 서비스 자체 외에 자사 상품이나 서비스를 구입하거나 이용하는 조건으로 플랫폼 서비스를 이용하게 하는 것도 끼워팔기의 전형적인 사례입니다. 예를 들면, 중개판매 서비스를 이용하는 사업이용자로 하여금 독과점 플랫폼의 결제, 광고, 물류, 배송 서비스 등을 이용하는 것을 조건으로 하는 것입니다. 독과점 플랫폼의 시장 지배력을 지렛대로 하여 끼워팔기를 함으로써 연관 시장으로 그 지배력을 전이시킬 수 있고, 연관 시장에서 지배력이 강화되면 다시 기존 플랫폼 시장의 지배력이 더욱 공고해집니다. 이러한 상호작용, 교차 네트효과를 이용하여 독과점 플랫폼의 지배력를 확대시켜 나가고 진입장벽을 연관 시장으로 확대해 나갈 수 있습니다.

Anti-steering(타 결제방식 홍보 및 안내 제한)

Anti-steering은 입점사업자가 자사 독과점 플랫폼 밖에서 소비자와 계약을 체결할 때 관련 정보나 연결링크를 제공하는 것을 제한하는 행위입니다. 플랫폼 운영체제를 만든 구글과 애플은 자사 애플리케이션 스토어(앱 마켓)인 구글 플레이와 애플 앱스토어를 선탑재하는 방식으로 앱 마켓 시장을 선점한 후 자사 앱마켓을 통해 애플리케이션 소프트웨어나 디지털 콘텐츠를 판매하는 앱 개발사들에게 30%의 높은 수수료를 내도록 하고 있습니다. 애플은 iOS 디바이스에 애플 App Store 외에 다른 앱 마켓을 허용하지 않고 있으며, 구글은 Android 디바이스에 다른 앱 마켓을 허용하고 있으나 구글 Play Store가 선탑재되어 있어 결과적으로 Android 앱의 90% 이상이 Play Store를 통해 다운로드되고 있습니다(호주 ACCC 시장분석보고서, 2021).

위와 같이 앱 마켓 시장을 구글과 애플이 독과점 하는 상황에서 앱 마켓 사업자 구글과 애플의 안티 스티어링은 플랫폼 밖의 더 저렴한 대체 결제 시스템을 안내하는 것을 허용하지 않음으로써 플랫폼 시장 내 가격 (수수료) 경쟁을 약화시키고 결제 서비스에 대한 소비자의 선택권을 제한합니다. 앱 개발자는 30%에 달하는 높은 앱 마켓 수수료로 인하여 자신이 개발한 애플리케이션이나 디지털 콘텐츠를 소비자에게 판매할 기회를 갖기 어렵게 되어 앱 개발자와 같은 혁신기업의 성장을 가로막는 진입장벽이 되고 있습니다. 그래서 미국에서는 연 매출 100만 달러 미만의 스타트업 개발자들이 구글과 애플을 상대로 사업방해 등의 이유로 집단소송을 제기하였고, 구글은 9000만 달러, 애플은 8000만 달러의 합의금을 내고 조정으로 소송이 종결되었습니다.

한국에서는 '인앱결제 강제'로 이슈화되어 2021년 9월 전기통신사업법 개정으로 앱 마켓 사업자가 앱 개발사에 대해 인앱결제를 강제하는 것이 금지되었으나 구글은 여전히 제3의 결제수단을 제공하는 웹으로 연결하는 링크를 제공하는 것을 금지하는 방침을 유지하고 있습니다. 법 개정에도 불구하고 구글이 독점적 지위를 이용하여 이를 무력화시키자 출판문화협회 등 디지털 콘텐츠 사업자들이 집단소송에 나섰습니다.

멀티호밍 제한과 데이터 이동성·접근성 제한

'multi-homing 제한'은 "나에게만 오라, 다른 플랫폼에는 가지 마라"는 의미로 독과점 플랫폼 사업자가 자사 플랫폼 이용자의 경쟁 플랫폼 이용을 제한하는 행위입니다. 직접적으로 타사 경쟁 플랫폼을 이용하지 못하도록 배타적 조건을 부여하는 것뿐만 아니라 자사 플랫폼만 이용하는 'single-homing'을 하는 경우 경제적 유인을 제공하거나 경쟁 플랫폼을 이용하는 데 드는 비용을 증가시켜 경쟁 플랫폼의 이용을 사실상 제한하는 간접적 방식을 포함합니다. 예를 들어, 자사 플랫폼만 이용하는 경우 해당 입점업체의 상품이나 서비스를 플랫폼에서 우선 노출^{ranking}하도록 해주는 것이나 이용자가 자사 플랫폼을 이용하면서 생성·축적한 데이터에 접근하거나 데이터를 이동하는 것을 저해하는 방법으로 경쟁 플랫폼 이용을 방해하는 것입니다.

플랫폼은 양면 내지 다면 시장구조로 교차 네트효과가 발생하는 구조인데, 최종이용자인 소비자의 이용이 늘어나면 판매 기회가 늘어날 수 있어 사업적 이용자의 이용도 늘어나게 되어 플랫폼의 시장 지배력이 더 공고화됩니다. 반대로 경쟁 플랫폼의 이용자가 줄어들면 사업적 이용자의 경쟁 플랫폼 이용의 매력도가 떨어져 경쟁 플랫폼의 경쟁력이 떨어지게 됩니다. 멀티호밍 제한을 방치하면 독과점 플랫폼의 시장 지배력은 더욱 공고해집니다. 한편, '플랫폼 독과점 심사지침'에서는 데이터 이동성과 접근성 제한 행위를 멀티호밍 제한의 한 유형으로 제시하고 있습니다.

독과점 플랫폼의 데이터 독점과 데이터 착취남용의 문제

데이터 경제의 활성화와 데이터 독점의 문제

플랫폼은 이용자가 플랫폼을 무상으로 이용하도록 하는 대신 이용자의 데이터를 플랫폼에 제공하도록 하고, 이렇게 수집한 데이터를 광고, 상품, 서비스 등으로 만들어 판매하는 사업구조 모델을 가지고 있습니다. 개인정보를 수집하여 이를 빅데이터화하여 상업적으로 활용하는 데이터 경제가 활성화되면서 독과점 플랫폼이 수집하는 개인정보가 다양해지고 있고, 광고나 상품으로 만들어 크게 수익을 올리거나 새로운 사업영역으로 진출하는 데 활용하고 있습니다.

이용자 입장에서도 플랫폼에 자신의 데이터가 축적되어 있기 때문에 다른 플랫폼으로 전환하기 어려운 고착효과가 발생합니다. 독과점 플랫폼들은 이러한 이용자의 플랫폼 의존성을 이용하여 이용자의 추가적인 동의 없이 이용자 개인의 다양한 정보를 수집하고 있습니다. 이에 따라 각국의 개인정보위원회는 독과점 플랫폼의 개인정보 침해에 대한 제재에 나서는 한편, 경쟁당국도 시장 지배적 지위를 남용한 '착취남용[16]'의 문제로 보기 시작했습니다. 독일의 경쟁당국이 최초로 페이스북을 이러한 독과점 지위를 이용한 착취남용 행위로 제재했습니다.

2014년 Facebook(메타)이 Whatsapp을 인수하는 사건에 대한 EU와 미국 경쟁당국 기업결합 심사에서는 Whatsapp이 수집한 개인정보를 이

---

16) 우리 공정거래법에서도 착취남용을 시장지배적 지위남용규정으로 규제하고 있다. 또한 일반불공정거래행위 및 특수불공정거래행위의 금지 그리고 하도급법과 같은 공정거래법의 특별법을 통해 이를 간접적으로 규제하기도 한다. 일반불공정거래행위 중 차별적 취급(가격차별을 제외한 거래조건차별, 계열회사를 위한 차별, 집단적 차별) 및 거래상 지위남용(구입강제, 이익제공강요, 불이익제공 등)이 '착취·차별행위'에 포함될 수 있을 것이다(최요섭, 2021).

를 인수한 Facebook이 맞춤형 광고 등에 상업적으로 활용하는 것이 경쟁제한의 효과를 야기할 것이라는 점에 대해 주목하지 못했습니다. 인수하는 주체의 데이터 소비가 인수되는 주체의 데이터 소비에 지장을 초래하지 않고, 낮은 수집비용으로 경쟁사업자도 쉽게 수집할 수 있으므로 경제적 수명도 짧은 데이터를 보유한다고 해서 시장 지배력이 강화된다고 보기 어렵다는 인식이 깔려 있었습니다(신영수, 2020).

1970년대 이래 미국의 경쟁당국의 철학적 배경을 뒷받침해 온 신자유주의 경제 원리의 관점에서 플랫폼 이용자는 무료로 개인 맞춤형 서비스를 제공받아 생활의 편익이 증가하며 사회 전체적으로 혁신이 촉진된다고 보기도 했습니다. 하지만 양면 시장구조인 플랫폼에서 소비자인 이용자의 증가는 다른 면의 사업적 이용자(입점업체)의 편익과 효용을 증대시키는 간접 네트워크 효과와 이용자가 많을수록 더 많은 이용자를 끌어들이는 직접 네트워크 효과로 데이터 독점이 플랫폼의 시장 지배력을 강화하고 다른 경쟁사업자가 진입하지 못하도록 하는 진입장벽을 형성합니다.

최근에는 독과점 플랫폼들이 개인정보 보호의 명목으로 경쟁사업자들이 독과점 플랫폼이 보유한 이용자 데이터로의 접근을 차단하거나 차별하여 데이터 독점을 강화하는 현상이 주목받고 있습니다. 후발 경쟁사업자들은 이용자의 수가 적어 이용자의 데이터를 독과점 플랫폼으로부터 제공받거나 독과점 플랫폼에서 데이터를 수집하거나 생성하여 활용해 왔습니다. 경쟁당국들은 독과점 플랫폼들이 이러한 경쟁사업자에 데이터 제공이나 데이터 생성 기회를 봉쇄하는 행위가 시장 지배적 지위를 남용하여 경쟁사업자를 시장에서 배제시키는 "배제남용"[exclusionary abuse]에 해당하는 것이 아닌지 주목하고 있습니다(홍대식 외 1, 2022).

이렇게 시장지배력을 확보한 독과점 플랫폼들이 한 측면에서는 소비자로부터 광범위한 개인정보를 수집하여 이를 사업적으로 이용하면서도 소비자는 자기정보에 대한 통제권을 행사할 수 없어 "착취남용 행위"exploitative conduct로 시장경쟁을 제한하고, 다른 측면에서는 경쟁사업자가 독과점 플랫폼이 보유한 데이터에 접근하는 것을 차단하여 독과점 지위를 공고화하는 "배제남용 행위"exclusionary conduct17)로 시장경쟁을 제한하는 문제가 발생하고 있습니다.

독과점 플랫폼은 자신의 플랫폼에서 수집한 이용자 데이터를 알고리즘 수정, 서비스 품질 개선 등에 독점적으로 활용하여 경쟁에서 우위를 차지합니다. 이용자가 많을수록 독과점 플랫폼은 더 많은 데이터 수집이 가능하며, 이를 알고리즘 수정, 서비스 품질 개선 등에 이용하고, 이는 더 많은 이용자를 유인하는 기능을 합니다. 또한, 데이터를 관련 시장에서 활용하거나 기업결합으로 데이터 결합이 초래되는 경우 관련 시장으로 지배력 전이가 일어나고 경쟁사업자 배제가 나타납니다.

데이터 우위를 가진 독과점 플랫폼이 데이터의 이동성·접근성을 제한하면 이와 같이 플랫폼 시장에서 경쟁이 제한되고 독과점 플랫폼의 시장 지배력이 더욱 공고해집니다. 그래서 EU의 DMA법이나 미국의 5대 독과점 플랫폼 패키지 법안 등에서는 데이터 독점을 깨기 위한 방안으로 데이터의 이동성, 접근성, 상호운용성을 보장하도록 하는 입법을 추진하고

---

17) 우리 공정거래법은 시장 지배적 지위 남용행위를 ① 가격남용, ② 출고조절, ③ 사업활동 방해, ④ 진입제한, ⑤ 경쟁사업자 배제 또는 소비자 이익 저해 등 5개 유형으로 구분하고 있다(공정거래법 제5조 제항). 이 중 ① 가격남용을 "착취남용"행위로, ⑤ 경쟁사업자 배제 또는 소비자 이익 저해를 "배제남용" 행위라 할 수 있다.

민주당 재집권전략 보고서

있습니다.

독과점 플랫폼의 데이터 "착취남용"의 문제

독일 연방카르텔청의 소비자 설문조사 결과에 의하면 페이스북과 같은 소셜 네트워크 이용자들은 데이터 보호에 민감하지만, 5분의 4는 약관을 읽지 않는 것으로 나타났습니다. Facebook은 약관에서 이용자(회원)의 활동과 이용자가 제공한 정보만이 아니라, 이용자와 관련된 다른 사람의 활동과 다른 사람이 제공한 정보, 네트워크 및 연결정보까지 다양한 개인정보를 수집할 수 있다고 밝히고 있습니다. 이런 약관을 근거로 페이스북은 이용자가 제공한 데이터뿐만 아니라, 자회사인 Whatsapp이나 Instagram의 이용자 정보 및 심지어 응용프로그램과 연동되어 있는 제3의 웹사이트에 이용자가 접속하면 곧바로 이들 정보가 페이스북의 이용자 계정과 통합되도록 한 후 이를 빅데이터화 하여 맞춤형 광고에 사용하였습니다.

이러한 개인정보 침해 행위를 중지할 것을 요구하는 "독일 소비자연합"의 소비자단체 소송에서 독일 베를린 지방법원은 독일 연방 개인정보 보호법 위반이라고 판단했습니다. 독일 연방카르텔청은 2016년 조사를 시작하여 2019년 이러한 행위가 소비자의 개인정보를 착취하는 행위로 Whatsapp이나 Instagram의 이용자 정보와 제3자의 웹사이트에서 개인정보를 수집한 정보를 페이스북 이용자 계정에 연계시키는 것은 이용자의 자발적 동의가 있어야 한다며 이러한 관행의 금지와 개선 조치를 처분했습니다. 페이스북의 이러한 부당한 데이터 수집과 정보처리 행위에 대해 이용자들은 제대로 인지하지도 못하고 있었고, 이용약관에 동의하지 않으면 페이스북 서비스 자체를 이용할 수 없도록 되어 있었기 때문에 자발적 동의가 보장되지 않는 개인정보의 수집과 이용행위는 EU의 "일반 개인정보보호 규칙"General Data Protection Regulation, GDPR에 위반된다고 보았습니다(유진희 외 1, 2021).

독일 연방대법원은 페이스북의 이러한 "강제적인 서비스 확장"의 반경쟁적 특성은 소비자에 대한 착취남용일 뿐만 아니라, 이렇게 얻은 데이터 파워를 기반으로 잠재적 경쟁사업자가 시장 진입을 하지 못하도록 하는 반경쟁적 효과를 야기한다고 보았습니다. 페이스북이 사용할 수 있는 데이터가 더 다양해질수록 이용자 행동의 예측 가능성이 더 정확해지고 이를 통해 페이스북은 서비스를 더 정확하게 발전시키고 미래의 다른 사업 목적과 기술을 더 정확하게 조절할 수 있게 됩니다. 이러한 페이스북의 데이터 및 데이터 분석 서비스의 양과 질의 증가는 현재의 경쟁자와 잠재적 경쟁자 모두에게 이러한 서비스를 따라갈 수 있는 기회를 줄어들게 하여 사업방해와 같은 "배제 남용"에도 해당한다고 보았습니다.

페이스북의 국내 이용자는 최소 330만 명에 달하고, 특히 사회적, 정치적 논쟁의 여론 확산과 공론화 하는 소셜 네트워크 기능에서 영향력이 큽니다. 한국에서도 개인정보 보호 차원에서 페이스북이 이용자의 추가적 동의 없이 개인정보를 광고 등의 수익사업에 사용한 점에 대한 제재가 이루어진 사례가 있습니다. 페이스북이 이용자의 학력, 경력, 출신지, 결혼·연애 여부 등을 이용자 동의 없이 맞춤형 광고로 판매한 행위에 대하여 개인정보위원회는 2020년 10월에 67억 원의 과징금을 부과했습니다(개인정보위원회, 2020). 그러나 소셜 네트워크 분야에서 독과점 플랫폼 역할을 하고 있는 페이스북이나 카카오가 시장지배력을 남용하여 데이터 독점(배제 남용)이나 데이터 "착취 남용" 행위를 한 행위에 대해 실태조사가 이루어진 바도 없고 제재도 없었습니다.

독과점 플랫폼의 "배제 남용" 문제

데이터는 디지털 경제에서 생산, 물류, 홍보 등 전 영역에서 활용되는 필수 생산요소로서 데이터의 보유·활용 능력이 기업의 경쟁력을 좌우한다. 데이터는 생산과정, 물류, 맞춤 광고나 마케팅, 스마트 상품, 인공지능 분야에서는 핵심적인 투입요소입니다. 특히, 데이터의 규모의 경제, 네트워크 효과 등의 특성으로 시장 선점자에게 데이터가 집중되면서 시장지배력이 형성되고 강화되는 효과를 나타냅니다. 데이터를 충분히 확보하고 적기에 접근할 수 있는 능력은 사업자의 경쟁력을 좌우합니다.

플랫폼 사업자에게 사업적으로 유용한 데이터는 그 확장 경로에 따라 카카오 단톡방에 올린 정보와 같이 이용자가 자발적으로 제공한 정보(자발적 데이터volunteered data), 접속시간이나 디지털 상품과 서비스에 대한 이용 패턴과 같은 플랫폼사업자가 관찰한 정보(관찰된 데이터observed data), 소비패턴에 기초한 이용자의 성향과 같은 파생된 정보, 제3자로부터 확보한 이용자에 관한 정보(추론된 데이터inferred data) 등이 포함됩니다(OECD, 2021).

이런 데이터는 검색엔진, 소셜 네트워크 서비스 등을 이용하는 소비자가 자발적으로 제공하거나 소비자의 온라인 활동을 통해 자동적으로 수집되기도 하지만, 다른 사업자가 보유한 데이터에 접근하여 크롤링crawling 과 스크래핑scraping의 방식으로 취득하기도 합니다.[18] 또는 경쟁사업자가 플랫폼 사업자로부터 고객의 데이터를 구매하기도 합니다. 독과점 플랫폼은 다른 경쟁사업자가 자신이 보유한 데이터에 접근하는 것 자체를 거래의 대상으로 보고 있습니다. Big Tech가 자신이 보유한 이용자 데이터를 필요로 하는 경쟁사업자에게 데이터에 대한 접근을 방해, 제한하거나 혹은 차별적으로 허용하는 경우에는 관련 시장의 경쟁을 제한하거나 왜곡할 수 있습니다. 이런 경우 데이터의 생성 기회를 봉쇄하는 것으로 시장지배적 사업자에 의한 "배제남용"exclusionary abuse에 해당할 수 있습니다.

2020년 구글은 이용자가 방문한 앱과 어떤 정보를 열람했는지 등을 추적하는 프로그램인 제3자 쿠키third-party cookie의 지원을 크롬 사용자의 개인정보 보호를 이유로 중단한다고 발표했습니다. 애플도 2021년 iOS 14.5로 업데이트를 하면서 앱 추적 투명성 기능을 도입하여 애플 외의 앱 개발사들이 이용자의 동의 없는 이용자 데이터를 수집·추적할 수 없게 했습니다(홍대식 외1, 2022). 독과점 플랫폼에 입점해 있는 사업적 이용자들은 고객이 어떤 제품을 어느 시간에 어떻게 구매했는지 등에 관한 데이터를 수집하여 고객 관리에 사용할 수 있어야 하는데, 이러한 데이터 접근이 차단된 것입니다. 이 사건은 한편은 이용자의 개인정보 보호를 위하여 필요하다는 평가와 경쟁 사업자의 데이터 접근을 차단하고 독과점 플랫폼만 이용자의 데이터를 독점적으로 이용할 수 있도록 하는 시장 지배적 남용행위 중 "배제 남용"에 해당할 수 있습니다.

독과점을 막고 경쟁회복을 위한 데이터 이동성과 접근성 제한의 규제

---

18) 크롤링(crawling)이란 웹페이지의 HTML을 순회하면서 웹페이지를 수집, 인덱싱하는 방식이고, 스크래핑(scraping)은 이미 다운로드된 웹페이지에서 필요한 정보를 추출하고 필요없는 부분은 제거하여 데이터를 활용하기 쉽도록 하는 행위를 말한다(황태희, 2021).

"데이터 이동성"^{Data portability} 이란 이용자가 자신이 생성하거나 축적한 데이터를 특정 플랫폼 서비스로부터 다른 플랫폼 서비스로 이동시킬 수 있는 능력이나 권한을 말한다. 그래서 독일의 경쟁제한법 제10차 개정에서는 상품 또는 서비스의 상호운용성 또는 데이터 이동성을 거부하거나 어렵게 함으로써 경쟁을 방해하는 행위를 금지하고 있고, EU의 DMA법은 "최종이용자가 제공하거나 최종이용자의 활동을 통해 생성한 데이터에 대해 지속적인 실시간 접근을 제공하는 것을 포함하여 데이터의 효과적인 이동성을 무료로 제공해야 한다."고 규정하고 있습니다(제6.9조). 미국의 "데이터 이동성·호환성 보장법"은 독과점 플랫폼 사업자는 이용자가 직접 또는 이용자의 동의하에 사업적 이용자가 데이터를 안전하게 이동할 수 있도록 제3자가 접근할 수 있는 투명한 인터페이스를 유지하여야 한다고 정하고 있습니다(제3조).

2023년 4월, 데이터 센터 화재로 국민 소셜 네트워크인 카카오가 1주일 이상 불통되는 사태 당시 180만의 이용자가 카카오를 탈출하여 다른 소셜 네트워크로 이동을 모색하였지만 대부분 카카오에 다시 복귀한 것으로 알려졌습니다. 다른 소셜 네트워크 플랫폼으로 이동하기 위해서는 단톡방에서 구성원들이 상호 네트워킹한 자료 등을 가지고 이동하거나 입점업체의 경우 거래내역 등의 자료를 가지고 이동해야 하는데, 카카오에는 이러한 데이터 자료를 가지고 다른 플랫폼으로 이동할 수 있는 기술적 장치가 마련되어 있지 않았기 때문입니다. 데이터 자료를 가지고 다른 플랫폼으로 이동하기 위해서는 결국 이용자가 관련 데이터를 하나씩 다운받아 모은 후 이 파일을 가지고 이동해야 하는데, 많은 시간과 비용이 소요되어 결국 플랫폼 이동을 포기하게 된다는 것을 카카오 불통사태가 보여준 것입니다. 이렇게 데이터 이동을 보장하는 기술적 장치를 만들지 않고 데이터 이동성을 제한하는 행위는 이용자를 독과점 플랫폼에 고착(Lock-in)하게 하는 효과를 가져와 플랫폼의 독과점을 공고하게 합니다.

"데이터 접근성"이란 다른 경쟁사업자(입점사업자)가 플랫폼에서 소비자와 거래하면서 생성하거나 축적한 정보에 입점사업자가 접근할 수 있도록 하는 권리를 말합니다. 그래서 EU의 DMA법은 사업적 이용자가 스스로 창출한 데이터에 대해 무료로 실시간 접근 및 사용을 허용해야 한다고 규정하고 있고(제6.10조), 미국의 "온라인 선택과 혁신법(안)"에서는 사업적 이용자의 상품서비스를 통해 플랫폼에서 획득하거나 생성된 사업적 이용자와 최종 소비자의 비공개 데이터에 대한 사업적 이용자의 접근을 제한하거나 방해하는 행위를 금지합니다(제2.b.4조).

EU는 2019년 7월, 온라인 플랫폼과 사업적 이용자(중소기업이나 소상공인, 입점업체) 간의 거래를 규율하는 공정성·투명성 규정을 제정하고 2020년 7월부터 시행하고 있는데, 온라인 중개서비스 플랫폼의 투명성 제고를 위해 쇼핑몰, 검색 엔진 등 온라인 플랫폼은 사업적 이용자(판매자)들이 알 수 있도록 검색결과의 순위를 결정하는 주요 변수들을 공개해야 하고, 온라인 플랫폼이 자신의 상품·서비스도 판매하면서 다른 사업자에 비해 자사 상품·서비스에 유리한 혜택을 제공하는 경우에는 그 내용을 모두 공개하도록 하고 있습니다. 위 규정은 독과점 플랫폼에 대해서만 적용하는 것이 아니라 모든 온라인 중개서비스 플랫폼에 적용되는 것으로 사업적 이용자들이 플랫폼에서 자신과 관련한 데이터에 접근할 수 있도록 데이터 접근성을 보장한 사례입니다.

배달의 민족과 전국가맹점주단체협의회(전가협)가 체결한 상생협약에서도 입점업체가 자신과 관련된 주문 상황이나 댓글 등에 관한 데이터를 받아볼 수 있도록 일정한 데이터 접근성을 허용하고 있습니다. 이와 같이 독과점 플랫폼 규제법에서는 독과점 플랫폼에서 경쟁성을 회복하는 방안으로 데이터의 이동성과 접근성의 보장을 요구하고 있습니다.

독과점 플랫폼의 사회적 영향력 확대 : 언론과 민주주의, 문화창작 등

독과점 플랫폼의 언론과 민주주의에 대한 위협

디지털 시대에 뉴스 콘텐츠 소비형태가 직접 신문이나 방송을 접하는 것에서 인터넷 포털을 중심으로 급속히 변화하고 있습니다. 구글과 페이스북은 검색이나 소셜 네트워크 시장에서의 지배적 지위를 기반으로 뉴스 전파 매체로서의 영향력도 공고히 하고 수익을 확대했습니다. 구글과 페이스북은 소비자들이 인터넷 포털을 통해 뉴스를 검색하는 소비패턴을 기반으로 언론사에 대한 우월한 지위를 이용하여 무상으로 뉴스 콘텐츠를 제공하도록 하는 불공정한 거래조건을 부과하고 있습니다.

언론사 입장에서는 이용자가 구글 검색 결과나 페이스북 뉴스피드를 통해 제공되는 짧은 기사 정보를 본 후 함께 제공된 기사 링크를 클릭하여 언론사 웹사이트를 방문하는 트래픽이 이용자가 직접 언론사 웹사이트를 방문하는 트래픽보다 훨씬 많고 중요한 비중을 차지합니다. 디지털 전환기에 언론사 웹사이트로 유입되는 트래픽 중 구글 검색을 통해 유입되는 트래픽이 상당한데[19] 언론사 입장에서는 이를 대체할 수 있는 수단이 없어 구글이 요구하는 무상 제공이라는 불공정한 거래조건을 수용할 수밖에 없습니다.

　이용자 트래픽은 광고 수용자의 규모를 보여주는 징표로 그걸 근거로 광고의 판매가격이 결정됩니다. 따라서 플랫폼에 대한 언론사의 트래픽 의존도는 경제적 의존관계로 이어집니다. 언론사들의 경우 자신의 뉴스 콘텐츠 유통 경로에서 주요 플랫폼을 배제하면 막대한 잠재적 독자들을 상실하게 되는 반면, 플랫폼은 특정 언론사의 뉴스를 배제해도 큰 피해가 없기 때문에 언론사는 뉴스 유통에서 중요한 역할을 하는 주요 플랫폼이 제시하는 조건을 거부하기가 매우 어려운 처지에 놓이게 되어 불공정한 거래에 노출되기 쉽습니다.

　이런 이유로 미국의 경우 2004년 이후 1,800개의 신문이 폐간했으며, 영국에서는 지난 10년간 321개의 지역 신문사가 문을 닫았고, 호주에서는 2014년부터 2017년 사이에 전통적인 언론 산업 종사자의 수가 20% 감소했습니다. 언론 산업 전체의 재정기반 약화는 열악한 상태의 지역 언론과 공익적 언론에 더 심각한 타격을 줬고, 파편화된 뉴스 소비에 따른 언론사 브랜드 가치 하락이 더해져 지역 언론은 특히 심각한 위기에 직면했습니다(류시원, 2021). 많은 중소 인터넷 언론사들이 사업을 포기하면 언론의 다양성도 훼손됩니다. 구글이나 페이스북과 같은 포털이 자신의 정책에 순종하지 않은 언론사들의 인터넷 포털 접근을 차단할 경우 언론사는 뉴스 콘텐츠 소비자들을 접할 중요한 루트를 상실하게 되는데, 이러한 지위를 이용하여 인터넷 포털 플랫폼 기업들이 언론의 자유를 침해한다는 우

---

19)　프랑스 신문사 연합(APIG)은 회원사들의 경우 구글을 통해 웹페이지로 유입되는 트래픽이 전체 유입 트래픽에서 차지하는 비중이 45.3%라고 한다. (이상윤 외 1, 2020)

려가 계속 제기되는 이유입니다.

언론의 자유와 다양성은 저널리즘의 수준과 시민의 정보 접근권을 보장하는 데 필수입니다. 이러한 인터넷 포털 플랫폼들의 독과점 지위 남용 행위는 언론 시장의 경쟁에 지배력을 행사하고 있는 상황입니다. 나아가 언론의 자유와 다양성은 사회의 공적논의와 민주주의의 사회적 작동에 근본적인 기여를 하는데(DSM 저작권 지침 제안이유서, 2020), 이러한 인터넷 포털 플랫폼의 독과점 지위남용 행위는 정치적 민주주의에도 위협이 되고 있습니다.

독과점 플랫폼의 언론에 대한 지배력 남용 규제

EU는 인터넷 포털 플랫폼과의 관계에서 언론사의 뉴스 콘텐츠에 대한 저작인접권을 인정하고 그에 대한 보상을 받을 수 있도록 하기 위해서 2019년 디지털 단일시장 저작권지침^{DSM}(Directive 2019/790, 2019)을 도입했습니다. 그 제안 이유에서 "디지털 전환 시대에 언론 산업의 지속가능성을 보장하고 신뢰할 수 있는 정보의 이용을 촉진하기 위해서는 언론출판물들을 생산하기 위해 언론사들이 쏟는 조직적·재정적 기여를 인정하고 지원해 줄 필요가 있다."고 밝히고 있습니다.

우리의 저작권법에서는 제3장 저작인접권에서 제1절 실연자, 제2절 음반제작자, 제3절 방송사업자에게 저작인접권을 부여하고 있으나, 뉴스 콘텐츠를 제작하는 언론사에는 이러한 저작인접권을 부여하고 있지 않습니다. 유럽도 이러한 사정은 마찬가지인데, EU의 DSM에서는 뉴스 콘텐츠의 온라인 이용에 관해 저작인접권으로 "대중이용제공권"을 부여했습니다. 개인 사용자의 사적 또는 비상업적 이용이나 뉴스 콘텐츠의 짧은 발춰문 인용에는 적용하지 않으나 상업적 이용에는 적용합니다. 따라서 뉴스 콘텐츠를 인터넷 포털에서 제공하는 플랫폼들은 그것을 대중에게 제공할 때 해당 언론사에 허락을 받아야 하고 그에 따른 보상을 해야 합니다.

프랑스는 DSM 지침을 바로 입법화하였는데, 구글은 이에 반발하여 프랑스에서는 뉴스콘텐츠 미리보기를 더 이상 제공하지 않고 검색 엔진을 위한 새로운 태그를 도입했습니다. 새로운 태그에서는 뉴스콘텐츠가 노출되는 방식이나 범위에 관하여 언론사들이 구글에 포괄적인 이용 허락을 하도록 했습니다. 이에 프랑스의 신문, 매거진 출판사, 뉴스 통신사들은 프랑스 경쟁당국에 구글을 시상 지배적 지위 남용행위 위반으로 신고했습니다. 경쟁당국은 구글의 이러한 조치가 시장 지배적 지위를 남용한 행위로서 민주주의에 위협이 되는 부당성이 인정된다고 봤습니다. 그리고 언론사 측과 성실하게 협상에 임하고, 협상 관련 정보를 제공하며, 언론사들이 선택한 옵션으로 콘텐츠를 계속 노출해야 한다는 등의 임시 시정명령을 내렸습니다. 구글이 임시 시정명령의 취소를 구한 소송에서 프랑스 고등법원은 임시 시정명령의 정당성을 인정하면서 구글의 조치가 언론의 보호와 언론의 다양성을 보장하기 위해 만든 저작인접권법을 침해하는 부당한 조치이자 불공정한 거래조건을 부과한 것으로서 시장 지배적 남용행위에 해당한다고 판결했습니다.

유럽 각국의 경쟁당국이 온라인 플랫폼의 남용행위와 관련하여 제재를 한 최근의 사건으로 ▲EU 집행위원회의 2017년 구글 비교쇼핑 사건 ▲2018년 구글 안드로이드 사건 ▲2019년 구글 Adsense 시스템 사건 ▲독일연방카르텔청의 2019년 Facebook 사건, ▲프랑스 경쟁위원회가 온라인 광고 규정과 관련하여 구글을 제재한 2019년 '구글/Gibmedia 사건' ▲프랑스 경쟁위원회가 구글에게 선의를 가지고 언론사들과 저작인접권 협상을 하라고 시정명령을 한 2020년 임시 시정명령 사건(이하 '구글/언론사 저작인접권 사건) 이상 6개의 사건을 꼽습니다. 구글 관련 세 가지 사건에서는 EU 집행위원회가 기존의 '배제남용' 행위의 틀에 입각하여 구글의 행위를 재단하였습니다. 반면에, 프랑스의 '구글/Gibmedia 사건'과 '구글/언론사 저작인접권 사건'에서는 프랑스 경쟁위원회가 오랫동안 인정하지 아니하였던 '착취남용'abus d'exploitation을 통하여 구글의 시장지배적지위 남용행위의 성립을 판단했습니다(박세환, 2021).

이에 대해서는 민주주의나 언론의 자유와 다양성 등의 정치적 관점을 시장 지배적 지위 남용행위의 부당성 판단의 내용으로 인정하는 등 '실험적'이라 할 정도로 경쟁법의 새로운 유형의 처분과 판결을 하였다는 평가를 받습니다. 반면에, 그만큼 독과점 플랫폼이 시장뿐만 아니라 사회에 미치는 영향이 심각하고 이를 경쟁법 차원에서 제재할 필요성에 대한 고민을 보여준 사례라고 할 수 있습니다.

구글과 페이스북은 전체 사업 모델에서 뉴스 콘텐츠로 인한 수익이 차지하는 비중은 극히 작고 뉴스 콘텐츠를 검색 포털 등에 노출시킴으로써 발생하는 경제적 이익도 거의 없다고 주장합니다. 그에 반하여 소비자들은 무료로 이러한 뉴스 콘텐츠 정보를 이용할 수 있게 됨으로써 소비자 후생은 증대되므로 독과점 지위남용 행위에 해당하지 않는다는 입장입니다. 그러나 소비자들의 주요 검색 대상인 뉴스 콘텐츠를 검색 포털 등에 노출시킴으로써 검색 서비스의 매력도를 높이고 검색 서비스 체류시간을 증가시켜 광고 수익을 늘리는 경제적 이익을 얻고 있습니다. 검색 서비스의 매력도를 개선시켜 플랫폼의 소비자에 대한 지배력을 고착화 하여 독과점 지위를 공고화하는 데도 기여합니다.

독과점 플랫폼으로부터 언론의 독립성, 다양성 확보정책

독과점 플랫폼 시대 언론 산업 위기 진단 보고서

영국과 호주, 미국의 경쟁당국은 2019년과 2020년 사이에 디지털 시장 경쟁 실태조사를 하면서 Big Tech들이 주도하고 있는 뉴미디어 환경도 조사했고, 언론사들의 수익 기반 악화를 초래하고 있는 디지털 시장에서의 언론 산업 문제도 다루고 있습니다. 영국의 경쟁 당국인 CMA[Competition and Market Authority]는 2020년 7월 "온라인 플랫폼과 디지털 광고 시장 연구보고서"를 발표하였고, 호주의 경쟁당국인 ACCC[Australian Competition and Consumer Committee]는 2019년 7월 디지털 시장 경쟁 보고서를 발표했습니다. 미국도 하원 디지털 시장 경쟁 실태조사 보고서에서 언론 산업의 위기 문제를 다루고 있습니다.

ACCC 보고서는 중요한 뉴스 유통 채널로 기능하게 된 구글과 페이스북 등의 플랫폼이 온라인 광고 판매시장에서 지배적 사업자라는 점에 주목합니다. '①구글은 검색 엔진 분야에서, 페이스북은 SNS 분야에서 각각 압도적인 점유율을 보유하고 있으며, 이를 바탕으로 각각 검색 광고와 디스플레이 광고의 판매시장에서도 시장 지배적 지위를 형성하고 있다, ② 구글과 페이스북은 다양한 플랫폼 서비스들을 통해 다른 어떤 웹사이트보다도 큰 이용자 풀과 긴 이용시간을 확보하면서 광고매체로서의 월등한 매력도를 유지한다, ③이런 불공정한 거래조건에 의해 언론사들의 수입은 급감하고 있고 양질의 뉴스 콘텐츠 제공 언론사들은 생존을 위협받고 있다.'는 위기 진단을 바탕으로 EU와 프랑스, 영국, 호주, 미국 등에서의 독과점 플랫폼의 언론 산업 지배력에 대해 경쟁 회복을 위한 입법안이 제출되었습니다.

EU의 디지털 저작권 지침과 독일, 프랑스의 저작인접권법

2019년 6월 7일 시행된 디지털 단일시장 저작권지침(Directive on Copyright in the Digital Single Market,74 이하 'DSM지침') 제15조는 정보사회 서비스 제공자(information society service providers, 'ISSP')에 의한 언론 간행물의 온라인 이용에 관해 언론사에 복제권과 공중이용제공권을 부여하고 있습니다. 언론사가 ISSP로부터 간행물 이용에 대해 받는 대가를 그 창작자에게 적정하게 배분하도록 하고 있고 저작인접권을 언론사가 언론 간행물의 온라인 이용을 통제하고 그 이용 대가를 수취하는 내용의 권리라고 규정했습니다. DSM지침은 2013년 독일의 입법을 모델로 한 것인데, 언론사와 플랫폼 간에 경쟁법이 직접 개입하기보다 지적재산권 보호에 기대는 기존 접근법을 유지하면서도 과거 회원국 실패 사례를 교훈 삼아 실효성 강화를 위해 EU 차원의 입법을 시도한 것입니다.

유럽연합의 각 회원국은 2021년 6월 7일까지 DSM지침을 국내법으로 전환[transpose]해야 하는데, 프랑스는 지적재산권법 개정안[Code de la propriété intellectuelle, 'CPI']을 2019년 10월 24일부터 시행하고 있습니다. 개정 지적재산권법에 포함된 언론사 저작인접권에 관한 규정은 대체로 DSM지침 제15조와 유사합니다. 다만 프랑스법은 언론사가 받을 보상금 산정의 기준과 절차를 명시하고 있는 점에서 DSM지침과 구별되는데, 특히 절차 면에서 온라인 공중통신 서비스[service de communication au public en ligne] 제공자가 이용자의 언론간행물 이용에 관한 모든 정보와 보상금의 투명한 산정에 필요한 정보를 언론사에 제공하도록 하고 있습니다. 위 개정 지적재산권법은 법 시행 후 6개월 내에 합의에 이르지 못한 때는 일방 당사자의 신청에 의해 조정 절차를 개시하도록 규정하고 있습니다(류시원, 2021).

호주의 뉴스 미디어 협상법

2020년 12월 9일, ACCC가 의회에 제출한 뉴스 미디어 협상법[News Media Bargaining Code]안은 법의 적용을 받는 플랫폼 서비스를 재무장관이 지정하는데, 현 단계에서 구글 검색과 페이스북은 포함되고 유튜브와 인스타그램은 제외됩니다. 법인은 ▲언론사와 싱실하게 협상할 의무 ▲강제 중재 ▲'최소 규범'을 포함한 일반 요구사항[general requirements] ▲차별 금지 ▲컨텐츠 이용 보상 등에 관한 법외法外 협상 ▲주로 소형 언론사와의 협상 절차 간소화를 위해 플랫폼이 표준 제안[standard offering]을 할 수 있도록 하는 내용을 주요 골자로 합니다. 여기서 최소 규범[minimum standards]은 플랫폼이 뉴스 이용자로부터 수집하는 데이터에 관한 설명, 추천 트래픽[referral traffic]이나 광고 유통에 중대한 영향을 미치는 알고리즘 변경에 관한 사전 통지 등의 의무를 포함합니다. 이런 행위규범 제정 방식은 경쟁법 집행의 규제 비용 부담을 줄이고 일반 규범이 초래하는 경직성을 피하면서 주요 플랫폼에 대해 선택적으로 적정한 대응을 할 수 있게 합니다.

위 법안에서는 콘텐츠 이용 보상에 관한 자율 협상이 3개월 내에 타결되지 않을 경우 사안을 중재에 강제 회부하도록 정하고 있습니다. 중재 판정부의 패널은 당사자들의 합의로 정하되 합의에 이르지 못한 때에는 미디어 규제기관인 ACMA[Australian Communications and Media Authority]가 지명합니다.

민주당 재집권전략 보고서

중재판정부는 양측 협상 당사자가 제출한 최종 제안들^{final offers} 중 더 적절한 것을 승인하거나 이를 수정 채택해야 합니다(류시원, 2021).

영국의 '뉴스 협상에 관한 규범'

CMA는 디지털 시장에 대한 사전 규제를 위해 산하에 디지털 시장부^{Digital Markets Unit, 'DMU'} 설치를 제안하였는데, 영국 상원은 조속한 설치를 주문하면서 DMU가 설치되면 우선적으로 호주 ACCC 제안 입법을 모델로 '뉴스 협상에 관한 강제 행위규범'^{mandatory news bargaining code}을 제정할 것을 촉구했습니다. CMA는 DMU가 마련할 플랫폼 행위규범에 언론사와 플랫폼 간 상업적 관계 형성을 규율하여 온라인 저널리즘의 지속가능성을 증진할 내용을 포함할 것이라고 합니다.

DMU는 전략적 시장 지위^{strategic market status}를 가진 디지털 플랫폼에 행위규범을 강제할 권한을 가지며 경쟁 촉진을 위해 시장에 선제적으로 개입할 수 있습니다. 구체적으로, 거대 플랫폼의 행위를 중지, 제한하거나 원상회복시킬 권한, 그리고 행위규범의 준수를 감독하고 이를 위반하는 플랫폼에 과징금을 부과할 권한도 갖게 됩니다(류시원, 2021). DMU는 이러한 강력한 권한을 활용해 디지털 언론 산업에서 적극적인 정책 활동을 전개할 것으로 예상됩니다.

미국의 '언론 경쟁 및 보전법(안)'

민주와 공화당 의원들은 2019년 "언론 경쟁 및 보전법"^{Journalism Competition and Preservation Act}을 발의했습니다. 디지털 플랫폼에 대한 언론사들의 협상력 강화 방편으로 지배적인 디지털 플랫폼과의 단체협상^{collective}

negotiation에 대해 공정거래법상의 담합행위 규정을 배제하는 것입니다. 유럽 각국의 동향처럼 정부의 적극적 개입을 통해 독과점 플랫폼으로 하여금 언론사가 제공하는 뉴스콘텐츠에 대해 보상하도록 하는 방식과 차이가 있지만, 언론사 단체들이 단체협상을 통해 독과점 플랫폼들과 뉴스 콘텐츠 제공에 따른 보상 등 거래조건을 개선하도록 하는 길을 열고자 하는 것입니다.

언론사 단체와 독과점 플랫폼 사이의 단체협상을 통한 뉴스 콘텐츠 보상

독과점 플랫폼의 공정한 뉴스콘텐츠 보상의 결여

네이버와 카카오는 검색포털 내의 뉴스 섹션에 뉴스콘텐츠를 공급하는 언론사에 전재료[20]를 지급하거나 광고 수입을 분배하는 방식을 취하여 일단 유럽에서 구글의 언론사에 대한 뉴스 콘텐츠 무보상 정책으로 인한 독과점 지위 남용 문제 논란을 피하고 있습니다(미디어 오늘, 2020). 네이버, 카카오 등 인터넷 포털의 영향력이 크지만 제휴한 언론사들로부터 공급받은 뉴스콘텐츠를 포털 뉴스 서비스에 통합하여 제공하는 방식으로 다른 나라의 뉴스콘텐츠 제공 방식과 조금 다릅니다. 이런 상황에서 언론사는 포털로부터 기사 공급에 대하여 전재료를 받거나 포털 뉴스 서비스에서 발생하는 광고수익을 분배받으므로 포털과 직접 광고 경쟁을 하진 않습니다. 또한 포털 이용자의 이용 패턴 등에 관한 정보와 포털 뉴스콘텐츠의 기사에 달리는 댓글 관련 정보는 포털 생태계 내에서 생산된 포털

---

20) '다른 데 실렸던 글을 옮겨 실은 대가'라는 뜻으로 일종의 저작권료

이용자의 정보이므로 언론사에 공유될 이유가 없다고 볼 여지도 있습니다.

그러나 수익 배분과 서비스 제공, 데이터 등의 주도권을 인터넷 포털이 전적으로 갖는 포털 뉴스 서비스가 언론사 매출에서 상당한 비중을 차지하는 점은 우리나라에서도 인터넷 포털에 대한 언론사의 경제적 의존성을 보여줍니다. 또한 뉴스콘텐츠 공급 대가 산정의 기초가 될 수 있는 포털 이용자의 뉴스 이용 데이터에 관해 포털이 전적인 통제권을 갖는 것 역시 포털의 우월한 협상력의 원천이 된다는 점에서, 해외 언론사들이 구글, 페이스북 등의 디지털 플랫폼과의 관계에서 처해 있는 상황과 유사한 면이 있습니다.

네이버, 카카오 공동으로 검색 포털에서 언론사 퇴출 결정의 불공정 문제

2023년 2월 27일 경인일보는 네이버와 카카오가 공동으로 경인일보를 뉴스 검색 포털에서 퇴출하기로 한 것은 공정거래법 제45조가 금지하고 있는 "정당한 이유 없이 경쟁 관계에 있는 다른 사업자와 공동으로 특정사업자에게 거래를 거절·중단하는 등으로 관련 시장의 경쟁을 제한"하는 행위에 해당한다며 공정거래위원회에 불공정행위 내지 담합행위로 신고하였습니다(경인일보, 2023).

국내 포털 시장에서 네이버(64.5%)와 카카오(다음·19.9%)는 합계 점유율이 84%가 넘는 과점 지배자입니다. 포털 시장을 두고 경쟁해야 할 두 사업자는 언론사 인터넷 뉴스의 포털 공급 방식을 '뉴스제휴평가위원회'(이하 제평위)라는 기구를 통해 공동으로 진행해 왔습니다. 이들은 지난 2015년 제평위를 공동 설립해 운영하며 계약 체결 및 해지 여부를 모두 공동으로 결정해 왔습니다. 계약 체결 여부에 두 사업자의 의사가 다른 경우는 없었습니다. 언론사가 생산하는 기사 대부분이 인터넷 포털의 검색 엔진을 통해 유통되는 상황에서 네이버-카카오의 공동 거래 거절은 언론 시장을 교란할 수 있습니다. 포털 제휴의 키를 쥔 제평위의 구성·심사규정·실제 심사 과정에 문제가 있다는 지적도 제기됐습니다. 서울중앙지방법원은 2021년 11월 연합뉴스가 제기한 뉴스콘텐츠 제휴 계약 해지 정지 가처분 신청을 인용하며 네이버-카카오 제평위가 독립적인 기관이 아니며 심사 기준이 자의적이고 심사 절차도 불공정하다고 지적한 바 있습니다.

네이버와 카카오의 뉴스 콘텐츠 노출 편향 문제

네이버는 2017년부터 네이버 인공지능 에어스[AIRS]로 뉴스 추천 서비스를 제공합니다. 2021년 3월 7일 MBC 스트레이트가 2021년 1월 8일부터 2월 7일까지 네이버, 다음 모바일 앱의 뉴스 배열 데이터를 전문 분석 업체에 의뢰하여 분석한 결과에 의하면, 비로그인 상태에서 가장 많이 노출되는 언론사는 중앙일보(25.6%), 조선일보(5.4%), 한국경제(4.3%)로 보수 언론사가 절반을 차지하는 것으로 나타났습니다. 구독자 수가 10위권 안에 드는 한겨레신문은 점유율이 높은 진보 언론사이지만 네이버에서는 노출이 잘 안 되는 것으로 분석되었습니다. 다음[Daum]에서 한 달간 5분마다 모바일 헤드라인에 뜨는 기사들을 분석한 결과 연합뉴스(28.0%), 뉴스1(6.8%), 뉴시스(6.8%), JTBC(6.4%), MBC(5.1%)로 뉴스통신 3사의 점유율이 45.9%로 절반 정도 차지했습니다(AI타임즈, 2021). 위와 같은 언론사 편집권 침해와 편향성 논란으로 네이버는 뉴스 추천 서비스를 중단했었는데, 2022년 10월부터 '20대는 오늘 이 뉴스'라는 제하로 20대만을 대상으로 뉴스 추천 서비스를 부활했습니다. 이에 대해 네이버는 20대 이하 MZ세대의 뉴스 소비 양상이 변화하고 있어 이들의 소비감성에 맞는 콘텐츠 구성을 통해 뉴스 만족도를 높이기 위한 것이라 밝히고 있지만, 최근의 선거에서 캐스팅보트 역할을 하는 20대만을 상대로 뉴스 추천 서비스를 하면서 다시 정치적 편향성 논란이 재현되고 있습니다(조선일보, 2023).

네이버와 카카오가 고유 알고리즘으로 뉴스를 배치하는 것은 결국 네이버나 카카오의 관점에서 뉴스를 전달하는 것입니다. 네이버나 카카오가 언론사가 아닌데도 사실상 편집권을 행사하고 있다는 비판이 제기됩니다. 알고리즘 편향성 논란이 제기될 때 이런 논란을 잠재우려면 이를 검증하고 감시하는 알고리즘 투명성위원회가 있어야 하는데, 이러한 알고리즘 투명성위원회도 구성되어 있지 않습니다. Big Tech가 시장에 대한 지배력뿐만 아니라, 언론이나 개인정보 등 정치적, 사회적 쟁점에 대한 영향력 내지 지배력도 거대하므로 민주주의와 인권의 민주적 통제의 관점에서도 독과점 플랫폼에 대한 감독 체계가 강화되어야 합니다.

거래조건 개선과 공정한 뉴스콘텐츠 노출 기준 등에 대한 단체협상권 도입

EU와 독일, 프랑스, 영국, 호주, 미국 등의 입법 시도처럼 한국에서도 언론사 단체와 독과점 플랫폼이 단체협상을 통해 뉴스 콘텐츠의 보상방법이나 보상금액, 검색엔진이나 소셜 네트워크 플랫폼에서의 뉴스 콘텐츠의 노출 순위ranking의 기준, 포털에서의 언론사 퇴출기준과 절차 등에 관한 규정 등을 협의하도록 하고, 이러한 협의가 성립하지 않는 경우에는 조정이나 중재를 통해 분쟁을 해결하는 프로세스가 도입되어야 합니다. 경제적 관점에서 언론 산업에 대한 독과점 플랫폼의 시장 지배력을 규제하고 경쟁을 회복하는 것일 뿐만 아니라, 언론의 자유와 다양성, 민주주의 발전이라는 정치적 관점에서도 공정한 뉴스 콘텐츠 단체협상제도가 도입되어야 합니다.

참고문헌

AI타임즈, "드러난 보수편향 네이버 뉴스 편집 AI알고리즘… 공정성 논란 불붙나", 2021.3.8.

강민지, "혁신경쟁 평가 등 동태적 시장에서의 경쟁관계", 한국공정거래조정원, (2022).

경인일보 '네이버-카카오 불공정거래 행위 공정위에 제소' 2023.2.27.

관계부처 합동, "디지털 플랫폼 발전방안", 비상경제장관회의 22-16-2, (2022.12.29.)

김현수, 강인규, "플랫폼 환경변화와 이용자 권익 증진 방안 연구", 방통융합정책연구 KCC-2020-13,
　　　정보통신정책연구원 (2020.12).

개인정보위원회, 제2020-006-008호 의결, 2020.11.25.

류시원, "디지털 플랫폼 시대 언론산업의 구조적 경쟁 문제에대한 정책적 대응의 검토", 선진상사법
　　　률연구 통권 제93호 (2021.1.)

미디어오늘, "구글, 고품질 콘텐츠 언론사 선별해 전재료 준다." (2020.7.5)

박세환, "착취남용의 관점에서 온라인 플랫폼 사업자를 규율하는 방안에 대하여", 경쟁법 연구
　　　제43집. 한국경쟁법학회, (2021).

신영수, "빅데이터의 경쟁제한 효과에 대한 법적 판단기준 연구", 법학논고 제69호, 경북대학교 법학
　　　연구원, (2020).

위키백과, https://ko.wikipedia.org/wiki/%EB%B9%85%ED%85%8C%ED%81%AC
　　　(검색일 2023.5.8.)

유진희, 심재한, "온라인 플랫폼 사업자의 이용자 데이터 보호 위반행위와 경쟁법의 적용 - 독일
　　　Facebook 사건을 중심으로 -", 경제법 연구 제20권 제2호, (2021.8).

이상윤, 류시원, "프랑스 구글(언론사 저작인접권) 사건의 의의와 디지털 시대 경쟁법의 역할에 대한
　　　시사점", 이화여자대학교 법학논집 제25권 제2호 통권 72호 (2020.12.)

조선일보, "20대 겨냥 네이버 '뉴스판' 의도는… 정치권 알고리즘 편향성 우려", 2023.3.31.

중소벤처기업부, "2021년 온라인 플랫폼 이용사업자 실태조사 결과 보고서", (2021.10.).

최요섭, "디지털 경제에서의 경쟁법 상 착취남용규제 - 비교법적 방법으로 -", 법학논고 제74집, 경북대학교 법학연구원(2021.07).

홍대식, 안정민, "빅테크(독과점 플랫폼) 기업들의 개인정보보호 강화조치가 시장경쟁에 미치는 영향과 공정거래 정책방향 검토", 한국공정거래조정원, (2022).

황태희, "웹크롤링의 경쟁법적 고찰", 경쟁법연구 제43권 (2021).

Commission 'Competition Law 4.0', "a new competition framework for the digital economy", Federal Ministry for the Economic Affairs and Energy (BMWi), 2019.

Directive (EU) 2019/790 of the European Parliament and of the Council of 17 April 2019 on copyright and related rights in the Digital Single Market and amending Directives 96/9/EC and 2001/29/EC

EU commission, "Proposal for a Regulation of the European Parliament and oh the Council on contestable and fair markets in the digital sector"(Digital Markets Act). COM(2020) 842 final, 2020.12.15.

OECD, "Data portability, interoperability and Digital Platform Competition", 2021.

Subcommittee on Antitrust, Commercial and Administration Law of Committee on the Judiciary, investigation Competition in Digital Markets - Majority Staff Report and Recommendations U.S. House of Representatives 2020.

經濟産業省·公正取引委員會·總務省, 『取引環境の透明性·公正性確保に向けたルール整備の在り方に關するオプション』, デジタル·プラットフォーマーを巡る取引環境整備に關する檢討會, 2019.5.21.

3장
주거보장의 길

집 없는 서민의 주거권
보호를 위한 국가의 책무

들어가는 글

한국 사회의 발전 방향을 '모든 일하는 사람'의 노동소득과 사업소득이 존중받는 사회로 대전환해야 합니다. 그러기 위해서는 부동산에서 발생하는 불로소득을 철저하게 환수하고 전 국민이 이를 공유하는 경제시스템을 구축해야 합니다. 이는 '토지공개념' 사상에 입각해서 토지와 주택을 바라보는 철학과 원칙을 한국적 상황에 맞게 다시 적용해야 가능합니다.

을지로위원회는 늘 선거를 앞두고 부동산 시장을 장기적으로 병들게 만드는 인기영합적인 정책 도입 시도를 중단시켜야 합니다. 특히, 자산양극화를 심화시키는 자가 보유율 제고나 보유세 완화, 대출 규제 완화 등 '중도화의 유혹'에서 벗어나도록 일관된 철학과 원칙을 세워야 합니다.

토지공개념 사상에 입각해서 부동산을 바라보는 철학과 원칙을 세워야

부동산과 주거 정책의 컨트롤 타워 및 거버넌스 구축을 위해 ▲주택도시부와 주거복지청 설치 ▲부동산위원회-부동산감독기구(부동산감독원) 도입 ▲부동산 교육 상담과 분쟁조정을 통한 소비자 보호 ▲부동산가격공시청 등 설립하고, 전세시장의 주거안정성 강화를 위해 ▲보증금미반환위험 축소 ▲주거 및 점유 안정성 강화, ▲민간전세의 공적전세로 전환을 추진해야 합니다.

토지 및 주택시장의 탈상품화·비시장화·탈금융화 정책을 통해 건전한 부동산 시장을 조성하고, ▲재건축과 재개발 사업 ▲NPL 및 주택의경·공매 시상 ▲공공 지원 민간임대주택 세 분야의 공공성을 강화하여 토지 및 주택 시장 자체의 공공성을 강화해야 합니다. 더불어 전세시장의 주거안정성 강화를 위해 ▲보증금 미반환 위험 축소 ▲주거 및 점유 안정성 강화 ▲민간전세의 공적전세로 전환을 추진해야 합니다.

노무현 정부의 부동산 정책도 부족한 것이 많았지만 선거에서 대패하고 당내에서도 비난하는 이들이 있어도 철학과 원칙을 버리지 않은 점은 높게 평가됩니다. 대표적인 것이 부동산 투기를 근절하기 위해 보유세를 도입한 것입니다. 부동산 투기 근절을 위해서는 보유세 강화가 즉효인 것을 모두가 알았지만 모든 정부가 재벌과 부동산 부자들을 대변하는 일부 언론의 여론 호도와 선거 패배 등의 이유로 도입하지 못했습니다. 그러나 노무현 대통령은 2006년 5.31지방선거에서 당시 여당이었던 열린우리당이 대패했지만 부동산 정책 기조를 바꾸지 않았습니다.

2005년 8.31대책으로 보유세 강화 로드맵을 제시하고 당해 연말 입법하여 고가 부동산과 다주택자를 대상으로 한 종합부동산세는 2009년까지 가파르게 증가하도록 했고 중산층 이하 서민들이 내는 재산세는 2017년까지 느리게 증가하도록 설계하여 실효세율을 0.61%로 만들고자 했습니다. 2006년 12월 초, 다주택자들은 1년 전보다 훨씬 강화된 종합부동산세 고지서를 받게 됩니다. 그 종합부동산세는 2009년까지 가파르게 증가하도록 설계되었으니 부동산 투기 의욕이 꺾이면서 시장이 진정되었고 거기에 LTV·DTI 규제까지 더해지면서 2007년부터 부동산 가격은 지속적으로 안정세였습니다.

그에 반해 문재인 정부는 세계적인 저성장과 저금리로 풍부해진 유동성이 부동산으로 흘러가지 못하도록 보유세 강화 등 부동산 수익률을 저하시킬 수단을 처음부터 제시하지 않았습니다. 집값 상승이 이어지고 정치적 비판에 직면하자 뒤늦게 고가주택과 다주택자에 대한 종합부동산세만 강화하는 세제 개편을 단행했습니다. 그 이후에도 집값이 지속적으로 상승하면서 세제 강화가 오히려 집값 상승의 원인이며 고가주택과 다주택자에 대한 징벌적 조세라는 비판에 직면하자 전반적인 세제를 완화하는 정반대 조치를 취했습니다. 이는 시중의 돈이 서울과 수도권 부동산 투자에 집중되는 길을 열어주면서 서울 강남의 '똘똘한 한 채' 현상을 부추기는 결과를 초래했습니다.

오락가락하는 문재인 정부의 부동산 정책은 끝내 집값 상승을 잡지 못했고 이에 실망한 청년세대가 전세를 끼고서라도 집을 사겠다고 갭 투기에 나서는 이른바 영끌족이 등장했습니다. 노동소득을 훨씬 넘어서는 부동산 불로소득의 실현을 목격하면서 단타 갭 투기로 불로소득을 추구하는 것을 당연하게 여기는 세대가 탄생했습니다.

을지로위원회는 '부동산 공화국'의 을^{Z}인 무주택자들과 전세사기 피해자, 깡통전세와 역전세로 고통 받는 세입자, 주거 안정을 바라는 청년세대를 위해서라도 토지공개념 사상에 입각해서 부동산을 바라보는 철학과 원칙을 세워야 합니다.

정책은 속도보다 방향입니다. 부동산 정책은 더욱 그렇습니다. 이 글은 그 일관된 방향을 수립하기 위해 을지로위원회의 철학과 원칙을 구축하고자 작성되었습니다.

부동산시장의 급등락 배경: 부동산 금융화

2019년 말부터 시작된 코로나 팬데믹 상황에서 주요 선진국들은 경기 침체를 막기 위해서 저금리 기조와 통화 유동성을 확대했습니다. 그 결과 전 세계적으로 주택가격이 급등했습니다. 한국 역시 심각한 부동산 급등을 경험했습니다(Yiu, 2021). 그러나 코로나 팬데믹의 점진적 영향력 축소와 함께 2022년 하반기부터 본격적으로 시작된 인플레이션으로 인해 세계 각국이 금리를 인상하면서 주택가격과 이에 연동된 전세가격이 급락하고 있습니다.

문재인 정부의 부동산 정책은 보수와 진보의 강조점은 다르지만 '실패했다'는 가혹한 평가를 받고 있는 것이 사실입니다. 보수 측의 시각을 담은 주간조선(2020.8.3.) "문재인 실패한 차베스 노선을 가고 있나"라며 강력하게 비판했으며, 진보적 전문가의 시각을 담은 한겨레(2020.7.27.)는 "문재인 정부의 부동산 정책이 실패한 다섯 가지 이유"라는 기사를 통해 부동산 정책 실패를 지적했습니다. 향후 민주당이 부동산 시장의 안정과 서민들의 주거권 보호를 위한 정책을 마련하기 위해서는 문재인 정부의 부동산 정책 실패 원인을 분석하고 모색하는 것부터 출발해야 합니다.

글로벌 부동산 현황

통화정책의 영향력

전 세계적인 주택가격 불안의 원인으로는 세계 각국의 통화정책인 금리와 통화량 변동이라는 증거가 속속 제시되고 있습니다. 코로나 팬데믹 시기 초저금리와 양적완화, 코로나 팬데믹 이후 전 세계적인 인플레이션 축소를 위한 금리인상이 주택가격에 영향을 미치고 있다는 연구 결과가 나오면서 중앙정부의 통화정책이 주택시장에 미치는 영향력이 입증되고 있습니다(Yiu, 2023). 이는 현재의 글로벌 주택시장은 통화정책을 관장하는 중앙은행의 정책 결정에 좌우될 수밖에 없음을 의미합니다. 따라서 인위적으로 통화정책을 완화 또는 강화하기 위한 정책 처방은 주택시장의 가격 형성 메커니즘을 왜곡하는 결과를 초래할 것입니다.

전체 경제에서 건설·부동산 비중 확대

해외 주요 국가에서 건설업이 경제에서 차지하는 비중은 상당히 높습니다. 우리 경우도 한국은행 경제통계 시스템 자료에 따르면 건설업과 부동산서비스 부문의 투입산출표상 최종수요항목별 부가가치유발액 비중은 12.2%, 2020년 2분기 GDP 중 비중은 13.3%에 달하는 상황입니다. 다만, 주요 외국과 달리 최종 수요는 높으나 중간 수요는 낮은 상황입니다(변재익, 2016).

뉴노멀시대: 저성장·저물가·저금리

'저성장·저물가·저금리'는 세계 경제의 새로운 특징, 뉴노멀^{New Normal}입니다. 세계 경제의 유동성은 상대적으로 수익률이 높은 부동산으로 집중되고 있습니다. Katz는 이러한 현상을 "수익을 쫓아 영원히 탐색하는 방랑자 자본주의"(Katz 2001), Downs는 "부동산 부문으로 나이아가라 폭포수처럼 자본이 쏟아져 들어왔다"(Downs, 2007)고 설명하고 있습니다.

자산 기반 복지시스템의 모순

자가 소유와 풍부한 연금^{generous pensions} 사이에는 거대한 모순 관계가 존재합니다(Wind et al. 2020). 주택의 금융화, 자산기본복지시스템 보편화, 부동산수익률 상승은 'Petit-rentier'로 불리는 소규모 임대소득 생활자 계급을 확산시켰습니다(Goldstein & Tian, 2020). 반면에 청년세대는 주택 가격에 비해 소득 수준이 현저히 낮아서 노년세대의 주택에 임대료를 내며 거주하는 이른바 '세대 임대^{generation rent} 현상'이 발생합니다. 청년세대는 주택비용 상승을 쫓아가지 못하는 낮은 소득, 고용 불안을 겪고 있어 부동산에 대한 금융규제가 강화될 경우 주택구매능력이 약화되는 '세계적 주택 구매력 위기'^{global housing affordability crisis}를 겪고 있습니다. 결국 부동산 금융화가 심화됨에 따라 자산기반 복지 시스템이 청년세대 등 주거약자의 거주권을 위협하는 모순을 양산하고 있습니다.

세계적 주택 구매력 위기 원인

주택 구매력 위기가 발생한 첫 번째 원인은 복지국가의 후퇴와 함께 시장 중심의 주택시스템이 강화되었기 때문입니다. 민간영역이 주택시장을 주도하면서 공공지원 주택의 양적 축소와 질적 저하가 시작되었습니다. 이는 서민층이 부담할 수 있는 저렴한 주택의 축소로 이어져서 주거 접근성 악화 및 주거비 상승 등의 문제가 발생합니다. 1980년대 이후 부상한 신자유주의 정책 기조는 선진국의 전통적인 공공주택 정책을 후퇴시키면서 민간 건축업자 지원, 주거급여(미국), 공공주택 사유화(영국) 등으로 대체되었습니다. OECD 국가에서 2001년부터 2018년 사이 공공의 주택개발 투자는 GDP 0.17%에서 0.06%로 축소되었습니다.

둘째, 토지나 건축 등 기타 개발 비용의 상승이 주택공급을 축소시키고 있습니다. 건축 가능한 토지 부족, 지리적 제약과 토지 이용 규제 강화로 인해 주택공급의 탄력성도 낮아졌습니다. 토지 이용 규제 정도가 낮은 아일랜드, 노르웨이, 스웨덴의 경우 탄력성이 1을 넘어서지만 규제가 강력한 호주, 벨기에, 프랑스, 이탈리아, 네덜란드, 스위스는 탄력성 1미만으로 비탄력적입니다.

셋째, 인구 구조의 변동이 주택시장에 미치는 영향이 매우 큰 상황입니다. 특히, 가구를 형성하는 연령에 해당하는 인구 증가는 주택가격을 상승시키고, 가계의 주거비 부담을 증가시키고 있습니다.

넷째, 소득과 불평등의 확대도 주택 구매력을 저하시키고 있습니다. 임대료와 집값이 오르면서 자가 보유를 하는 중·고소득층은 더 부유해지고 있지만, 중·저소득층은 소득은 정체되고 있는 상황에서 임대료만 상승하고 있어, 실질 소득이 줄어 더 가난해졌습니다. 소득 불평등과 주택 구매력 사이의 부정적 관계는 유럽, 미국 등 주요 선진국에서 지속적으로 보고됩니다(미국: Dong 2018, 유럽: Dewilde, 2018).

다섯째, 금융규제 완화와 장기적인 초저금리에 따른 금융의 주택시장 진출은 주택 수요를 팽창시키고 주택가격을 상승시키는 근본 원인입니다.

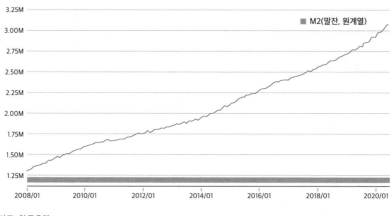

[그림 1] 2008.01 ~ 2020.06 M2 규모(말잔, 원계열)

■ M2(말잔, 원계열)

자료: 한국은행

주요 자본의 축적이 제조업 중심 생산부문에서 금융과 토지 부문으로 이동하면서 주택은 투자 또는 투기의 기회로 인식되고 있습니다. 특히, 주택은 양질의 담보물이어서 금융의 진출이 한층 더 용이해졌습니다.

한국적 상황

서울·수도권의 집중과 과밀 발전(최준석, 2019)

2020년 장래 인구추계에 따르면 수도권 인구가 전체의 50.1%이며, 50대 기업의 92%, 100대 기업의 73.6%가 수도권에 본사가 있습니다. 신용카드 사용액도 수도권이 81%이며, 제조업 부가가치 연평균 성장률 (2011~2016년) 분석 자료에 따르면 수도권 5.0%, 비수도권은 2.3%를 각각 기록하고 있어 수도권의 경제력 집중이 지속되고 있습니다. 한국의 상황은 지역불균등 문제를 공간 정의(spatial justice) 차원에서 접근해야 할 단계에 이르렀습니다. 유럽연합(EU)의 경우 공간 정의를 공간에서 분배의 사회정의

로 규정해 놓고, 지역격차 축소와 균형발전을 도모하기 위한 다양한 지역
연대를 추진하고 있습니다.

'매매시장'과 '전세시장' 패러독스paradox

전세를 단순히 변형된 임대료의 한 형태로 간주한다면 전세가와 매매
가 사이에는 시장금리를 매개로 장기적인 균형이 존재할 수 있으나 우리
의 경우 전세는 임대료의 한 유형이 아닌 부동산 자산 증식을 위한 레버
리지leverage 수단으로 진화한 상황입니다. 따라서 전세시장은 임차인을 매
개로 한 주택금융이라는 한국 부동산시장의 특수한 형태로 이해해야 합
니다.

현재 주택 유형과 지역에 따라 매매시장과 전세시장은 나타나는 양상
은 각각 다르지만 상당한 상관관계를 보이고 있습니다. 실제 시장에서는
매매시장이 전세시장을 선도하기도 하지만, 반대로 전세시장이 매매시장
을 선도하는 상황이 발생하기도 합니다. 전세시장 안정을 위해서는 다주
택자의 재고 주택이 유효한 정책 수단인데, 다주택자의 규제를 강화할 경
우 매매시장을 불안하게 만들 뿐만 아니라 전세시장도 불안하게 만들 수
있습니다. 또한, 전세보증금은 다주택자의 갭 투기 자금으로 활용될 수 있
기 때문에 다시 전세가격 상승의 원인이 됩니다.

주택도시보증공사HUG는 사실상 집값의 100%까지 전세보증금의 반환
을 보증하고 있고, 금융기관은 보증금의 90%까지 대출을 해주고 있지만
실질적인 차주인 임대사업자의 재정 상태나 주택가격 등을 고려하지 않
고 있습니다. 심지어 이를 형식적인 차주에 대한 신용대출로 간주해 DSR
을 적용하지도 않았습니다. 이로 인해 우리나라에서의 전세대출은 임차인

에 대한 과잉대출이자, 전세대출을 포함한 보증금만으로도 임대사업을 영위할 능력이 없거나 의사가 없는 소자본 또는 무자본 갭 투기를 조장할 수 있는 약탈적 대출로 전락할 위험이 매우 큽니다.

전세대출을 받은 임차인의 경우 은행에 대한 채무자인 동시에 임대인에 대한 채권자라는 특수한 지위에 놓이게 됩니다. 임차인은 임대인의 '신용 리스크'와 '집값 리스크'를 이중적으로 떠안는 매우 취약한 상태에 놓이게 됩니다. 예를 들어, 임대차 계약만기 시에 새로운 임차인을 구하지 못하는 등의 사유로 임대인이 보증금 반환을 미루거나, 집값이 하락해 깡통전세가 된 경우 임대인이 전략적 디폴트를 선언한 경우 임차인은 고스란히 그 피해를 입게 됩니다.

우리의 민간임대주택등록제도는 보유 기간 동안 전혀 현금 흐름이 발생하지 않는 전세 위주 임대사업자에게도 막대한 세제 혜택을 부여하면서 갭 투기 사업자를 양산하는 결과를 초래했습니다. 여기에 주택임대시장 관리 실패, 금융기관과 보증기관, 임대인의 도덕적 해이가 겹치면서 전세 사기가 심각한 사회문제로 대두된 상황입니다.

교육문제와 주택문제의 강한 연관성

우리나라는 자가 소유자이면서도, 정작 자기 집이 아닌 다른 곳에 살고 있는 거소 불일치 가구가 다른 주요 국가에 비해서 상대적으로 많은 편입니다. 미국 2.9%, 스페인 1.6%인데 반해 우리나라의 경우 5~7%가 이에 해당합니다(박종훈 외 2018). 사교육을 위해 교육 환경이 우수한 지역에 가격 수준과 무관하게 거주하려는 수요가 매우 많아 주택 임대가격과 매매가격의 왜곡이 매우 심각합니다.

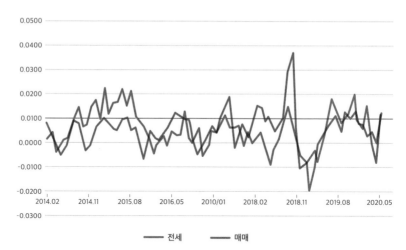

[그림 2] 서울시 아파트 실거래 매매가격과 전세가격 상승률(2012.2~2020.6)

자료: 통계청

문재인 정부 부동산 정책의 문제점

문재인 정부 '부동산 대책'의 문제점

문재인 정부는 주택시장 안정화를 위해 너무나 자주 대책을 발표했지만 실질적 성과를 거두지 못했습니다. 6.17(20), 7.10(20), 8.4(20)대책의 경우 발표 이후 잠시 진정되는 모습을 보였지만, 여전히 집값과 전세값의 상승 추세를 막아내지 못하였습니다. 이는 문재인 정부가 근본적으로 집값을 안정시키기 위한 적극적인 수단을 사용하지 않거나, 주저하면서 실기한 측면이 있기 때문입니다.

문재인 정부는 부동산과 건설 부분이 우리 경제에서 차지하는 비중이 높아지면서 경기 침체를 우려하여 부동산 부문의 침체를 가져올 집값 안정화 정책을 강력하기 추진하지 못했습니다. 세계적인 저성장과 저금리로 풍부해진 유동성이 부동산 부문으로 흘러가지 못하도록 보유세 강화 등 부동산 수익률을 저하시킬 강력한 수단을 처음부터 제시하지 않다가 집값 상승이 이어지고 정치적 비판에 직면하자 뒤늦게 고가주택과 다주택자에 대한 종합부동산세만 강화하는 정치적 세제 개편을 단행했습니다. 그러나 그 이후에도 집값이 지속적으로 상승하면서 세제 강화가 오히려 집값 상승의 원인이며, 고가주택과 다주택자에 대한 징벌적 조세라는 비판에 직면하자 전반적인 세제를 완화하는 조치를 취했습니다. 이는 시중의 돈이 서울과 수도권 부동산 투자에 집중되는 길을 열어주면서, 국토균형발전을 사실상 포기할 뿐만 아니라 서울 강남의 '똘똘한 한 채' 현상을 부추기는 결과를 초래했습니다.

　다주택자의 규제는 다주택자가 주택을 팔게 하는데 정책 의도가 있다고 표방하였지만, 다주택자 양도세 중과와 민간임대주택 등록제는 시중 주택의 매물 잠김 효과를 일으켰습니다.[21] 서민이 많이 거주하는 6억 원 이하 중·저가주택의 경우 다주택자를 신규로 양산하면서 주택가격 상승을 거꾸로 부추기는 부작용을 낳았습니다. 주택에 보유세가 부과되면 주택에서 발생하는 장래 편익이 감소하게 되므로 주택의 가치가 하락합니다. 하지만 반대로 보유세의 감면은 주택가격의 상승을 초래합니다. 고가주택과 다주택자 소유 주택에 대한 보유세 강화 정책을 추진하면서 1주택자를 실수요자로 보고 보유세를 강화하지 않거나 오히려 완화했는데, 이는 집값 안정보다 다주택자를 투기꾼으로 인식한 정책입니다. 한편으로

---

21)　2017년 민간임대주택 신규등록자 5.7만호, 2018년 38.2만호, 2019년 14.6만호로 2019년 말 누적 총 150.8만호를 기록했습니다.

시장주의자들의 공급 부족론에 적극적으로 대응하지 못하고, 공급이 충분하다거나 재건축 등 신규 공급이 가격을 부추길 수 있다는 우려만 제기하면서 신규 공급에 소극적인 정책을 펼쳤습니다.[22]

주택담보대출을 억제하면서 전세자금대출을 확대하면 전세 수요를 자극하고 갭 투기를 용이하게 만듭니다. 최근 인터넷 은행의 출범과 P2P 업체의 증가로 신용대출이 급격히 증가하면서 주택시장에서 매수자금으로 활용되고 있는 상황입니다.[23] 주택시장에서 매매가격과 전세가격은 서로 순환주기가 반대 방향으로 나타나는 특수성을 보입니다. 전세는 임차인에게는 주거비가 싼 주거 대안이지만, 임대인에게는 갭 투기 수단으로 활용될 수 있는 양면적인 성격을 가지고 있습니다. 그동안의 주택정책은 이러한 특수성과 양면성을 간과하여 집값도, 전세값도 잡지 못했습니다. 우리의 복지시스템이 소득에 기반하지 않고 자산, 특히 주택에 기반하고 있기 때문에 국민연금만으로 안정적인 노후생활을 보장하지 못하는 한계가 있습니다. 공적이전 소득 미흡으로 은퇴 이후 노인빈곤율이 급격하게 증가하고 있습니다. 이로 인해 은퇴가구까지도 자가 소유를 위해 올인하고 있습니다(여유진, 2019). 이러한 상황에서 지속적인 집값 상승과 계속되는 정부 정책에 대한 실망감으로 청년세대까지 전세를 끼고서라도 집을 사겠다고 나서게 만들었으며, 노동소득을 훨씬 넘어서는 부동산 불로소득의 실현을 목격하면서 단타 갭 투기[24]로 불로소득을 추구하는 것을 당연

---

22) 2000년대 평균 대비 2010년대 수도권 아파트 입주 물량은 17% 감소했으나, 서울의 경우 45% 감소했으며, 아파트 외 주택의 경우만 증가했습니다.

23) 2022년 말 추정 전세보증금 1058.3조 원을 포함한 총 가계부채는 2925.3조 원, 2021년 기준 GDP 대비 가계부채비율은 105.8%

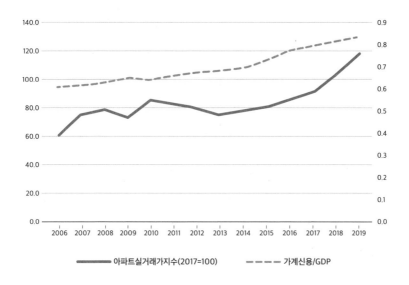

[그림 3] 아파트 가격(좌)과 가계신용/GDP(우)

아파트실거래가지수(2017=100)   ----- 가계신용/GDP

하게 여기는 세대를 탄생시켰습니다.

철학과 원칙의 부재

문재인 정부는 첫째, 주택시장의 구조 개혁보다는 핀셋 규제를 통한 가격안정에만 몰두했습니다. 또 1가구 1주택 프레임에 매몰되어 고가주택·다주택자만 보유세를 강화하는 방식으로 규제를 강화했습니다. LTV, DTI 공급자 중심의 대출 규제를 시행했지만, 갭 투기를 통한 사실상의 약탈적 대출은 방치했습니다.[25]

둘째, 주택체제housing regime에 대한 고려도 대단히 미흡했습니다. 시장

---

24) 최근 기업인수합병에서도 leveraged buyout(LBO) 방식으로 피인수기업이 재무적 곤경에 빠질 확률이 높아진다는 이론과 실증결과를 제시하고 있음(Ayash & Rastad, 2020)

주의, 조합주의, 국가주의, 가족주의 정책이 혼재(신진욱, 2011)하고 있는 상황에서 시장만능주의와 과도한 규제완화, 과도한 시장 의존이라는 미국형 주주자본주의를 앞세워 주택 문제를 야기했습니다(이정후, 2009).

셋째, 정책 의도와 달리 기재부와 국토부 등의 관료와 정치적 표 계산에 밀려 주택소유자가 다수인 주택 매매 시장에 미치는 영향이 매우 약한 정책 수단을 선택했습니다(Wallace, 2019).

시장에 대한 오판

전세의 위험과 매매시장의 관계를 고려하지 않은 다주택자 규제, 주택 임대소득에 대한 엄정한 과세 없는 민간임대주택 등록제 등 제도 간 모순적 성격에 대한 고려가 부족했습니다. 국토균형발전, 국민연금 개혁, 소득 개선 없이도 주택시장 관리가 가능하다는 판단 역시 안일했습니다. '전세대출과 보증금반환보증 확대에 따른 보증금의 주택 투자 레버리지화'라는 주택 금융화의 영향을 무시하고, 통화 정책의 정치적 중립성 명목으로 정부 개입을 방기한 것도 부동산 정책 실패의 주요한 원인입니다.

또, 핀셋규제로 인한 풍선효과가 유발되면서 정부 대책에 대한 정책 신뢰도를 저하시켰습니다(권순신·최성호, 2019; 이수욱, 2020; Rherrad et al., 2020). 불로소득 추구에 적극 나서게 된 청년세대의 실상과 현실 인식에 대한 오판, 부동산 투기를 부추기는 토건족과 보수 언론, 유튜버 등 스피커의 영향력을 과소평가한 것도 정책 실패의 중대한 원인으로 작동했습니다.

---

25) 미국 필라델피아 소비자보호법에서는 차주에게 대출금 상환 능력을 초과하는 대출도 약탈적 대출로 규정(https://www.consumerlawpa.com/what-is-predatory-lending/)

부동산 정책의 철학과 원칙

부동산 시장 질서 확립

현상에 대한 임기응변식 대응에서 탈피해 근본적인 구조 개혁을 통한 부동산 시장 질서를 확립해야 합니다. 무엇보다 부동산 개발과 소유, 처분의 각 단계별로 발생하는 불로 소득을 철저히 환수하고 이를 활용해야[26] 합니다.

① (개발단계) 토지개발에 따른 개발부담금, 토지 개발 인근 지역의 개발이익 환수(토지초과이득세), 지역균형발전을 위한 상생기금 활용

② (소유단계) 거래세는 낮게, 보유세는 높게(비례세 또는 누진세) 원칙 확립

③ (처분단계) 시세차익 규모에 따른 양도세 부과(비례세 또는 누진세) 필요

④ (제도개선) 부동산 가격 공시 제도 개선을 위한 3대 원칙(시장가치 기준, 토지 중심, 독립적 전문기관 운영 등) 확립

⑤ (소유형태 다양화) 부동산 소유의 민주화 위한 부동산에 투자하는 국민주 형식의 국민리츠 조성 검토 필요

보편적 주택정책

자가 보유와 임대의 이중 구조 중 임대 부분은 공공임대-민간임대의 단일 대중 모델을 지향하는 주택 체제를 구상해야 합니다.

---

26) 이재명 대선후보의 '국토보유세와 기본소득제'는 토지 중심의 보유세를 강화하고, 이를 기본소득 재원으로 활용하자는 제안

① (공공과 민간의 통합) 공공임대주택의 취약계층 대상의 잔여 모델 탈피 및 민간 임대주택과 통합

② (점유 중립성) 자가 선호 정책·전세 선호 정책 탈피, 점유의 중립성 추구

③ (공공성 강화) 토지 및 주택의 비축, 공급과 관리의 공공성 강화

④ (정책의 보편성) 핀셋 규제, 1가구 1주택 프레임 폐기 및 보편적 세제·금융·공급 정책으로 전환 검토

⑤ (포용적 주택 금융) DSR 기준 대출 규제, 생애 최초 주택 구입자 지원 등 포용적 주택 금융 시스템 구축

서민 주거안정을 위한 주거권 강화

서민 주거권을 강화하기 위해서는 다음의 대책을 추진해야 합니다.

① (택지공급 안정화) 택지공급 안정화로 민간주택과 공공임대주택 안정적 공급 필요

② (전세제도 다양화) 민간 전세의 공적 전세로 대체를 위한 공공과 사회적 경제주

[표 1] 국가별 주택체제의 유형

자가 보유 사회로 급진적 이행	자가-공공임대 동시 증대와 민간임대 축소
• 주택금융화로 자가 보유 급증 • 공공임대 부문 주변화 • 자가 보유 확대 한계로 민간임대 부문 급성장 • 예: 미국, 영국, 캐나다, 스페인 등	• 자가 보유 확대 • 동시에 민간임대 축소, 공공임대로 대체 • 예: 네덜란드, 스웨덴, 프랑스 등
사회적 시장경제의 자가-민간임대 이중구조	**자가 보유 중심의 자가-민간임대 이중구조**
• 자가보유와 민간임대 중심 • 민간임대는 비영리적 사회적 성격 • 예: 독일	• 자가 보유와 민간임대 중심 • 공공임대 잔여적 • 영리적 민간임대, 자가와 임대 간 불평등 확대 • 예: 일본, 한국

출처: 신진욱·이은지(2012), 일부 최근 경향을 반영해 필자 수정

체의 토지임대부주택, 전세권 설정 방식의 장기전세주택 등 확대

③ (민간주택시장 안정화) ▲'전월세 신고제 → 민간임대주택 등록제 또는 면허제', 정보의 투명화 및 비공식 주거 퇴출 ▲점유 안정성 강화 및 임대료 부담 완화 (주택임대차보호법 개정) ▲전세임대로만 구성된 포트폴리오 보유 금지 ▲전세보증금반환 보증 비율 상향 ▲전세대출 단계적 축소와 월세 전환 등 검토 필요

근본적 구조 개혁의 핵심:
부동산 불로소득 환수와 주택의 탈상품화

주택 정책 추진을 둘러싼 정치적 조건과 환경

우리나라 주택정책은 강한 국가개입과 높은 가족 역할이라는 동아시아의 발전주의적 특징을 보여왔습니다(이석희·김수현, 2014). 외환위기 이후에는 자산 형성 메커니즘이 부채를 중심으로 작동하면서 가계부채가 급격히 증가했고, 자산 기반 복지에 대한 의존성이 강화되었습니다. 차츰 우리 사회는 자가 소유자 사회로 전환되고 있는 실정입니다(김도균, 2018). 그럼에도 자가보유율은 겨우 60% 겨우 넘는 데 그치고 있으며, 임차가구가 전체 가구의 40% 수준에 달하고 있는 실정입니다.

주거취약계층에 대한 지원방안으로 공공임대주택의 공급과 주거급여 등 임대료 보조, 주택개량지원과 주택금융지원 그리고 민간임대주택등록제도와 주택임대차 보호제도 등이 있습니다. 하지만 주거취약계층의 주거 안정을 위한 공공임대주택의 경우 공공택지의 조성과 주택도시기금 지원 등에도 불구하고 전체 주택 재고의 8% 수준에 머물고 있어 공공임대주택 재고 확충이라는 과제는 여전히 추진해야할 중요한 과제입니다. 임차가구

약 880만 가구 중 공공임대주택이 110만 가구, 등록민간임대주택이 150만 가구를 차지할 뿐 610만 가구의 경우 임차인보호가 취약한 민간임대주택에 거주하고 있습니다.

주거급여는 수혜의 중복, 중첩 등의 문제가 있으며 집값 안정 시 전세의 월세화 등으로 서민의 주거비 부담 상승 우려가 여전히 존재합니다. 공공임대주택의 통합에 따른 소득연동형 임대료 도입에 따라 주거급여 등 주거복지 전달체계를 개혁할 필요가 있습니다.

주택정책 주체와 수단에 대한 반성과 성찰

시장주의 또는 규제주의에 기반한 포퓰리즘적 주택정책에서 탈피하여 지속가능한 주택정책의 철학과 원칙에 기초한 주택정책의 수립과 집행이 필요합니다. 이를 위한 정부 조직 개편을 검토해야 합니다. 또한 잔여적 주택복지정책에서 탈피하여 보편적 주거복지정책을 수립하고 보편적 주거복지전달체계의 구축을 추진해야 합니다.

현재 주택정책 관련 예산은 2021년 기준으로 주거급여 2조 1천억 원, 공공주택 16조 6천억 원, 구입·전세 융자 등 지원 10조 7천억 원으로 정부 예산(2021년 기준) 558조의 5.3%에 불과하며 이마저도 일반 회계 예산이 아닌 기금 재원을 활용하고 있어 주택정책의 영향력이 매우 미미합니다.[27]

---

27) 2020년 주택정책 예산은 임대주택지원 15.8조 원, 주택구입·전세자금지원 9.4조 원, 주거급여 1.6조 원, 기타 3.9조 원으로 총 30.7조 원에 달하나, 일반회계는 2조 원으로 나머지 28.6조 원은 기금 재원임(2020년 국토교통부 주택업무편람)

주택정책 컨트롤타워 구축 필요

주택정책의 철학과 원칙은 부동산 소비자를 보호하고, 건전한 시장질서의 확립을 통해 부동산에서 발생하는 불로소득의 사유화를 예방하고 이를 환수하는 것입니다.

① (컨트롤타워 및 거버넌스) 부동산 건설·매매·금융 포괄하는 정책 컨트롤타워 구축 및 시행 중인 부동산 정책의 영향을 관찰하기 위한 시장 감시와 감독 기능 모두 갖춘 새로운 거버넌스 구축 검토
② (주거복지청(가) 신설) 공공임대주택 및 공공성 강화한 대안적 주택 공급 확대, 주거안정 및 주거권 강화, 주거복지전달체계 개혁 위한 주거복지청(가) 신설 검토
③ 주택정책의 기초적인 정보 수집과 축적, 분석을 위한 인프라 구축, 주택 관련 분쟁 처리 및 예방 기구 설립 검토

[표 2] 주택정책 거버넌스 구축(안)

부동산 정책 철학/원칙	-		부동산위원회	
	기존 정책체계		주택도시부(주택도시정책위원회)	
	사업	담당 부서/기관		
정책총괄	주택정책	주택토지실 주택정책관	• 공급/수요 관리	국립지리정보원 LX
	토지정책	주택토지실 토지정책관	• 주거복지/공공주택	
	주거복지정책	주택토지실 주거복지정책관	• 민간임대정책	
	국토정보정책	주택토지실 국토정보정책관	• 국토/공간 정보	
	도시정책	국토도시실 도시정책관	• 도시재생, 개발	
	지역정책	국토도시실 국토정책관	• 국토균형발전	

구분	항목	담당기관	정책	제안기관
주거복지	공공주택	국토교통부, 지자체 LH, 지방공사	공공주택정책	주거복지청 LH (주택관리공단) 주거복지센터 **분쟁조정 위원회**
	주택개량 주거비보조 현물주거급여 비주택주거 지원 특수계층 대상	행정안전부, 보건복지부, 농림축산식품부 국토교통부, 지자체, LH 국토교통부 동사무소 보건복지부, 지자체 국토교통부, 보건복지부 국토교통부, 보건복지부	주거복지정책 • 체계화/일원화 • 수요자 중심 • 지자체, 민간과 협력 • 임대주택주거 실태조사	
	민간임대주택	국토교통부, 법무부	민간임대주택정책 • 신고제,등록제, 주임법	
조세	국세 지방세	기획재정부 행정안전부	주택조세정책 • 적정 조세체계 구축	
주택금융	모기지대출 기금 보증 청약제도 운영 주택연금	금융기관, HF HUG HUG, HF 금융기관, 한국부동산원 HF	주택금융정책 • 주택대출 건전성 감독 • 서민주택금융 강화 • 1차/2차 모기지 시장 형성	주택금융공사, HUG
시장정보/ 시장감독	시장행위 주거실태조사 공급 계획 시장 동향	부동산시장불법행위대응반(한 시조직), 한국부동산원 국토교통부, 국토연구원 국토교통부 한국부동산원. 국토연구원, 국 민은행 등 민간	부동산 시장 감독정책 • 시장행위 감시 • 시장정보 제공	**부동산감독원**
	부동산공시가	국토교통부, 한국부동산원	부동산가격공시정책 • 적정가격 공시	**부동산가격 공시청**

토지 중심의 보유세 강화[28)]

주택 가격상승의 원인은 거의 전적으로 사람들이 살고 일하기 원하는 곳의 토지가격 상승에 있습니다. 건축비용의 경우 물가인상률 정도만 상승할 뿐입니다.

정부의 세수는 대부분 시장의 힘을 왜곡하는 생산, 거래, 투자와 기업에 대한 과세에서 거두고 있고, 시장의 힘을 왜곡하지 않는 유일한 조세로 인식되고 있는 토지에 대한 과세는 회피되거나 매우 소극적으로 집행되고 있습니다. 경제적으로 비효율적인 조세는 수입 중립적[revenue-neutral]인 조세인 토지 과세를 대체하는 방안을 본격적으로 검토해야 합니다.

[표 3] 부동산세제의 유형

유형	의의	장점	단점	사례
나지 상정 토지 기준	• 건물 비과세 • 토지만 최유효이용 전제로 한 나지상정 가치기준 과세	• 토지의 물리적 속성 (영속성)으로 행정비용 낮음 • 조세전가 곤란, 누진 과세 용이 • 비도시 토지 적용 용이	• 도시지역 토지 평가 곤란 • 높은 세율 부과에 따른 정치적 부담 • 전체 가치 기준 취득세, 양도소득세와 불부합	호주, 뉴질랜드
건물 기준	• 토지 비과세 • 건물만 과세	• 정치적, 문화적 이유로 토지과세 불가능한 경우 • 활발한 토지개발에 적합	• 토지 평가에 비해 건물 평가는 더 복잡하고, 시간이 소요되며, 비용이 많이 소요됨	가나, 탄자니아(토지 국유)

---

28) 토지 단일세(토지세만 부과하고 다른 세금은 철폐)와 토지 건물 분리 과세 방안(토지세율 > 건물 세율)이 있으나, 정부 지출 규모 확대로 현대적 버전으로는 후자가 다수임.

토지 건물 분리 기준	• 토지와 건물 가치 독 립적으로 평가하고 분리 과세	• 과세대상 확대 • 전체적으로 낮은 명목 세율로 부과 가능	• 평가에 많은 비용 소요 • 토지와 건물에 대한 신뢰할 수 있고 방어 가능한 가치 결정이 필요	미국 일부, 남아공, 나미비아, 스와질랜드
토지 건물 일체 기준	• 토지와 건물 일체로 평가하고 전체가치 기준 과세	• 취득세, 양도소득세와 체계 부합 • 기반시설의 편익에 대응	• 자료에 평가 의존, 정확한 자료 구축이 곤란 • 제도 집행과 유지에 상당한 비용 소요	대부분 국가

출처: Franzsen & McMcluskey(2012)에서 정리

　　토지 중심 과세는 공정하고, 부과와 징수가 용이하며, 조세회피가 사실상 불가능합니다. 투자와 생산성, 경쟁을 증진하는 장점이 있습니다. 하지만 토지 중심의 보유세제로 개편하기 위해서는 토지 가치의 중립적이고 전문적인 독립적 감정평가가 선행되어야 합니다.

　　공시 대상 부동산의 시장가치를 평가한 다음, 과세 등 분야에서 공시 가격을 활용하는 경우는 공시 가격의 분포를 이용하여 조정할 수 있도록 해야 공시가격의 정치적 중립성이 확보됩니다. 또, 기존의 한국부동산원 내 부동산 가격 공시 업무를 독립해 부동산가격공시청을 설립하고 국가 공인자격자인 감정평가사를 채용해서 전문가를 활용한 평가체계를 구축 해야 공시가격 평가의 독립성과 전문성도 보장할 수 있습니다.

　　과도한 조세 부담이나 지역 건강보험료 증가를 완화하기 위해서 공정 시장가액 비율을 탄력적으로 적용하거나, 탄력세율을 적용하는 방안을 고려할 수 있습니다. 이때 세부담상한제와 소득 없는 고가주택 보유 노령 가구에 대해 상속 또는 매각 시까지 세금 납부를 유예하는 방안은 충분

[표 4] 부동산 공시가격 제도 개선 방향(토지와 건물의 분리 평가)

구분		토지	주택		비주거용 부동산	
			단독	공동	일반	집합
현행	건물		공시가격	공시가격	시가표준액	시가표준액
	토지	공시지가			공시지가	공시지가

↓

구분		토지	주택		비주거용 부동산	
			단독	공동	일반	집합
대안 1	건물		건물공시가격	공동주택 공시가격	건물공시가격	비주거용 공시가격
	토지	공시지가	공시지가		공시지가	
대안 2	건물	×	건물공시가격			
	토지	공시지가				

히 검토해야 합니다.

토지세를 부과하면 주택의 잠재 매수자는 장래에 토지세를 부담할 것을 고려하여 토지가격을 인하하려는 경향이 있으며, 이러한 경향은 토지세율이 높을수록 커지게 됩니다. 다만, 토지세를 부과하는 동시에 취득세, 건물재산세 등 다른 부동산세와 소득세와 법인세 등 다른 생산 활동에 부과하는 세금은 완화하는 종합적인 세제 개편이 필요합니다.

극심한 자산 불평등 해소를 위해서라도 단일 비례 세율보다는 개인별 보유재산가액에 비례하는 누진적 차등과세가 필요합니다. 단, 차등과세 구간은 직접 가액을 정하기보다는 중위가액의 배수로 정하여 구간 설정에 따른 정치적 부담을 해소하는 방안을 검토할 수 있습니다.

누진세제가 정착될 경우 주택가격은 점점 더 부담가능해질 것이며, 신규 주택 건설을 위해 토지를 취득하는 비용도 낮아질 것입니다(Yang, 2018). 또, 부동산세를 전환할 경우 주택 건설도 확대될 수 있습니다 (Murray & Hermans, 2019). Molloy(2014)는 영국의 경우 현행 821억 파운

[그림 4] 토지세, 세율과 매매가격의 관계

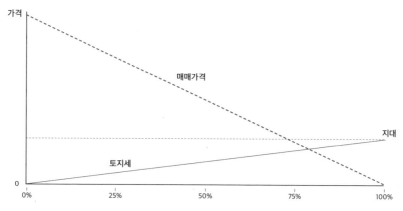

출처: Adams(2015), p.154

[표 5] Piketty(2020)의 누진세 실효세율 구조

(단위: %)

평균자산(소득)배수	누진소유세		누진소득세
	연간소유세	상속세	소득세
0.5	0.1	5	10
2	1	20	40
5	2	50	50
10	5	60	60
100	10	70	70
1000	60	80	80
10000	90	90	90

자료: Piketty(2021), 표 17.1, p.1038.
누진소유세: 청년 자본지원의 재원을 조달
누진소득세: 기본소득과 생태주의 사회국가의 재원을 조달(사회분담금과 탄소세 포함)

드의 조세수입을 자가 주택 토지 1%, 임대주택 토지와 상업용, 농업용 토
지 3% 토지세를 부과하면 834억 파운드로 대체할 수 있다고 주장한 바

[그림 5] 자본주의 사회와 토지불로소득 공유 사회

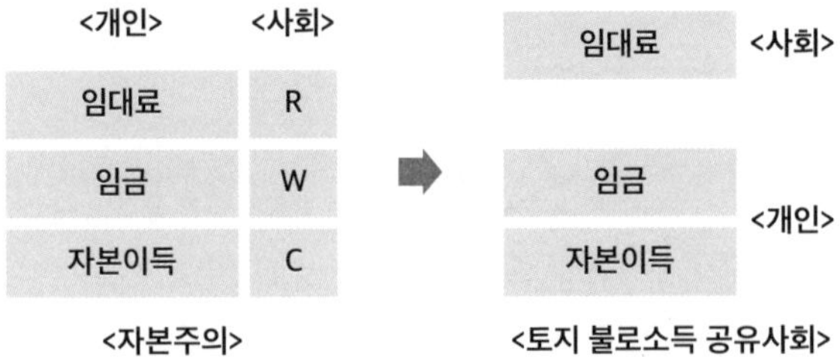

출처: Adams(2015), p.142

있습니다. 또, Max Ghenis et al.(2021)는 논문에서 영국이 1% 토지가치세를 부과하여 매수 £16를 배당할 경우 빈곤을 20% 감축시키고, 인구의 70%에게 수혜를 줄 수 있다고 조사한 바 있습니다. Zoltan Istvan(2017)의 연구에 따르면 미 연방정부 보유 토지($150 trillion)의 85%를 민간에 연 5% 임대하면 영구히 미국 국민 1인당 $2만/연($1,700/월)의 배당이 가능(현재 가구 중위소득 $52천)하다고 합니다.

　우리나라는 소득 격차, 자산 격차가 지역 격차를 통해 나타나고 있습니다(정준호, 2019 등). 따라서 소득불평등이 자산불평등의 원인이라고는 하나(정해식 외, 2020), 보편적 기본소득제는 소득 격차만 완화하는 데 그친다는 한계가 있습니다. 이미 심화된 자산불평등이 대물림되면서 경제 불평등의 고착화는 진행 중입니다. 따라서 보편적 기본소득제를 실시하는 경우에도 자산불평등과 지역불평등을 고려할 필요가 있습니다.

주택의 탈금융화, 탈상품화, 비시장화

금융시스템과 토지가치, 그리고 경제 전반 사이의 긍정적인 피드백 순환에서 벗어날 필요가 있습니다(Ryan-Collins, 2019). 부동산 담보 대출은 새로운 주요 자금 공급원이 된 상황입니다. 주택의 자산효과(주택가격과 가계소비 사이의 정의 상관관계)로 주택가격 변동성이 일반경제에 그대로 영향을 미치고 있습니다. 이로 인해 주택가격을 낮추는 어떠한 정책도 금융의 불안정이나 경기 후퇴를 초래할 수 있는 위험한 상황입니다. 따라서 이러한 연결고리를 끊어야 주택시장 안정화가 가능합니다.

① (부동산 담보 대출 억제) 전 금융권 대상 DSR 규제로 금융소비자 보호, 기업대출보다 주택담보대출 선호하는 행위 축소를 위해 자기자본 규제 개선 및 비금융산업과 장기적 관계 구축을 통한 위험회피전략 유인책으로 부동산 담보 축소

② (금융기관 구조 개혁) 미국, 영국과 같은 주주 금융 시스템shareholder banking system에서 독일, 스위스, 오스트리아 같은 이해관계자 금융 시스템stakeholder banking system으로 전환해야 함(Prieg & Greenham, 2012).

③ (공공임대주택 공급 확대) 보편적 방식부터 소셜믹스(주거취약계층부터 중산층까지 대상으로 하는 평생주택 개념), 복합개발(프로젝트 내 교차보조 추구)까지 유연하고, 다양한 방식으로 보급. 협동조합·사회적 경제주체·비영리조직 등 영리기업 외 다양한 주체의 주택시장 참여 유도 및 공공의 지원을 통한 주거비 부담 대폭 낮춘 주택 공급 확대

공공 주도 재건축, 재개발 활성화

재개발·재건축 사업은 일반분양분의 높은 분양가가 수익성을 좌우하기 때문에 도심지 주택 가격 상승과 젠트리피케이션 유발로 서민 주거 안정을 훼손하는 주요 원인입니다.[29] '도시정비'라는 공익적 목적이 있고, 사

업 추진 과정에서 주민의 '기본권 제한'이 발생함에 따라 순수한 민간의 사적 자치에 맡겨둘 수 없기 때문에 원칙적으로 공공이 시행주체가 되어 추진되어야 하는 사업입니다(이명훈 외, 2009).

재개발·재건축의 법적 성격을 살펴보더라도 헌법상 보장된 국민의 재산권 행사, 주민의 쾌적한 주거환경권, 국토의 효율적·균형적 이용, 인근 주민의 일조 및 조망권을 포함한 환경권 등에 커다란 영향을 끼치므로, 헌법적 차원에서도 공공성을 인정할 수 있습니다(나병진, 2010). 그러나 현재의 재개발·재건축은 시행주체가 조합인 경우가 대부분이며, 비용 조달 능력이 없어 건설업체가 향후 시공권을 확보 받고 그 대가로 자금을 지원하고 있어 공공이 가지고 있어야 할 주도권을 조합 및 민간업체가 소유함에 따라 공공성이 담보되지 못하고 있는 경우가 많습니다(이명훈 외, 2009). 재건축의 공공성은 주택법 차원에서 공공주택의 주택공급기능에 국한되며, 소극적 건축허가를 넘어 재건축을 규제할 경우에는 공익적 차원에서 주택공급의 조절을 위하여 하는 경우에만 목적의 정당성을 인정할 수 있습니다(임윤수·최완호, 2009).

재건축 사업은 해당 지역에 지하철 등 공공 편익시설을 집중적으로 집적시키고, 용적률 혜택을 부여하며, 일반 사유지를 공공이 수용하고 있기 때문에 그 사업 추진 과정에서 공익적 성격은 강화되어야 합니다(김용창, 2020). 특히, 증가된 용적률로부터 발생한 개발이익을 공공이 환수하는 것은 자연스러운 귀결입니다(임윤수·김웅, 2018). 재건축 결의에 만장일치가

---

29) 문재인 정부의 공공참여 재건축 방안도 조합원의 수익 극대화 전략을 추구하는 민간 주도 사업의 한계를 지님

아닌 다수결의 원칙을 적용할 수 있도록 허용하고, 재건축 불참자에 대해 매도청구권과 재건축 불참자에게 매수청구권을 인정한 것 역시 재건축사업의 공공성에서 비롯한 것입니다(Easthope, 2019). 실정법상 주택 재건축에서 공공이 어떠한 형태로 개입할 것인지는 입법정책의 문제이지만(조명래, 2006; 나병진, 2010; 임윤수·최완호, 2009) 소유자가 개인의 재산권 행사 측면, 주택공급 측면, 그리고 도시기능을 회복하고 주거환경을 개선한다는 점에서 공공성을 지니고 있습니다.

현재 기존 민간이 구성하는 조합 방식의 재건축사업은 법적 절차 이행 과정에서 과도한 시간과 비용이 발생할 뿐만 아니라, 조합원-시행사, 조합원 사이의 분쟁이 잦아 매우 비효율적입니다. 조합 집행부와 비대위, 지자체, 조합원, 시공사, 상가소유자, 세입자, 시민단체, 지역주민 등 이해관계자 사이에 갈등이 빈번하게 발생하는 것이 현실입니다(이상경 외, 2001). 이러한 갈등은 계획단계(기본계획수립, 정비구역지정), 시행단계(조합설립추진위, 조합설립인가, 사업시행인가, 관리처분인가), 완공단계(착공 및 분양, 사업의 완료)에서 재건축 전 과정에서 고르게 발생하고 있습니다(이슬기 외, 2009). 이도길 외(2010) 등의 연구에 따르면 서울시 주택재개발 평균 사업기간은 1970년대 17년 5개월, 1980년대 9년 4개월, 1990년대 7년 6개월, 2000년대 5년 11개월로 점차 단축되어 왔음에도 여전히 매우 긴 시간이 소요되고 있습니다.[30]

---

30) 서울시 재건축 사업장의 평균 사업기간(정비계획 수립 ~ 정비구역 지정까지 단계를 제외한 추진위 구성 ~ 청산 및 해산)은 9년 4개월로 나타나, 매우 장기간이 소요되며(이정복, 2005), 부동산114에 따르면 서울시 재건축, 재개발 사업장의 사업기간은 구역지역 이후 준공까지 평균 10.6년 소요됩니다(서울 파이낸스, 2012.9.4.).

따라서 시간과 비용이 많이 들고 분쟁과 비리 만연한 민간 주도의 조합방식이나 불로소득 극대화에 기초한 사업방식을 공공사업으로 전환을 유도하고, 사회계획과 생태계획을 포함하는 통합 계획적 요소를 고려하는 사업으로 개편할 필요가 있습니다(예: 독일). 공공이 주도하여(예: 홍콩), 원소유자의 주택과 토지를 일괄 매각 방식으로 매입하여 시간과 분쟁을 줄이며(예: 싱가포르), 해당 부동산과 인근지역을 함께 묶는 지역기반 도시재생사업으로 전환하는 방안을 검토할 필요가 있습니다. 이 경우 시간과 비용을 획기적으로 줄일 수 있고, 공공의 개발이익 환수와 활용이 가능합니다.

민간 전세시장 리스크 관리

전세보증금이 갭 투기의 레버리지로 활용될 경우 보증금 사고 위험이 매우 높기 때문에 이러한 위험을 축소하기 위해 전세 비중을 줄이고 월세 비중을 높일 수 있는 정책을 추진해야 합니다. 전세보다 월세를 우대하는 정책 전환을 위해서는 전세로 간주되는 임대료 보증금에 정기예금이자율을 적용하여 산출하도록 한다. 전세가 월세에 비해 우월한 현재의 임대소득세제를 개선하기 위해 전세 임대료를 지역의 월세 전환율을 적용하여 산출하는 방식으로 전환해서 월세를 우대하도록 개편해야 합니다. 또, 월세 소득공제를 확대하고 소득공제 혜택이 없는 자영업자 등에게는 이에 상응하는 소비쿠폰을 지급하는 식으로 공공 지원을 확대하여 월세 부담을 낮추어야 합니다.

전세값을 집값의 일정비율로 제한하여 집값의 하락에도 깡통전세가 되지 않도록 일정한 갭을 유지토록 하는 방안으로 전세가격상한제를 시행하거나(직접적 방법) 보증금반환보증비율을 70% 이내로 제한하는(간접적 방법) 방안이 필요합니다. 또, 전세대출은 임차인을 매개로 한 실질적 다주택자에 대한 대출에 해당하므로 전세대출을 점진적으로 축소하거나 폐지하는 대신 다주택자에 대한 직접 대출로 전환하는 방안을 검토해야 합니다. 이를 위해 금융기관 대출을 선순위, 임대보증금을 후순위로 하되 보증금반환보증을 의무화하는 등 '주택가격 - 선순위채권' 내에서 보증금 미반환 위험을 관리해야 합니다.

민간임대주택등록 의무화 제도의 실시를 통해 임대주택은 물론 임대사업자에 대한 관리 감독을 강화해서 임대주택의 품질을 유지하고, 임대사업자의 신용과 재정 상태를 관리하여 무분별한 갭 투기를 방지할 필요가 있습니다. 특히 일정 수(예: 4호) 이상의 주택을 전세로 임대하는 사업자는 해당 임대주택사업에서 재산세와 종부세, 지역건보료 등 주택보유비용과 운영비용을 감당할 수 있는 충분한 현금흐름이 발생할 수 있도록 전세와 월세 비중이 적정한지 여부를 상시적으로 점검해야 합니다.

전체적인 주택임대시장에서 세입자의 주거안정을 위해 주택임대차보호법의 전면적인 개편 역시 필요합니다. ▲무기 임대차계약기간 계약 ▲임대료인상률 상한제 ▲초기 임대료 규제를 위한 공정임대료 ▲임대주택 재고 축소 방지를 위한 신축 임대주택 공급 활성화 ▲재고 임대주택 철거 또는 용도 전환 제한[31] 등의 방안을 검토해야 합니다.

---

31) 미국의 TOPA(Tenant Opportunity to Purchase Act): 기존 임대주택 소유자가 해당 주택을 다른 사람에게 매각할 경우 반드시 사전에 해당 임대주택 거주자에게 고지하고, 해당 임차인들이 해당주택을 매수할 것을 결의하면 정부가 주택조합 결성과 자본조달을 지원(뉴욕시, 워싱턴 D.C., 샌프란시스코 등)

민간 전세의 공적 전세로 대체[32)]

중산층을 두텁게 하는 공공과 민간의 이중적 구조로 '월세-전세-자가'의 주거사다리를 강화하고, 개발이익을 사유화하는 공공분양주택 모델은 폐지해야 합니다. 또, 전세의 긍정적 측면은 살리고 부정적 측면은 제거하기 위한 방법으로 민간 전세를 공적 전세로 대체할 필요가 있습니다. 민간 전세의 공공성 보완을 위해서는 다음의 대안을 검토할 수 있습니다.

① 토지임대부 주택을 통해서 건축비 수준의 보증금과 토지임대료를 월세로 내는 공공 준전세제도 시행으로 주거비용 절감을 유도해야 합니다.

② 지분공유형 환매조건부 주택을 통해서 전세금 수준의 분양가격을 시세대로 매각하고 얻은 시세차익을 공공과 공유[33)]할 수 있습니다. 공공은 시세 차익만큼 다시 낮은 가격으로 재분양 또는 수분양자와 공공 간 환매 대신 전세권을 설정하고 이를 시장에 매각하여 시세차익을 공유할 수 있습니다. 시세는 시장 경매 방식으로 결정하여 환매가격 관련 분쟁을 해소합니다.

③ 현재 국토부 등이 검토하고 있는 지분적립형 주택은 지분 100%를 수분양자에게 넘기는 구조인데 이를 지분의 70%까지만 적립할 수 있게 하여 시세차익의 일부는 공공이 환수토록 하는 지분공유형 지분적립주택을 도입해야 합니다. 시세 대비 낮은 가격의 주택을 계속 보유 또는 전세로 공급하되 전세보증금을 지분적립형으로 하는 방식도 가능합니다.

---

32) 봉인식 외(2018)는 민간이 참여하여 공급하는 저렴한 임대주택과 공공임대주택을 포괄할 수 있는 새로운 명칭으로 '공익적 임대주택'을 제시

33) 환매가격은 시세 기준 감정평가 방식 대신 매수 희망자 간 입찰경쟁으로 결정하면 환매가격을 둘러싼 분쟁을 막을 수 있음

④ 싱가포르식 지분공유주택의 경우 국민연금 납입금 한도에서 조기 인출과 국민연금의 특별 대출 자금으로 시세보다 저렴하게 주택을 매입하고, 시세 차익을 수분양자가 국민연금 납입 면제 대신 대출 원리금을 상환하고 만기 후 주택연금 자동 가입이 되도록 공유하는 방식입니다.[34]

토지주택은행 설립 통한 공공의 민간주택 매입 확대

세금 체납이나 대출 상환 불능으로 공매나 경매 처분될 부동산(압류 부동산, 체납 부동산, 주택연금 해지 부동산, 전세보증금반환보증 구상권 청구 부동산[35], 빈집 등)의 경우 공공과 사회적 경제주체, 비영리조직의 우선매입권을 부여할 필요가 있습니다(Bratt, 2017). 미국 뉴욕시의 경우 압류 위험에 처한 가계는 해당 주택을 시 정부에게 매수청구권right to sell을 행사할 수 있고, 시 정부는 우선매수권right to first refusal을 통해 매입한 주택은 공공주택으로 활용하고 있습니다. 미국 샌프란시스코시의 Small Sites ProgramSSP의 경우 민간이 소유하고 있는 임대료 규제 주택(5~25세대)을 매입하여 '공동체토지신탁community land trust: CLT[36]'으로 전환하는 프로그램을 운영하고 있습니다. 이를 통해 위기 시에는 매입형 공적 주택을 확보해 원거주민(자가, 임차)의 주거안정을 도모하고[37] 평상시에는 NPL시장과 공경매시장에

---

34) 지분적립식 주택 분양 방식도 지분공유형으로 설계하여 해당 주택의 완전한 사유화 방지(예를 들어 주택가격의 70%만 분양하고 나머지 30%는 공공이 계속 보유)

35) 한겨레(2020.9.7.)에 따르면 HUG가 전세보증금반환보증 대위변제 금액은 2019년 2836억 원(1364가구)에서 2020년 8월까지 3015억 원(1516가구)으로 증가하고 있음(2017년 34억 원, 2018년 583억 원)

36) 지역공동체가 토지를 보유하고, 건물만 분양하되, 재판매조건을 부과하여 시세차익을 건물 소유주와 공동체가 공유하는 방식

37) 주담대 부실채권과 전세보증금반환채권을 매입하여 경매신청권과 우선매수권을 부여하여 공공주택 확보

투기 자금의 유입을 차단하고 있습니다.

깡통전세 피해 구제 방안

깡통전세, 역전세의 의미

깡통전세는 '집값-선순위채권'이 보증금보다 커서 보증금을 완전히 회수할 수 없는 상황을 의미합니다. 임대차계약 기간 동안 임대료는 고정되어 있기 때문에 임대차계약 기간 만료 시점에 집값이 하락할 때 이러한 문제가 발생합니다. 이 경우 주택소유자는 전략적 지급불능을 선택할 가능성이 높고, 임차인은 경매 등을 통해 보증금을 환수하고자 하나, 시간과 비용이 많이 들고 보증금을 다 회수하지 못할 상황에 놓이게 됩니다. 역전세는 기존 보증금보다 신규 보증금이 낮아져서 임대인이 새 임차인에게서 받은 보증금으로 기존 임차인에게 보증금 전체를 돌려주기 어려운 상황을 의미합니다. 집값과 전세값이 동시에 하락하면 역전세와 깡통전세가 동시에 발생하기도 합니다.

깡통전세의 집단적 구제 방안의 필요성

일반적으로 임차인은 개별적으로 임대인에 대하여 경매 등을 통해 보증금을 회수하게 됩니다. 그러나 보증금반환채권보다 조세 등 체납이나 금융기관의 선순위채권이 여러 부동산에 공동저당을 설정한 경우 등 개별 임차인이 개별적으로 구제 절차를 이행하기 어려운 경우가 발생합니다. 특히 임대인이 다수의 주택을 임대한 경우 임차인은 개별적 구제가 불가능한 상황에 처하게 됩니다. 결국 개별적 구제가 어려운 경우에는 정부나 공공기관이 나서서 집단적 권리 구제를 할 수 있도록 지원해야 합니다. 특히, 깡통전세 상태는 단기간에 회복하기 어렵고 장기간에 걸친 시장 상황의 회복을 기대할 수밖에 없습니다.

깡통전세의 개별적 구제 방안: 임차인의 우선매수권

임차인은 개별적으로 경매 과정에서 최고가격이 보증금보다 낮을 경우 해당 주택을 매수할 수 있는 우선매수권을 부여하여 임대인 또는 선순위채권자가 임차인의 보증금을 반환해주지 못할 경우 임차인이 해당 주택의 소유권을 갖도록 해야 합니다. 임대인은 임차인의 보증금과 선순위채권을 갚고 해당 주택의 소유권을 회복할 수 있으며, 임대인이 옵션을 행사하지 않을 경우 선순위채권자는 임차인의 보증금을 반환하고 해당 주택의 소유권을 가질 수 있도록 해야 합니다.

임대인과 선순위채권자가 모두 옵션을 행사하지 않을 경우 임차인은 해당 주택의 소유권을 갖고, 계속 거주하거나 해당 주택을 매각할 수 있도록 해야 합니다. 위 옵션 행사 기간은 일정한 기간, 예를 들어 6개월 안에 행사할 수 있도록 할 수 있습니다. 시간과 비용이 많이 드는 실제 경매 과정을 거치지 않고 임대인, 선순위채권자, 임차인 모두 경매를 신청할 수 있으며, 법원은 경매신청을 승인할 경우 기간을 정해 옵션을 행사하는 방안을 검토할 수 있습니다.

[표 6] 특별경매절차 - 임차인의 우선매수권

청구권자	계약 당시	계약 만료 시	
		집값 ≥ 80원	집값 ≤ 80원
임차인	80원	임차인은 보증금 80원을 반환받음	임차인은 주택 소유권을 가짐
임대인	20원	임대인은 80원을 임차인에게 지급하고, 주택 소유권을 가짐	임대인은 옵션을 행사하지 않고, 주택 소유권을 포기함

깡통전세의 집단적 구제 방안

개별적으로 임차인이 구제 절차를 받을 수 없는 경우에는 공공기관이 집단적 구제 절차를 수행하여, 보증금의 일부 반환 또는 계속 거주를 보장할 필요가 있습니다.

선순위채권의 매입과 경매권 실행 유예

선순위채권자의 경매 신청으로 임차인이 보증금을 거의 받지 못한 상태에서 강제퇴거를 당할 위기에 직면한 경우 채권매입기관은 선순위채권을 부실채권처리 과정을 통해 매입합니다. 그리고 일정한 기간 동안 경매권 실행을 유예함으로써 임차인의 거주안정을 도모하는 한편, 시장 상황이 회복될 경우 경매권을 실행하여 선순위채권 매입 자금을 회수할 수 있고, 경매를 통해 선순위채권 이상으로 매각한 경우 임차인에게 보증금의 일부를 돌려줄 수도 있게 됩니다.

[그림 6] 선순위채권 매입 후 경매권 실행 유예

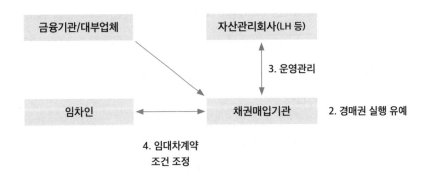

보증금반환채권의 매입

선순위채권이 있더라도 보증금의 상당액을 회수할 수 있는 경우에는 공정한 평가 또는 사후정산방식으로 보증금반환채권을 채권매입기관이 매입하고, 채권자인 임차인을 대신하여 집단적 경매, 공매 또는 파산 절차에 참여하여 보증금을 회수합니다. 이 때 선순위채권은 각 주택에 안분하여 개별 임차인의 회수 가능한 보증금 규모를 추산할 수 있도록 합니다.

[그림 7] 보증금반환채권 매입 후 채권추심

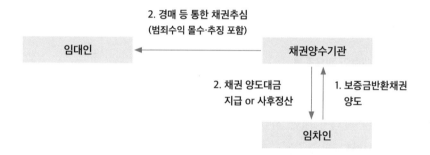

해당 주택의 공공매입

보증금의 상당액의 회수가 어려운 경우 강제퇴거를 피하고 해당 주택에 계속 거주할 수 있도록 하는 최소한의 대책이 필요합니다. 임차인의 우선매수권을 공공기관이 양도받아 경매 등 과정에 참여하여 우선매수권을 행사하여 해당 주택을 공공주택리츠에 편입하고, 임차인을 일정 기간 동안 계속 거주하게 하는 한편, 일정한 기간이 지난 다음 해당 주택을 임차인에게 우선 매수할 수 있도록 하거나 민간 또는 공공에 매각함으로써 투자한 자금을 회수합니다. 민간 또는 공공에 매각할 경우 해당 주택의 매입가격 이상으로 매각한다면 매각차익을 보증금 손실을 본 임차인에게 배분할 수도 있습니다.

[그림 8] 피해주택의 공공매입 - 우선매수권

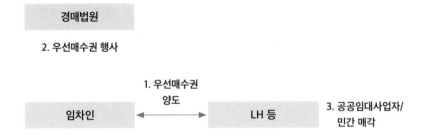

전세대출의 채무조정

전세대출이 있는 임차인의 보증금 피해가 심각한 경우 부실한 전세대출 심사와 관리에 대한 책임을 지도록 금융기관에게 임차인의 전세대출에 대한 채무조정(원금탕감, 금리인하, 만기연장 등)을 요구할 수 있는 권리를 부여하는 방안을 검토해야 합니다.

주거 안전망 제공

이미 강제퇴거로 주거불안정 상태에 있는 기존 임차인과 보증금 미회수와 전세대출 상환 곤란 등 생계가 어려운 경우 긴급 주거와 공공임대주택 제공, 긴급 생활지원과 금융지원 등 가능한 사회안전망을 제공할 필요가 있습니다.

덧붙이는 글: 해외의 공동주택 재건축 제도

독일

- 1987년 각 주의 개별적 계획제도를 연방건설법에 담아 통일하고 체계화함[38]
- 주택재개발지구로 지정하면 지구 내 토지 거래는 허가를 받아야 하며, 토지 취득 시 수용권이나 선매권을 행사함
- 토지는 지가상승분을 공제하고 취득하며, 기반시설 정비 후 민간에 양도하여 개발이익을 흡수하고, 양도 후 지가 상승하여 개발이익 사유화 문제가 발생할 경우 조정부과금 제도를 통해 개발사업 종료 후 개발이익을 징수
- 다만, 사업비용을 초과하는 잉여를 토지소유자에게 사후 배분하고, 재개발사업으로 불이익을 받는 자를 위한 사회계획을 시행하여 보조금을 체계적으로 배분
- 연방정부, 주정부, 자치단체가 1/3씩 도시건설보조금을 조성하여 재정적으로 도시정비사업을 지원
- 재개발기관은 자치단체가 일정한 요건을 충족하여 관련 행정기관의 확인을 거친 기관으로 자치단체가 재개발 관련 주요 업무를 재개발기관에 위탁함

---

38) 성중탁(2015)에서 발췌

싱가포르

- 소유자들이 부동산개발업자에게 집단으로 매각하는 방식(en bloc sale, collective sale)으로[39] 재건축사업을 진행하고 있으며, 최근 콘도미니엄의 재생에 관심이 큰 캐나다와 호주는 대체적으로 싱가포르와 유사한 형태로 추진함[40]

- 싱가포르의 일괄매각제도는 공동주택의 소유자가 집단적으로 그들의 전체 부동산 개발권을 매각하는 방식임

- 1994년 처음 일괄매각에 따른 사례가 발생하였으며, 이는 1993년 싱가포르 도시재개발청Singapore's Urban Redevelopment Authority: UR이 토지용도의 극대화를 위해 발표한 1993년 개발계획 가이드(Development Guide Plan 2013)에 따른 용적률 상향에 기인함(Sood, 2016; Chen et al, 2008).

- 싱가포르는 인구 및 가구의 증가로 추가적인 주택공급이 필요했으며, 정부의 임대주택 재건축에는 큰 문제가 없었으나, 민간이 소유하는 공동주택은 1993년 용도지역 재지정re-zoning exercise에 따라 토지의 개발 여력이 100% 상승함에 따라 일괄매각이 가능했는데 소유자 만장일치 동의 요구조건으로 일괄매각 추진 공동주택의

---

39) Christudason의 개념으로, 그는 En Bloc Sale을 빌딩블록이 하나의 단위처럼 매각되는 상황을 의미한다고 정의함

40) 호주의 New South Wales는 싱가포르와 유사하게 소유자의 75% 동의가 있으면 공동주택을 매각할 수 있도록 법률을 개정했으며(Webb & Webber, 2017; Zakiah & Khadijah, 2016), 캐나다의 일부 주인 New Brunswick, Nova Scotia와 Ontario는 1969년과 1989년 집단매각에서 80% 다수의 기준을 제정함(Christudason, 2011)

민주당 재집권전략 보고서

30% 미만이 성공하여 싱가포르의 주택공급 부족의 한 원인으로 제시되었음

- 1997년 일괄매각을 촉진하기 위해 공동주택토지권원법(Land Title Strata Act 1968)의 57(1)을 수정(Zakiah & Khadijah, 2016)하여 활성화 계기를 마련

- 싱가포르 정부의 일괄매각을 위한 공동주택토지권원법 개정 목적은 ▲토지가 희박한 싱가포르에서 보다 양질의 주택을 공급하기 위해 주요 토지의 최적 사용을 촉진하고 ▲오래된 부동산의 재생을 촉진하는 것임. 이에 따라 2005년에서 2009년까지 462개의 일괄매각 대상에서 217개의 재건축이 이루어졌으며, 이들 217개의 재건축을 통해 애초 11,994호의 주택이 재건축 후에 약 26,000호로 증가되었음(Sood, 2016).

- 싱가포르 일괄매각은 먼저 소유자가 매각위원회를 구성하고, 매각위원회에서 총회를 거쳐 10년 이상 된 주택은 소유자의 80% 동의와 10년 미만의 건물은 소유자의 90% 동의를 얻어 일괄매각협정을 체결하고, 공개입찰로 개발업자를 선정한 후 최종적으로 매각하는 과정으로 진행됨.

- 싱가포르의 일괄매각은 반대 의견이 매우 적었는데, 그 이유는 법원에서도 대부분 소수 소유자들의 불이익만을 검토하기 때문에 큰 문제가 발생하지 않았으며, 이로 인해 1999년에서 2004년까지 총 34건의 반대의견 청취가 있었으나 그중 94%는 모두 승인되었음(Christudason, 2004).

- 그러나 싱가포르의 일괄매각은 재건축에 따른 불로소득을 소유자

와 민간개발업자에게 귀속시켰으며, 불로소득의 수익은 토지와 기존 구조의 혼합가치보다 더 높은 가치를 가지는 재건축 권리를 양도함으로써 발생했음(Foo Sing et al., 2001).

○ 잠재적인 개발가치를 설정하는 것 대신에, 토지의 잠재적 재건축을 착취할 수 있는 능력을 가지는 개발업자와 함께 경제적 이익economic gains을 위해 토지에 결부된 개발권을 교환하는 것이 소유자들에게는 합리적인 결정이었으며, 그에 따라 일괄매각에서 발생하는 불로소득은 매우 수익성이 좋았음(Lum et al., 1999, 여기서는 Foo Sing et al., 2001에서 재인용).

○ 일례로 Cosy Mansion's 소유자들은 평균적으로 70만 달러의 불로소득을 실현시켰으며, Changi Heights 소유자들의 일괄매각은 80만 달러에서 130만 달러의 불로소득을 실현시킨 것으로 추정되며, Walshe Road의 5개 방가로의 7360만 달러 거래로 개별적으로 방가로를 매각하는 것보다 집단으로 매각하는 것으로 부동산 가치의 2배인 1470만 달러를 각 개인이 가져가게 되었음(Abdul Hadhi, 1994, 여기서는 Foo Sing et al., 2001에서 재인용).

− 일괄매각은 매각에 따른 불로소득을 기대하는 소유자들의 의견을 반영하므로 주택가격의 상승국면과 매우 밀접한 관계를 가지는데, 1997년 금융위기로 인해 집단매각은 거의 발생하지 않음.

− 따라서 싱가포르의 일괄매각제도는 재건축을 조기에 실행함으로써 주택공급이 필요한 지역에 주택을 비교적 빠르게 공급한 이점은 있으나, 재건축에 따른 불로소득이 소유자와 민간개발업자에게 귀속되는 문제점이 존재함.

"en-bloc sale은 토지 위 건물의 조각난 이익을 집단적으로 함께 모음으로써 개발에 보다 매력적인 형태를 형성하므로 소유자로 하여금 en-bloc부지의 병합가치$^{marriage\ value}$를 자본화하는 것을 가능하게 만들며, 그로 인해 높은 프리미엄을 향유[41]하고, 개발업자는 핵심적인 주거지역에서 토지소유권을 획득함으로써 보다 높은 개발 잠재력을 전유할 수 있는 윈윈전략이 존재함(Christudason, 2004)."

홍콩

- 홍콩은 재개발과 재건축의 수익성 있는 부지의 부족, 대규모 토지의 결합과정, 불충분한 주택재건축 자원, 도시재생에서 이주민의 재정주 등의 문제점 해결 등을 위해 도시재생청$^{Urban\ Renewal\ Authority,\ URA}$을 설립하여 추진함(Law, 2009; Zakiah & Khadijah, 2016).

- 도시재생청은 4R(Redevelopment, Rehabilitation, Restoring building, Revitalize)이라는 전략을 설정하고 재개발을 포함하여 재건축의 진행속도를 높이기 위한 선제적인 대응을 위해 설립되었음

- 도시재생청은 도시쇠퇴문제를 해결하기 위해 재건축을 위한 토지복원$^{land\ resumption}$과 강제 매각$^{compulsory\ sale}$이라는 두 가지 방법을 사용하며, 재건축을 위한 강제매각은 법령 545호(Cap. 545)인 토지법(재개발 조례를 위한 강재매각: Land Compulsory Sale for Redevelopment Ordinance)을 1998년 제정하면서 신설하였는데, 적

---

41) Christudason(2004)의 연구에 따르면 소유자가 집단매각으로 얻을 수 있는 이익은 각 주택을 개별적으로 매각할 때 얻을 수 있는 이익의 30~50% 이상으로 나타남.

어도 80%상의 미배당 지분^{undivided share}을 소유한 소유자가 토지위
원회^{land tribunal}에게 전체 미배당지분을 매각하는 것임

- 1980년대 대규모 사적 개발로 입지가 양호한 대규모의 공동주택
  의 재건축 필요성이 대두되었으나, 소유자들의 동의와 부재지주의
  증가, 등재되지 않은 상속자 등으로 재건축이 어려워져, 소유자와
  임차인에게 합리적인 제안을 제시하고, 12개월 후 강제매각이 가
  능함(Webb & Webber, 2017)

- 강제매각의 경우 원거주자의 권리는 협상력을 잃으며, 도시개발청
  은 정부와 재건축을 위한 토지프리미엄 포기각서^{land premium waivers for}
  ^{redevelopment}를 통해 자금을 조달함(Ye et al., 2015)

- 홍콩의 재건축의 특징은 민관협력으로 이루어지고 있으며, 재건축
  을 위해 비축한 토지를 민간개발업자에게 매각이 가능하며, 도시
  재생청과 개발업자의 파트너십이 형성되어 재건축에서 도시재생청
  이 지분투자자로서 활약함(Ye et al., 2015, Law et al., 2003)

- 홍콩의 재건축은 대부분 공공이익 명목으로 추진되지만, 원래 주
  민인 저소득층의 주거지보다 고소득층을 대상으로 하는 고층건물
  에 대한 선호가 뚜렷했으며, 주택가격의 급상승으로 일반 소득자
  는 접근하기 어려운 수준에 이르러, 이들은 공공임대주택과 뉴타
  운지역으로 내몰리게 됨

- 홍콩의 재건축은 소유자들의 동의에 따라 도시재생청에 해당 주택
  을 매각하고 해당 주택의 철거 후 토지를 민간에게 매각하는 방식
  으로 진행되고 있으며, 이 과정에서 공급되는 주택가격의 상승으
  로 원래 주민의 재정주가 어려운 상황임

참고문헌

권순신, & 최성호. (2019). 주택가격 순환주기의 지역 간 관계 분석. 부동산분석, 5(2), 1~15.

김도균. (2018). 한국 복지자본주의의 역사. Seoul National University Press.

나병진. (2010). 집합건물재건축의 공공성에 관한 연구. 집합건물법학, 5, 1~34.

박종훈, 박종찬, & 이성우. (2018). 소유주택과 점유주택의 불일치 현상에 관한 실증연구: 교육요인을 중심으로. 한국주거학회논문집, 29(1), 19~31.

봉인식, 이용환, & 최혜진. (2018). 공익적 임대주택 공급 확대를 위한 민간의 역할에 관한 연구. 정책연구, 1~128.

빈재익. (2016). 한국과 EU 회원국의 건설업의 산업연관분석 비교. EU 학 연구, 21(2), 53~81.

성중탁. (2015). 현행 도시정비사업 법제의 몇 가지 개선 방안. 토지공법연구, 71, 131~154.

신진욱. (2011). 국제비교 관점에서 본 한국 주거자본주의 체제의 특성. 동향과 전망, 113~156.

신진욱, & 이은지. (2012). 금융화 시대의 주택체제 변동의 네 가지 경로: 국제 비교 관점에서 본 한국 주택불평등 구조의 특성. 경제와사회, 218~253.

여유진. (2019). 한국의 노인빈곤과 노후소득보장. 보건· 복지 Issue & Focus, 364, 1~8.

이도길, 김창석, & 남진. (2010). 재개발사업기간에 영향을 미치는 요인에 관한 연구. 도시행정학보, 23(3), 237~252.

이명훈, 변창흠, 정철모, 유삼술, & 조필규. (2009). 도시정비사업에서 공공의 역할과 책임 강화. 도시정보, (325), 3~14.

이상경, 신우진, & 정창무. (2001). 내용분석을 이용한 재건축 사업 관련 주체들간 갈등에 관한 연구. 국토계획, 36(6), 99~111.

이석희, &김수현. (2014). 한국 주택체제의 성격과 변화. 한국공간환경학회 학술대회 논문집, 1~24.

이수욱. (2020). 주택시장에 수요자를 위한 꽃길을 깔자. 국토, 26~29.

이슬기, 권해림, & 유정호. (2009). 도시재생사업에서의 갈등사례 유형 분석. 한국건설관리학회논문집,

10(6), 78~87.

이우진. (2020). 전세제도의 역설. [경제직필] 07.30.

이정복. (2005). 건설사업관리를 통한 주택 재건축사업 효율성 제고 방안. 대한건축학회 논문집-
구조계, 21(9), 153~160.

이정우. (2009). 한국의 경제위기, 민주주의와 시장만능주의. 역사비평, 18~49.

임윤수, & 김웅. (2018). 재건축시장에서 증가된 용적률의 법적성질에 대한 연구. 법학연구, 18(3),
395~417.

임윤수, & 최완호. (2009). 공동주택 재건축에 있어서 개발이익환수의 범위-주택재건축사업의
공공성과 개발이익의 법리를 중심으로. 부동산연구, 19(2), 133~150.

정준호. (2019). 수도권과 비수도권 간 자산 격차의 요인분해. 한국경제지리학회지, 22(2), 196~213.

정해식, 김태완, 김현경, 정은희, 오욱찬, 이원진, ... & 우선희. (2020). 소득불평등 심화의 원인과
정책적 대응 효과 연구 3: 자산불평등을 중심으로.

조명래. (2006). 상생의 재건축: 시장주의 대 규제주의의 대립을 넘어. 주거환경, 4(1), 171~201.

최준석. (2019). 문재인 정부의 국가균형발전 정책. 월간 공공정책, 165, 11~14.

황종률. (2020). 최근 우리나라 민간신용 증가 추이와 시사점. NABO FOCUS 제22호, 국회예산정책처.

Adams, M. (2015). Land: A new Paradigm for a thriving World. North Atlantic Books.

Ayash, B., & Rastad, M. (2020). Leveraged buyouts and financial distress. Finance Research
Letters, 101452.

Bratt, R. G. (2017). Post-foreclosure conveyance of occupied homes and preferential sales
to nonprofits: Rationales, policies, and underlying conflicts. Housing Policy Debate,
27(1), 28~59.

Christudason, A., 2004, Private sector housing redevelopment in Singapore: A review
of the effectiveness of radical strata title legislation, Paper to be presented at the
ENHR Conference July 2nd - 6th 2004, Cambridge, UK

Dewilde, C. (2018). Explaining the declined affordability of housing for low-income private
renters across Western Europe. Urban Studies, 55(12), 2618-2639.

Dong, H. (2018). The impact of income inequality on rental affordability: An empirical study
in large American metropolitan areas. Urban Studies, 55(10), 2106-2122.

Downs, A. (2007). Niagara of capital: How global capital has transformed housing and real
estate markets. Urban Land Inst.

Easthope, H. (2019). Redevelopment. In The Politics and Practices of Apartment Living.

Edward Elgar Publishing.

Fikse, E., & Aalbers, M. B. (2021). The really big contradiction: Homeownership discourses in times of financialization. Housing Studies, 36(10), 1600-1617.

Foo Sing, T., & Wan Jenny Lim, C. (2004). Value of collective effort: Redevelopment timing options of enbloc sale sites in Singapore. Pacific Rim Property Research Journal, 10(2), 193~214.

Franzsen, R., & McCluskey, W. J. (2012). Value-based approaches to property taxation. A primer on property tax: Administration and policy, 41~68.

Ghenis, M., Woodruff, N., Singh, D., & Bauman, C. (2021). BLANK SLATE UBI: A CONSTRUCTIVE CHALLENGE FOR THE UK BASIC INCOME DEBATE.

Goldstein, A., & Tian, Z. (2020). Financialization and Income Generation in the 21st Century: Rise of the Petit Rentier Class? (No. 801). LIS Cross-National Data Center in Luxembourg.

Katz, C. (2001). Vagabond capitalism and the necessity of social reproduction. Antipode, 33(4), 709~728.

Law, W. S. (2009). Collaborative colonial power: The making of the Hong Kong Chinese (Vol. 1). Hong Kong University Press.

Lee, Y., Kemp, P. A., & Reina, V. J. (2022). Drivers of housing (un) affordability in the advanced economies: A review and new evidence. Housing Studies, 37(10), 1739-1752.

Murray, C., &Hermans, J. B. (2019). Land value is a progressive and efficient property tax base: Evidence from Victoria.

Piketty, T. (2021). Capital and ideology. In Capital and Ideology. Harvard University Press.

Prieg, L., & Greenham, T. (2012). Stakeholder banks: Benefits of banking diversity. London: NEF.

Propheter, G. (2019). CAPITALIZATION OF PROPERTY TAX RELIEF: SOME EQUITY IMPLICATIONS AND RELEVANCE TO POLICY DESIGN. Public Finance & Management, 19(2).

Rherrad, I., Bago, J. L., & Mokengoy, M. (2020). Real estate bubbles and contagion: new empirical evidence from Canada. New Zealand Economic Papers, 1~14.

Ryan-Collins, J. (2019). Breaking the housing-finance cycle: Macroeconomic policy reforms for more affordable homes. Environment and Planning A: Economy and Space, 0308518X19862811.

Sood, T. K. URBAN REGENERATION AND COLLECTIVE SALES-THE SINGAPORE EXPERIENCE. For Publisher, 77.

Yang, Z. (2018). Differential effects of land value taxation. Journal of Housing Economics, 39, 33~39.

Ye, M., Vojnovic, I., & Chen, G. (2015). The landscape of gentrification: exploring the diversity of "upgrading" processes in Hong Kong, 1986-2006. Urban Geography, 36(4), 471~503.

Yiu, C. Y. (2021). Why House prices increase in the COVID-19 recession: a five-country empirical study on the real interest rate hypothesis. Urban Science, 5(4), 77.

Yiu, C. Y. (2023). Are central banks' monetary policies the future of housing affordability solutions. Urban Science, 7(1), 18.

Wallace, C. G. (2019). Tax Policy and Our Democracy. Mich. L. Rev., 118, 1233.

Webb & Webber, 2017, The implication of condominium neighborhoods for long-term urban revitalization, 『Cities』, 61, pp.48~57.

Wind, B., Dewilde, C., & Doling, J. (2020). Secondary property ownership in Europe: Contributing to asset-based welfare strategies and the 'really big trade-off'. International Journal of Housing Policy, 20(1), 25~52.

Zakiah S. & Khadijah, H., 2016, The En Bloc Sale mechanism as a method of strata scheme termination and urban renewal : a review, 『WIT Transaction on Ecology and The Environment』, Vol. 210, pp.381~392.

Zoltan, Istvan (2017). Leasing out federal land could provide free money for all Americans. Insider, Jul 11.

4장
노동존중의 길

모든 일하는 시민의 삶을 위한 노동정책 의제 찾기

들어가는 글

　윤석열 정부 출범 이후 '노동개혁'이 국정과제의 핵심이 됐습니다. 대통령은 3대 개혁 중 하나로 노동개혁을 강조하고 있습니다. 2022년 5월 윤석열 대통령은 취임식에서 '자유'를 35회 언급했으나 '노동'을 단 한 차례도 언급하지 않았습니다. 20년 만에 처음입니다. 그런데 취임 100일 기자회견에서는 "관행으로 산업현장 불법행위 근절을 위해 노사를 불문, 불법은 용인하지 않겠다."고 선언했습니다. 대통령은 지난해 말 "공직부패, 기업부패, 노조부패를 우리 사회가 척결해야 할 3대 부패"로까지 언급한 바 있습니다. 노동조합 '낙인화'를 넘어 '혐오화'이고, 국정운영의 정치 전략으로 활용하려는 의도가 느껴집니다.[42]

윤석열 정부의 자본 편향적 노동개혁 본질

노동개혁이라는 그럴싸한 표현을 했지만 사실은 기업과 조직의 노동 유연화 즉, 구조조정이나 인력 감축 등 비용 절감을 의미합니다. 오로지 비용편익의 관점뿐입니다. 법과 원칙, 노사관계 혹은 노동시장 선진화, 유연화, 공공기관 효율화 등 한 형태로 자유시장 경제와 규제 완화와 혁신을 밝히고 있습니다. 노동시장 유연화는 해고 완화, 계약직 및 파견직 범위 확대, 성과중심 연봉제 도입을 법제도에서 규제 완화를 추진한다는 것입니다. 더불어 '주 최대 69시간 노동'이 가능하도록 발표(2023.3.)한 것이나, '최저임금 업종별 차등 적용' 논의(2023.5.)는 일하는 사람들의 허리를 옥죄는 정책들입니다.

이미 한국은 OECD 회원국 중 가장 장시간 노동, 성별임금 격차, 중대재해 등 주요 노동지표가 하위 국가로 알려진 지 오래입니다. 한국의 기업규모별 임금 격차(1999년 71.7% → 2019년 59.4%)나 산업재해가 다소 감소했으나 이 모두 비정규직 정규직화나 산안법 개정, 최저임금 인상 등을 통해 좁혀진 것을 인식해야 합니다. 그럼에도 중대재해처벌법은 시행 1년도 안 되어 자율예방에 초점(중재대해 로드맵 가이드라인, 2022.11.30.)을 두고 있습니다.[43] 이 모두 자본과 기업들이 대선 과정에서 요구한 민원(?)들입니다.

---

42) 윤석열 대통령은 청년들과의 대화(2022.12.20.)에서 "3대 개혁 중 가장 먼저 추진해야 할 노동개혁 4대 원칙"을 꺼낸 바 있는데, (1)노동제도 관련 '유연성', (2)노사 협상 관련 '공정성', (3)노동자들의 '안전', (4)노사 법치주의 관련 '법적 안정성'이다. 특히 윤석열 대통령의 '공직, 기업, 노조의 3대 부패' 발언(2022.12.21.)은 1981년부터 1983년 미국(레이건)과 영국(대처) 신자유주의 시기 발언과 맥을 같이 한다. 그러나 이와 반대로 노벨경제학상을 받은 조지프 스티글리츠는 "가난한 사람은 더 가난하고, 중산층의 소득은 정체 감소하여, 부유층과의 간극이 더 벌어지는 불평등과 격차를 우려"한 바 있다.

문제는 이로 인한 사회적 불평등의 대가는 고려하지 않고 있다는 점입니다. '노동개혁'은 일반적으로 노동력 교환, 거래의 제도와 관행 바꾸기 혹은 뜯어고친다는 것 즉, 노동력 교환의 비대칭과 각축asymmetry & contest 으로 자본규제, 탈상품의 게임규칙 등 노동약자 보호를 위한 노동권과 근로기준의 제도화(이병훈, 2023: 100)를 의미합니다. 그러나 윤석열 정부의 노동개혁은 시장경제의 주체인 자본과 기업의 개혁은 빠져있습니다. 특히, 윤석열 정부와 문재인 정부의 철학과 국정과제 방향을 단순 비교하더라도 ▲노동존중 → 노동개혁, ▲노동기본권 제고 → 노동유연화, ▲사회적 대화 → 법과 원칙으로 바뀌었습니다.

보수정부에서 국가기구를 통한 '이데올로기적 물리적 통제 양식'이 아닌, '언론을 통한 이데올로기적 통제 양식(헤게모니)'들이 준비된 시나리오처럼 진행되고 있습니다. 이명박 정부처럼 적극적인 갈등조정과 사회통합 노력은 없고, 오히려 노동 억압과 권위주의적 정책 개입이 지배적일 것으로 예상됩니다. 그러나 다른 한편으로는 양대노총과 미가맹조직과의 분리와 개입을 통해 노사관계 안정화를 도모할 것이고, 노사관계를 규율하는 법적 제도화는 24년 총선 이후 진척을 시킬 것입니다.

윤석열 정부의 노동정책은 크게 3가지 문제점을 지적할 수 있습니다. 첫째, 윤석열 정부 시기 노동자의 삶을 파괴하는 파편적 노동정책입니다.

---

43) 중대재해처벌법 시행 1년 동안 고용노동부의 2022년 재해조사 대상 발생현황결과 발표(2022.11.19)를 보면 지난 1년(2022) 동안 644명(611건)의 중대재해(2021년 683명, 665건)가 있었고, 법률 적용 대상인 50인 이상 사업장에서는 256명(230건)으로 2021년(264명, 224건)에 비해 큰 개선이 없다. 중대재해 관련 사건처리 229건의 처리율은 22.7%에 그쳤는데, 내사 종결(18건)을 제외한 221건 중 송치 및 기소 45건(34건, 기소 11건)에 불과하고 재판 결과는 단 1건도 없다.

건강과 과로사 문제로 1주일 연장근무 한도 규정의 조정과 폐지가 국정
과제에 제시되었습니다. 특히, 일터의 공동체와 존엄성이 상실된 임금정책
추진을 밝히고 있습니다. 둘째, 뿌리 깊은 자본 중심의 부끄러운 노사관계
정책을 표방하고 있습니다. 국정과제로 상생과 노사 자율의 갈등 예방 그
리고 법과 원칙을 지키는 공정한 노사관계를 정착 추진하겠다고 합니다.
셋째, 공공부문과 금융시장 등의 규제 혁신과 효율성은 노동과 고용의 유
연화와 맥을 같이하는 내용들이 포함되어 있고, 사회정책 및 보건복지의
료분야의 공공성의 빈약성과 격차 해소는 찾아보기 어렵습니다.

이 글은 윤석열 정부 노동개혁의 문제점을 지적하고, 향후 을지로위원
회가 주요하게 추진해야 할 노동정책 방향과 의제, 과제를 모색하고자 합
니다.[44] 특히, 이 글의 마지막에 제시하고 있는 과제는 단기 및 중장기적
과제 목록과 함께 입법·정책·전략·운동·교섭 등 다양한 사회적 논의 과
정에서 검토할 수 있는 의제들입니다.

보수정부 집권과 정치적 환경 변화

---

[44] 이주희(2023: 21)는 한국노동운동이 분파적 특수이익집단 대신 평등한 민주적 통치를 가능케하는
주도적인 사회세력으로서 조직의 질적 특성(의사 결정 중앙집중도/정치적 영향력, 다양한 노동인구
의 조직 포괄성, 노동운동 기대의 역할과 책임범위, 국가와의 관계, 다른 사회운동조직과의 상호작
용), 이병훈(2023: 110)은 역주행 노동개혁을 바로잡기 위한 사회적 공감과 연대 구축, 정치세력화,
이승윤(2023: 141)은 지역기반 노동계급의 단결력, 지역의 기술·숙련형성 계획의 지역 내 노사정의
방향 설정, 이창근(2023: 122)은 불평등 해소 위한 연대임금 정책의 중층적 강화, 평준화 정책(초기
업교섭, 단협효력확장), 동일가치노동 동일임금 원칙 구현, 당사자 집단적 결사 및 협상·교섭 보장 등
을 제시하고 있다. 세부 내용은 한국산업노동학회·한겨레신문 공동 주최 토론회 『노동개혁, 어디로
가야 하나?』(2023.2.16.) 자료집을 참조하면 된다.

윤석열 정부의 노동개혁 주요 특징과 문제점

윤석열 정부의 노동개혁과 정책 방향은 대기업·공공기관·유노조 사업장과 양대노총에는 호봉제·연공급·귀족노조·노조부패 등을 앞세운 '채찍'을, 미조직/취약 계층이나 청년 등에게는 공정한 노동시장을 앞세운 시혜를 '당근'으로 하여 자유시장의 구축을 표방할 것으로 보입니다. 사회정책(윤홍식, 2022)에서도 선별주의·잔여주의로 회귀할 개연성이 높다고 지적하고 있습니다.

1997년 이후 보수정부의 노동정책은 그 목표가 노동시장 유연화를 통해 경쟁력을 강화하고, 협력 혹은 상생의 노사관계를 확립하는 것이라는 점에서 일관성을 갖고 있습니다. 그러나 윤석열 정부의 독단과 퇴행은 이전보다 변형된 경제, 경쟁, 공정 등 '국가 포퓰리즘적 이데올로기'를 활용한 것입니다. 이미 노동시장 이중구조 문제의 책임을 대기업·공공부문 노조의 전투성에 기인한다고 낙인을 넘어 혐오에 이르는 감정을 조장하고, 화물연대 파업에 맞선 업무개시 명령이나 건설노조를 무자비하게 탄압하는 등 1980년대 영국 마거릿 대처나 미국 로널드 레이건 정부에서 나타난 '국가 권위주의적 포퓰리즘'의 변형된 모습을 보여주고 있습니다.

노동시장 유연화를 보완하기 위한 사회적 보호 의제를 찾아볼 수 없고 중대재해나 감정노동, 디지털 트라우마 등 정신건강과 같은 산업·노동안전 정책도 후퇴하고 있습니다. 단체협약의 노동부 시정명령 권고나 노동위원회의 시정명령 의결부터 조합비 활용 항목, 공공부문에서는 경영평가·조직예산 운영 지침·고시 등을 여론 및 행정력과 함께 동원하는 세련된 방식의 통제가 강화될 것입니다. 파견법 완화 및 노동조합 단체 행동 제약 등의 법률 개정 등은 국회 입법 절차보다는 경제사회노동위원회에서 보수적 공익위원의 권고를 활용하여 압박하는 방식으로 진행될 것입니다. 노동시장 유연화와 기업투자를 통한 민간부문 일자리 창출에 초점을 맞추게 되면서 노동정책은 경제정책에 종속될 개연성이 높습니다.

국제노동기구[ILO]는 〈2022 사회적 대화: 포용적이고 지속 가능하며 탄력 있는 회복을 위한 단체교섭〉 보고서를 통해, 단체교섭이 코로나19로 인한 불평등이 초래한 고용과 소득의 위기를 완화하는 데 중요한 역할을 함으로써 기업과 노동시장의 탄력성을 강화하였다고 강조하고 있습니다. 단체교섭은 사회적 대화의 심장으로, 포용적 노동 보호를 촉진할 수 있으며 단체교섭을 통해 일하는 조건과 취업규칙을 정함으로써 평등을 위한 긍정적 효과를 가져올 수 있다고 밝히고 있습니다. 그러나 집단적 노사관계에서 사회적 대화는 사라졌고, 양대노총 등 조합비 회계자료 제출, 화물연대 파업 탄압, 건설노조 건폭몰이 등 국가기관의 개입만 강화되고 있습니다.[45]

윤석열 정부 노동정책의 각 영역별 특징

삶을 파괴하는 파편적 노동시간, 공동체와 존엄성 상실의 임금정책 추진

첫째, 윤석열 정부 노동시간 개편은 건강과 과로사 문제(주 최대 69시간 노동)를 초래하는 노동개악 중 하나입니다. 개편안은 연장근로 단위 기

---

45) 이와 반대로 자본과 기업의 부당노동해위에는 용인할 것이고, 향후 쟁의사업장에서 사용자들은 단협 해지, 직장폐쇄, 손배 가압류, 복수노조 설립과 같은 제도적 수단을 최대한 활용하면서, 조합원들에게 경제적 압박을 가하고 노조를 고립화시키는 전략을 활용할 수 있다. 이미 2022년 윤석열 정부 취임 이후 기자회견, 집회 등에 있어서도 표현의 자유나 결사의 자유 등을 억압하는 형태들이 나오고 있다(매일노동뉴스, 2023.1.5. http://www.labortoday.co.kr/news/articleView. html?idxno=212828).

간 확대(1주 12시간 →1월 52시간, 1분기 140시간, 1반기 250시간, 1년 440시간으로 최대 연장근로)였습니다.[46) 1주당 52시간 이상은 만성 과로, 60시간 이상은 뇌심혈관질환 산재(WHO 55시간), 64시간 과로사 등의 당연인정기준으로 노동자 생명안전의 위험을 높입니다.

둘째, 윤석열 정부의 최저임금 업종별 차등 적용, 성과 중심의 임금 체계 개편은 저임금 고착화 및 경쟁 중심의 인사관리 시행을 의미합니다. '호봉제'로 지칭되는 연공급 임금체계 개편은 과거 임금피크제처럼 공공기관부터 경영평가 기준으로 진행될 개연성이 높습니다. '세대상생형' 공정임금을 명분으로 하나 경쟁 기반의 성과 중심으로 하향평준화가 될 것입니다. 현재 300인 이상 사업장의 임금체계가 바뀐다고 중소·영세 및 비정규직 등 동일가치노동·동일노동 임금체계를 수립할 구체성도 없습니다.[47)

뿌리 깊은 자본 중심의 부끄러운 노사관계 정책 표방

첫째, 윤석열 정부는 상생과 노사자율의 갈등 예방 그리고 법과 원칙을 지키는 공정한 노사관계 정착 추진을 표방하고 있습니다. 특히, '불법행위 법의 엄정 적용'과 같은 표현을 지속적으로 언급하고 있습니다. 윤석열

---

46) 연장근로 기준도 독일은 6개월 또는 24주, 영국은 17주, 프랑스는 12주로 노동 관련 법에 명시되어 있다. 한편 노동시간 규제에는 3가지 경로가 있다: Unilateral(사용자의 일방적 결정; 미국)/ Negotiated (노사자율합의; 스웨덴)/ Mandated (법 제도적 규제; 프랑스)(Berg et al. 2014). 이 세 모델의 경우 노동자 친화적 유연성과 경제에 미치는 영향과 관련하여 큰 차이가 존재한다. 사용자에게 해고와 시간 활용의 자유를 보장해 주는 미국의 경우 위기 시 일자리 나누기 관행이 없다.

47) 동일가치노동 동일임금의 직무급은 △사업장이 아닌 직무/업종(사업장을 벗어난)에서, △해당 이해 당사자 주체(노조, 협회 등)들과 협약이 전제조건이 되어야 하지만 현재 윤석열 정부는 산업 업종의 노사정 혹은 노사 초기업별 교섭의 구상이나 비전은 제시하지 않고 있기 때문에 비판에서 자유로울 수 없는 것이다.

정부 출범 이후 2022년 하반기부터 노동조합 활동을 '불합리한 노동관행'이란 부정적인 프레임으로 가둬두고 2023년에 들어서서 노동조합 조합비 회계 제출 문제를 집중적으로 제기하여 과태료를 부과하고 민주노총 건설 노조 사무실을 15차례나 압수수색했습니다.

이런 기조를 반영하여 2023년 5월에는 전체 공공기관 37.4%의 단체협약 시정명령을 발표했습니다. 고용노동부가 공무원·교원·공공기관 등 공공부문 기관 479곳의 단체협약과 노조 규약 실태조사를 통해 179개 기관의 단체협약에서 불법이나 무효 처분해야 하는 내용이 있고, 48곳의 공무원·교원 노조 가운데에서 6곳의 규약에서 노조법 위반 소지를 발견했다고 함께 발표했습니다. 정부가 헌법적 기본권 중 하나인 노동3권을 부정하고 노사관계에 부당 개입하는 것으로밖에 볼 수 없습니다.[48]

둘째, 공공부문 노사관계를 규제 혁신과 효율성으로 접근하는 것은 노동과 고용의 유연화를 위한 과정의 하나입니다. 윤석열 정부 국정과제 중 공공기관 구조조정 관련 사항을 '공공기관 운영위원회'에서 의결(2022.12.26.)했는데, 민간 경합이나 기능 조정, 사업 종료 등을 이유로 해고나 비정규직 양산을 초래할 우려가 높아졌습니다.[49]

---

48) 이명박 정부 시기에도 공공부문 노사관계 개혁은 "불합리한 의식과 관행"을 바로잡기 위해 '법과 원칙'의 칼로써 노동자들을 도려내기 시작했다. 당시 '공공기관 노사관계 선진화 우수사례'로 소개된 기획재정부의 발표자료(2010.3.9.)가 변형된 '공공기관 혁신 가이드라인'(2022.7.29.)에서 확인되고 있다. 이명박 정부 시기 공기업 선진화는 2008년 8월11일 1차부터 2009년 3월 31일 총 6회에 걸쳐 발표되었다. 공기업의 민영화, 통합 및 폐지, 기능조정, 경쟁도입, 효율화 등 강력한 구조개편 방안을 담고 있다. 정부는 이에 따라 5개 기관의 폐지, 38개 기관의 민영화, 40개 기관의 통합 방안(17개)을 확정하였으며, 이를 2012년까지 단계적 추진을 밝힌 바 있다.

49) 윤석열 정부는 공공기관 혁신 효율화 정책 추진을 위해 ①「재무위험기관 집중관리제」(6.30), 「새정부 공공기관 혁신가이드라인」(7.29), ②「공공기관 관리체계 개편방안」(8.18), ③「민간-공공기관 협력 강화방안」(9.23)을 추진한 바 있다.

350개 공공기관에서 ①기능조정(7,231명), ②조직·인력 효율화(4,867명), ③정·현원 차 축소(5,132명), ④인력 재배치(4,788명)를 통해 약 1만2천명의 인력 구조조정 내용입니다. 이를 통해 공공기관 정원을 감축 조정하여 연간 최대 7600억 원 수준의 인건비를 절감하는 효과가 있을 것으로 발표했습니다. 공공기관 구조조정 대상 중 무기계약직(40%)인 약 5천여 명 중 일부는 문재인 정부 시기 정규직 전환(혹은 자회사) 대상도 포함되어 있습니다. 이는 지난 IMF 구제금융 시기와 2008년 금융위기 그리고 이명박, 박근혜 정부 시기마다 국정철학과 과제에 담겨 노동자들의 해고나 비정규직 고용을 양산한 문제로 나타난 경험이 있습니다.

산업구조와 노동시장 환경 변화
- 기술발전 속 불평등한 노동시장

산업구조와 기술발전 과정의 문제점들

비표준적 계약과 고용의 확산

전 세계적으로 산업구조 변화 및 기술 발전으로 전통적인 산업과 일자리의 불평등이 가속화되는 형태로 변화되고 있습니다. 특히, 기존 표준적인 계약방식standard employer contract이나 고용관계standard employer relationships가 아닌, 비표준적인 계약방식non-standard employer contract과 고용관계non-standard employer relationships를 통한 일자리들이 출현되는 것이 지배적입니다. '디지털 경제'로의 전환의 속도나 경향은 앞으로 가속화될 것[50]으로 보여 20년 넘게 지속된 전통적인 '이중노동시장'이나 '분절노동시장' 문제의 고착화와 함께 고용의 다변화 혹은 다양화 문제를 함께 검토해야 한다는 의견이 많습니다.

[그림 1] 비표준적 고용의 확산 - 임시, 시간, 특수고용

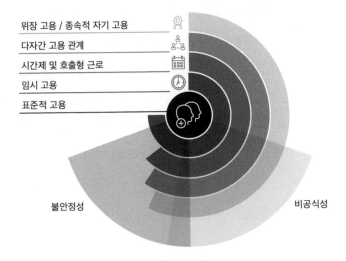

위장 고용 / 종속적 자기 고용

다자간 고용 관계

시간제 및 호출형 근로

임시 고용

표준적 고용

불안정성   비공식성

자료: ILO(2016), Non-Standard Employment Around the World: Understanding Challenges, Shaping Prospects, Geneva.

이미 국제기구(ILO, EU, OECD)에서는 취약계층의 고용불안, 저임금, 사회안전망 등에서 배제된 노동자들이 급속히 증가하고 있고 이에 대한 대책의 필요성을 제기한 바 있습니다. 산업구조 변화와 기술 발전 과정에서 비공식노동[informal work] 혹은 일반적인 자영업자[self-employed workers in general], 자유직업 종사자[those who practise liberal professions], 독립계약자[independent contractor], 플

---

50) 유럽연합(EU)은 변화하는 산업 및 기술발전 과정의 문제점과 논의 방향의 『산업5.0 Industry 5.0』 발표(European Commission2021)에서 알 수 있듯, '인더스트리 5.0'(디지털전환)을 특징짓는 가장 중요한 패러다임 전환 중 하나는 기술발전 과정에서 철저한 인간 중심으로 초점 전환 접근을 강조하고 있다.(European Commission(2021) *Towards a sustainable, human-centric and resilient European industry, Luxembourg: Publications Office of the European Union*(January 2021).

[표 1] 국내외 비정형노동 등 다양한 고용형태 정책 대응 흐름

	주요 국가 및 지역		주요 내용	한국 정책 흐름
특수 고용 노동자	EU 대부분 근로자성 문제 판단(오분류)		노동법, 근로 기준법 등 인정 쟁점(전속성), 사회보험 적용 흐름	05년: '특수형태근로종사자' 명칭 사용 (노사정) 08년: 4개 직업군 산재보험 적용 시작 21년: 9개 직업군 고용보험 적용 시작('21.7) * '20년~21년 택배기사 대책·사회적 합의 발표
플랫폼 노동	중앙 정부	프랑스 노동법 ('18) 독일 보호정책 ('20) 스페일 라이더법('22)	노동3권, 사회보험 플랫폼 책임성강화, 노동권 보장, 사회보장적용 등	20년: 플랫폼노동자 보호입법추진/지원정책 * '20년 배달 대책 사회적 합의 발표 (경사노위) * '21년 플랫폼노동 보호입법 상정
	지방 정부	이탈리아 볼로냐('19) 미국 뉴욕('21) 캘리포니아('20) 씨애틀('21)	조례 : 정책/사업 법규 : 근로자 추정, 노동조건 적용	21년: 서울, 경기 등 (광역, 기초) 21년: 지역기반 - 웹기반 플랫폼노동 정책 모색
프리 랜서	미국 뉴욕시('16)		조례 : 정책/사업	21년: 서울, 경기, 부산, 충남, 광주, 경남 등 * 표준계약 체결, 세무상담 및 구제 등

랫폼 노동자^{Platform worker}와 같은 다양한 형태의 일자리 출현 때문입니다.[51]

이미 전 세계적으로 급격하게 변화하고 있는 환경에 대한 노사정 차

---

51) EuroFound(2015; 2020)는 종래의 비정규직 고용 이외에, 유럽에서 새롭게 나타난 9가지 노동에 주목하는데 ⓐ근로자 공유(employee sharing), ⓑ일자리 공유(job sharing), ⓒ바우처 노동(voucher-based work), ⓓ임시 관리업무(interim management), ⓔ임시직 노동(casual work), ⓕ모바일 업무(ICT-based mobile work), ⓖ크라우드 고용, ⓗ포트폴리오 노동(portfolio work), ⓘ협력적 자영인(collaborative models) 등이 그것이다(European Foundation for the Improvement of Living and Working Conditions, 2015).

원의 전략적 대응 필요성은 일찍부터 제기되고 있습니다. 국제노동기구(ILO)는 2019년 100년이 되는 해를 기념하여 100주년 기념 보고서를 발간했습니다(2019.1.). 변화하는 경제 산업구조와 기술발전 과정에서, 새로운 노동정책 모색의 필요성을 담고 있는 ILO 100주년 기념 보고서 『더 나은 미래를 위한 일』^{Work for a brighter future}에서는 일의 미래에 대응하고 기회를 포착하기 위해 각 회원국이 인간중심적 전략을 추진하도록 제시하고 있습니다.

국제노동기구(ILO) 100주년 보고서(2019)에서는 노동빈곤층(3억 명)과 실업(1억 9천만 명, 청년 6480만 명), 비공식노동(2억 명) 등의 암울한 노동의 미래를 지적하고 있습니다. 코로나 팬데믹을 겪으면서 전 세계에서는 수백만 명의 일자리가 상실되었고, 한국에서도 IMF 외환위기 이후 실업률, 비경제활동인구 증가가 최고 통계치를 보였습니다. 게다가 기술발전 과정에서 일자리 상실의 위험성은 더 커지고 있고, 기계화·자동화 등으로 인한 일자리 대체 위험성이나 불확실성도 더 높아질 것으로 보고 있습니다(OECD, 2019). 아울러 1억 9천만 명의 실업자를 포함하여 앞으로 노동시장에서 실업을 해소하기 위해서는 2030년까지 3억 3400만 개의 일자리가 필요한 실정도 지적하고 있습니다(ILO, 2019).

민주당 재집권전략 보고서

[표 2] 국제노동기구 100주년 보고서 - 《더 나은 일의 미래》 10개 의제

개인역량 강화 위한 투자 확대			
평생학습 보장	**일의 미래로 전환 지원**	**성평등 증진**	**보편적 사회보호 제공**
유년기-성인기에 이르는 모든 공식·비공식 교육을 보장함으로써 직업능력 학습·개발(reskill, upskill) 지원 → 고용보험 또는 사회기금 제도 개편하여, 노동자 유급 휴가 통해 훈련 참여	공공 고용서비스(PES) 확대 통해 청년층의 학교-직장 전환 및 장년층 노동자 경제활동 지속 지원 → 실업보험, 훈련휴가 제도를 고용보험으로 개편 고용 가능성 증가	육아휴직, 공공 돌봄 서비스 등 통해 가정 내 육아 분담 증진, 여성 발언 대표성 강화, 직장 내 폭력·괴롭힘 근절 → 임금보고서 의무화, AA 조치 개발, 디지털 성별 격차	사회보호 최저선 마련, 보편적·기본적 사회보호 제공 → 기여형 사회보험 제도 병행, 개별적 보호 수준 제고, 디지털 플랫폼 보장, 정부 필요 지원 제공

일 관련 제도 투자확대와 노동권 보호			
보편적 노동권 보장	**노동시간 자율성 확대**	**노사단체 대표성 보장**	**기술 활용관리 통한 양질의 일자리 증진**
단체협약, 법, 규제 통해 고용형태·계약 상의 지위와 관계없이 보편적 노동권 보장 → 노동기본권, 적정 생활급여, 최대 노동시간 제한, 안전하고 건강한 작업환경	노동시간 상·하한선 수립, 생산성 증대조치 등을 통해 노동자의 일·생활 균형 달성 지원 → 시간 주권 확대, 노사정 충족 노동시간 제도 구축, 시간 빈곤 문제 해결, 호출 노동자 등 최소 노동시간 보장	모든 노동자 결사의 자유·단결권을 보장하고, 노사단체는 다양한 이해 대변 대표성 증진 → 디지털 기술 등 혁신적 조직 기법 활용, 새로운 연대 활동, 노동자 대표 이사회 참여, 포용적 임금결정제도	노동 영향 주는 최종 결정은 인간이 내리는 인간 주도 접근법 채택 → 디지털 플랫폼 최소한 권리보장·보호 국제 기준 마련, 데이터 활용 및 알고리즘 신뢰성 관련 규제 마련

지속 가능한 괜찮은 일자리 촉진 위한 경제 투자확대		
양질의 일자리 투자 증진	**기업의 장기 투자 장려**	**경제사회발전보호지표 개발**
돌봄경제, 친환경, 농촌경제 개발, 기후변화, 사회·디지털 인프라 등에 대한 공공투자 및 인센티브 제공 ➡ 디지털 격차 축소, 돌봄 영역 (무급 돌봄의 유급 전환 지원, 유급 돌봄노동 가치 재평가 및 공식화 등)	기업 성공 위한 조건을 인간 중심 의제 이행 위한 조건에 부합하도록 개편 촉구 ➡ 주주 대표성 강화, 장기적 성과 유인책(분기 재무보고 의무 해제, 장기 주주 인센티브, 포용적 재무 회계 도입) 통해 기업의 환경·사회적 영향 고려한 투자 장려(연금기금 역할 중요), 조세 형평성	국내총생산(GDP) 기반 경제 사회발전 측정 한계. 인간 중심 의제 진전 촉진 성과 측정 지표 개발 ➡ 분배형평성 측정 지표, 가정·지역사회 무급 노동 가치, 환경 파괴 외부효과(오염개선, 보건비용) 측정 지표 개발

국제사회의 제언		
사회적 합의 강화	**국제노동기구 책임**	**다자체제의 책임과 도전과제**
우리 모두가 원하는 일의 미래 실현 위해 모든 이해 관계자 책임 촉구 ➡ 사회적 합의 강화 위해 노력 촉구, 노동자 보호 권리 존중, 청년 노동시장 지원, 각국 국가 전략/사회적 제도, 기업/작업장/지역사회 소통, 국제적 차원 교류 소통, 이점 활용	ILO가 구체적 책임 권고 제시 ➡ 국가별 일의 미래 전략 개발, 정책 비교연구 구심점 역할 제도적 장치 마련, 보고서 제시한 인간중심 의제 개발과 이행과정에서 모든 다자가구 간 협력 증진, ILO 일의 세계 근본적 변화 주요 도전과제 우선순위 권고 (디지털, 자동화)	모든 기관이 보고서에 제시된 권고 이행 위한 실질적인 협력 강화 방안 모색 권고 ➡ 노동 관련 세부 분야에서 국제협력 강화 권고(다자적 국제적 조치 통해 사회적 합의 지원), ILO가 산업안전보건과 평생교육 권고를 세계보건기구와 유네스코와 각각 추진

자료: 국제노동기구(2019), 『더 나은 미래를 위한 일』, 일의 미래 글로벌 위원회·국제노동기구의 내용 재구성

제도 밖 노동의 확대 - 다양한 불안정 고용

현재 한국의 노동시장은 비정규직(904만 명, 정규직 1196만 명)과 불안정노동자(531만 명~744만 명: 특수고용, 플랫폼, 프리랜서) 및 사각지대 노동자(963만 명)까지 제도 밖의 노동자가 적지 않고, 기간제 성격의 비정규직을

[표 3] 노동시장의 비정규직 및 불안정노동자 규모 추정

	비정규직	청년니트 NEET	개인사업 소득자*	프리랜서	특수고용 노동자	플랫폼노동자
전체(명)	806만	-	704만	400만	165만	292만
청년	199만 (19~34세)	206만 (19~34세)	164만 (15~29세)	73만 6천 (19~34세)	22만 1천 (20대)	74만 8천 (20대)
여성	449만 (청년 110만)	117만	376만	138만	94.6만	102만
자료시점 분석기관	2021 일하는 시민연구소 유니온센터	2021 일하는 시민연구소 유니온센터	2021 국세청 장혜영 의원실	2021 일하는 시민연구소 유니온센터	2018 KLSI	2021 KEIS

주: *는 국세청 현행 소득세법 및 시행령에 따르면, 부가가치세법에서 정하는 특정 대상에 대해 사업자 등록 여부와 관계없이 사업소득의 3%를 원천징수(지방세 0.3% 별도, 총 3.3%)하고 있음. 이들 대상 중 하나가 이른바 인적 용역으로, 고용 관계없이 독립된 자격으로 계속된 용역을 제공하고 일의 성과에 따라 수당을 받는 형태임.
주: 각기 조사 시점 및 조사 방법이 다르기에 규모 추정이 상이할 수 있고, 때론 프리랜서/특고/플랫폼노동자 중에서는 서로 중복 규모가 될 수 있음.

제외하더라도 불안정 취약 노동자가 1748만 명 남짓으로 추정됩니다. 을지로위원회의 초점은 취약계층에 대한 사각지대 해소와 새로운 노동문제(특수고용, 플랫폼노동, 프리랜서 등)에 초점이 맞추어져야 합니다.

기존 통계청 경제활동인구 부가조사에서 잘 포착되지 않는 특수고용 노동자 규모도 파견·용역과 비슷한 규모로 적지 않은 상황입니다. 2020년 국세청 원천징수 부과 납부 기준 개인사업소득자는 704만 명(청년층 164만 명)이었습니다. 정부 통계로 포착하지 못하는 불안정 노동자 중 규모 추정 결과 프리랜서는 약 400만 명(청년 73만 명), 특수고용노동자 165만 명(청년 22만 명), 플랫폼노동자 292만 명(청년 42만 명) 정도로 추정됩니다.

취약 사각지대 노동시장의 불평등 고착화

파편적인 노동의 확대와 격차 문제

한국 사회의 저임금·불안정 노동자 증가와 사회 양극화는 더 가속화 될 것입니다. 지난 30여 년 이상 노동시장 이중구조나 양극화 문제는 쉽 게 해결되지 못하고 있는 데다가 윤석열 정부의 정책들이 자본과 기업 편향적 정책들이기에 노동시장의 불평등을 심화시키는 정책으로 귀결될 가능성이 높습니다.

노동시장에서 사업체 종사자 규모는 고용안정과 임금 및 노동조건에 중요한 영향을 미치는 요인입니다. 노동시장 사업체 규모 다수(70%~85%) 는 '10인 미만 사업체'이며, 종사자 규모 다수는 저임금 비정규직과 같은 취약층 일자리들입니다. 특히, 5인 미만(4인 이하) 사업체는 근로기준법을 일부 예외(11조 적용의 범위: 노동시간, 가산임금, 모성보호 등)로 하고 있고, 10 인 미만(9인 이하) 사업체는 근로기준법상 의무인 취업규칙(근로기준법 93 조)을 비치하지 않아도 되는 법제도적 사각지대에 노출되어 있기에 취약 노동의 대상이 됩니다.

물론 전통적인 비정규직 문제도 상존하고 있고, 지난 15년 사이 고령, 5인 미만, 초단시간, 간접고용 노동자 등은 더 확대되고 있습니다. 기존 근로기준법의 적용을 받더라도 법제도의 사각지대에 놓인 취약 노동자들도 약 963만 명이나 됩니다. 간접고용(80만 명), 일용직(125만 명), 초단시간(185 만 명), 5인 미만 사업장(380만 명), 고령(176만 명), 청소년(17만 명) 노동자는 법의 예외나 권리의 부재로 제도적 차별이 용인되고 있습니다.

취약한 노동시장의 특징과 고용형태는 앞으로 더 확산될 개연성이 많 습니다. 그 이유는 첫째, 전체 비정규직 비율 차이가 없이 1년 미만 단기계

[표 4] 고용 취약 노동자 집단 유형별 규모 변화 추이(2004~2021, 단위: 만명)

노동자 집단	2004	2005	2009	2010	2015	2019	2020	2021	증감 현황 (04년~21년)
① 초단시간	75	88	111	107	143	185	189	185	▲146.7%
② 일용직	208	215	189	178	155	141	134	125	▽39.9%
③ 5인 미만	282	297	307	322	364	378	365	380	▲34.8%
④ 파견용역	53	54	78	82	87	80	72	80	▲50.9%
⑤ 고령	31	35	62	64	103	142	160	176	▲467.7%
⑥ 청소년	23	24	20	21	26	19	16	17	▽26.1%

주: ①~⑥유형은 각 부문대상 유형별 중복 대상자 있음.
자료: 통계청(MDIS), 경제활동인구조사 8월 근로형태별 부가조사 원자료(2004년~2021년), 필자 분석

약직이 감소하고 있습니다. 이로써 1년 이상 임시직 비정규직이 증가하고 있다는 예측을 할 수 있습니다. 둘째, 최저임금 인상에도 불구하고 저임금 노동자는 2배가량 증가했고, 65세 이상 고령노동자 비율도 2배가량 증가했습니다. 셋째, 일자리 수요와 공급의 불일치를 의미하는 실업자 비율도 증가하고 있으나, 저학력과 저숙련 노동자 비율은 감소하고 있는 상황이기 때문입니다(김종진, 2022).

불안정 고용의 확산은 소득 불평등과 연결되어 고-저소득층 간의 소득격차가 확대됩니다. 가계금융복지조사 분석 결과 지난 10년 사이(2011년~2021년) 소득 5분위(상위20%, 하위20%)를 기준으로 하는 시장소득 격차는 11.52배로 악화되었으며, 처분가능소득은 2016년 이후 계속 낮아지다가 다시 상승세로 돌아서고 있습니다. 소득격차의 주요 원인 중 하나로 지목되는 기업 규모별 임금격차는 300인 이상 기업의 시간당 임금을 100으로 하였을 때 5인 미만 사업장의 임금은 45.8%에 불과합니다. 5~29인 기업규모의 경우 300인 이상 임금의 60%에 머물러 있으며, 30~299인 사이 기

[표 5] 취약 사각지대 불안정 노동자의 시간당 임금 수준(월평균 임금, 단위: 만원)

		기간제	시간제	초단시간	파견용역	일용직	고령	5인 미만
	전체	189	92	116	201	166	219	178
성별	남성	241	98	156	227	194	279	218
	여성	149	89	95	164	96	151	143
연령별	19~24세	146	71	53	201	78		104
	25~29세	208	98	139	229	156		192
	30~34세	245	124	235	255	176		206
	35~55세	247	123	207	229	192		217
	55~60세	208	123	202	214	194	299	198
	60~65세	198	108	116	187	173	224	166
	65세 이상	91	54	41	157	114	119	98

자료: 통계청 MDIS, 2021 경제활동인구조사 8월 부가조사 원자료 필자 재구성

[표 6] 취약 사각지대 불안정 노동자 최저임금 미만 적용 비율

		기간제	시간제	초단시간	파견용역	일용직	고령	5인 미만
	전체	15.1%	19.6%	19.6%	18.9%	28.8%	20.5%	22.3%
성별	남성	13.7%	22.0%	19.0%	20.3%	24.6%	17.1%	20.8%
	여성	16.1%	18.7%	19.9%	17.1%	39.4%	24.3%	23.6%
연령	19~24세	11.7%	11.7%	7.9%	2.5%	23.8%	0.0%	14.7%
	25~29세	10.0%	15.6%	10.0%	7.7%	29.1%	0.0%	15.0%
	30~34세	5.3%	17.5%	5.9%	7.3%	24.4%	0.0%	18.9%
	35~55세	8.2%	16.1%	14.4%	8.4%	24.5%	0.0%	16.0%
	55~60세	14.4%	15.8%	22.2%	12.0%	25.7%	11.3%	27.2%
	60~65세	18.2%	19.3%	28.9%	24.3%	29.0%	19.1%	27.9%
	65세 이상	29.1%	30.6%	29.6%	35.7%	50.5%	32.7%	45.3%

주: 시간당임금 계산=3개월 평균임금/(평소일하는 시간*(30.4/7))*10000
　　[시급제 노동자의 경우 시급으로 대체]
　　자료: 통계청 MDIS, 2021 경제활동인구조사 8월 부가조사

업의 시간당 임금은 300인 이상 기업 시간당 임금의 65.9%로 나타납니다.

장시간 노동의 과로사회와 사회안전망 부재

한국은 OECD 회원국 중 가장 장시간 노동을 하는 나라입니다. 그중에서도 저임금, 작은 사업장 노동자나 비정규직과 같은 여성, 고령 등 취약집단이 더 위험에 노출되어 있습니다. 장시간 노동은 무노조 사업장(4.4%), 파견용역(7.9%), 특수고용(6%), 여성(4.3%), 5인 미만(8.9%), 55세 이상 고령(5.4%), 소득 하위 20%(3.9%), 유급휴가 미적용(7.7%) 노동자 즉, 취약 불안정, 사각지대 노동자가 상대적으로 높습니다.[52] 특히 고용보험 미가입 비율은 감소(8%p)했으나, 유급 교육훈련 적용자 비율도 감소(1%p)했습니다 (김종진, 2022).

[표 7] 주당 35시간 이상 임금·특고노동자 노동시간 분포도1(단위: %)

	노조 유무		고용형태				성별	
	무노조	유노조	정규직	기간제	파견용역	특고	여성	남성
35~40시간	68.0	80.6	72.7	69.8	59.0	71.2	67.8	78.1
41~48시간	17.0	10.0	14.5	16.0	20.8	11.1	16.2	12.9
49~51시간	5.4	3.8	4.6	5.7	6.3	8.3	5.7	3.7
52~59시간	5.2	4.0	5.0	4.3	6.0	3.4	6.0	3.0
60시간 이상	4.4	1.5	3.2	4.3	7.9	6.0	4.3	2.3
계	100.0	100.0	100.0	100.0	100.0	100.0	100.0	100.0

자료: 통계청 MDIS, 경제활동인구조사 근로형태별부가조사(2021년 원자료, 이하 동일)

---

52) 세계보건기구(WHO)는 일과 관련된 전체 질병 가운데 3분의 1이 장시간 노동 때문인 것으로 추정된다면서 장시간 노동을 직업병 최대의 위험요인으로 꼽으며 "주 55시간 이상 근무가 건강에 심각한 해를 끼치는 요인"이라고 밝혔다. 이런 문제를 해결하기 위해 △정부가 의무적인 연장노동을 금지하고 근무시간의 상한선을 규제하는 법규와 정책을 도입·집행하고, △사용자단체와 노동자단체는 근무시간의 최대치를 제한하는 동시에 근무시간을 보다 유연하게 조정하는 내용의 단체협약을 체결하고, △노동자는 (다른 노동자와) 일하는 시간을 나눠 주 55시간 이상으로 근무시간이 늘어나지 않도록 해야 한다고 강조하고 있다.

[표 8] 주당 35시간 이상 임금노동자 노동시간 분포도2(단위: %)

	사업장 규모					연령대			유급휴가	
	1~4인	5~9인	10~29인	30~99인	100인 이상	34세 이하	35~55세 이하	55세~64세 이하	적용	미적용
35~40시간	58.9	67.6	70.5	75.9	79.5	75.2	72.3	67.7	75.9	59.9
41~48시간	18.7	17.0	16.5	13.4	11.2	13.8	14.8	16.4	13.7	18.5
49~51시간	8.0	5.6	4.5	4.3	3.6	4.1	5.1	5.1	4	7.7
52~59시간	5.4	4.8	5.4	4.4	4.4	4.3	4.9	5.2	4.4	6.2
60시간 이상	8.9	5.0	3.0	2.0	1.3	2.6	3	5.4	2.1	7.7
계	100.0	100.0	100.0	100.0	100.0	100.0	100.0	100.0	100.0	100.0

자료: 통계청 MDIS, 경제활동인구조사 근로형태별부가조사

한편 한국은 OECD 적극적 노동시장 정책(ALMPs)의 대표적 정책인 실직자 재취업 유인(지출 비중 편차, 예산 지출 비중 GDP 대비 백분율(%))은 중간 수준에 불과합니다. 적극적 노동시장정책 예산 지출 비중은 (1) 2.0% 미만(덴마크, 스웨덴), (2) 1.0% 미만(독일, 프랑스, 네덜란드), (3) 0.5% 미만(이탈리아, 포르투갈, 영국 등)으로 구분되는데 한국은 하위 13위 수준에 불과합니다. 현재 비정규직 노동자의 고용보험 적용률은 3분의 1 수준을 넘고 있으나 개별 노동자의 고용형태나 사업장 규모별 차이가 큽니다. 특히 시간제 및 일용직 그리고 5인 미만 사업자 노동자들의 고용안정망은 사각지대에 그대로 노출되어 있습니다.

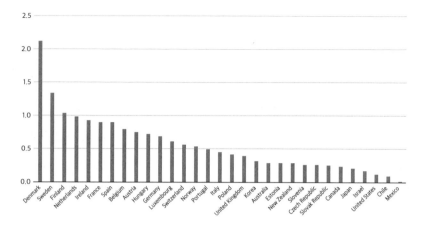

[그림 2] OECD 회원국 적극적 노동시장 정책의 실직자 재취업 유인 지출 비중

자료: https://www.oxfordmartin.ox.ac.uk/downloads/reports/Citi_GPS_Technology_Work.pdf(86쪽)

[표 9] 노동시장의 불안정 취약 노동자 고용 및 사회안전망 현황(2021)

(단위: 천명)

	기간제		시간제		초단시간		파견용역		일용직		고령		5인 미만	
	인원	%	인원	%	인원	%	인원	%	인원	%	인원	%	인원	%
전체	4,537	100.0	3,512	100.0	1,851	100.0	795	100.0	1,248	100.0	5,357	100.0	3,795	100.0
정규직	0	0.0	0	0.0	367	19.8	0	0.0	55	4.4	2,132	39.8	1,653	43.6
비정규직	4,537	100.0	3,512	100.0	1,484	80.2	795	100.0	1,193	95.6	3,225	60.2	2,142	56.4
고용보험 적용	2,882	64.4	1,091	31.3	448	25.5	499	62.7	159	12.8	2,778	54.1	1,754	46.4
유급휴가 적용	2,306	50.8	557	15.9	419	22.6	435	54.7	6	.5	2,347	43.8	1,146	30.2
교육훈련 적용	2,093	46.1	985	28.1	695	37.6	281	35.3	101	8.1	2,072	38.7	690	18.2

자료: 통계청 MDIS, 2021 경제활동인구조사 8월 부가조사 원자료 분석

취약집단 정책 부재와 낮은 노조 조직률

취약집단 정책 부재 - 고령, 청년, 여성

한국은 고령, 청년, 여성 노동시장의 불안정성과 격차 및 제도의 부재가 심각합니다.

한국은 OECD 회원국 중 고령화가 가장 빠르게 진행되고 있는 나라 중 하나이며, 고령화 추이는 이미 미국을 앞질렀고, 10년 후면 프랑스와 독일을 추월할 상황입니다. 지난 10년 사이 55세 이상 고령인구 규모는 48만 명(2010년 98.9만 명 → 2021년 147만 명)이나 증가했습니다. 고령자의 경제활동인구는 아직 절반을 조금 상회(58%)하지만 취업자는 82.7만 명이나 됩니다.

학교를 떠난 이후 생애 동안 가장 오래 근무한 일자리에서의 평균 근속기간은 15년 2개월에 불과합니다. 2013년 '60세 정년'이 법제화되어 2016년에 정착되었지만 오히려 지난 10년 전보다 평균 근속기간은 단축되었습니다. 실제로 취업 후 가장 오래 근무한 일자리를 그만둔 연령은 49.3세에 불과했고, 정년 퇴직자는 10명 중 1명이 고작인데, 한국 사회의 노동시장 정착도labor market attachment는 통계적 수치가 객관적 사실을 증명해줍니다.

청년 문제나 정책은 한마디로 이야기할 수 없고, 통계로 포착하지 못하는 생애주기 다양한 삶의 경험과 상황들이 있기에 총체적으로 살펴봐야 합니다. 일자리 흐름도 과거의 '이행기 노동시장' 중심에서 변화하고 있습니다. 국제노동기구ILO나 경제협력개발기구OECD는 향후 이들이 더 불평등한 결과를 초래할 것으로 추정하고 있습니다. 노동시장에 있어서도 코로나 팬데믹 초반, 전 세계 청년 일자리의 젠더 불평등이 심화되었고, 청

[표 10] 고령화 시대 주요 국가들의 고령 노동자 정책 비교(2020)

	영국	독일	네덜란드	핀란드	한국
정책 방향	고령 인구 노동시장 참여 적극적 지원·유도 정책	고령 증가 노동시장 퇴장방식 변화	고령 인구 유연안정성과 지원	고령 인구 고용지원과 기술교육	고령 인구 계속 고용?? 재교육 지원
주요 특징	인센티브 정책 고령자 연령차별 폐지 연금수급 개시연령 변화 (중·고령 경제 노동 유인 증가, 퇴직 지연 효과)	노동시간 단축과 조기은퇴유도 전체 노동시장 세대별 규모 적절히 조절 변형 고령 유연화, 연금조정	고령 친화적 제도 환경과 지원 고령자 재취업, 재배치의 고용 가능성 제고 노동조건 기업연금 유연성 확대 방식	노동력 공급 위기와 실질 은퇴 연령 늦추기 고령자 작업능력과 고용가능성	고령자촉진법 및 노후준비법 이행 정책&사업?? [연금수급&정년 등등]
주요 지표			[65세 20%: 초고령]		
	2025년	2008년	2022년	2015년	2025년
			[65세 인구 비율]		
	18.9%	22.2%	20.0%	22.9%	16.6%
			[65세 인구 고용]		
	21.0%	15.5%	13.1%	13.8%	45.0%

년실업(여성 13.1%, 남성 14%)과 청년NEET(여성 31.1%, 남성 13.9%) 모두에서 확인되었습니다.[53] 게다가 코로나 팬데믹으로 인해 일자리나 교육훈련 등을 받지 못한 청년층의 정신건강 문제도 우려의 목소리가 제기된 바 있습니다.

---

53) 코로나-19 이후 불평등한 일자리 현상은 OECD(2020), *The impact of the COVID-19 pandemic on jobs and incomes in G20 economies*, ILO, 코로나-19 시기 청년 일자리 문제는 OECD. ILO(2020), *Youth and covid-19 impacts on jobs education rights and mental well-being.* ILO를 참조할 수 있다.

이들이 장기실업이나 비구직NEET 함정에서 빠져나올 수 있도록 기회와 경험의 시·공간을 제공해야 합니다. 중장년 시기에 장기간 '상처' 입을 가능성이 더 높아지기 때문입니다. 학계에는 이를 '흉터 혹은 상처효과'scarring effects로 이야기하고 있습니다.[54] 청년의 흉터효과는 코로나 팬데믹 이후 40대나 50대에 이르러, 당사자는 물론 우리들이 느끼지 못한 다양한 문제가 초래될 수도 있습니다. 때문에 현재의 청년 장기실업이나 NEET문제는 우리 사회가 조속히 해결해야 할 과제입니다.

[표 11] 청년 노동시장 일자리 변화 흐름(2004년~2020년/명)

청년 고용 지표 2004년 대비 2020년	청년 비경제활동 사유 증가 사유 항목	청년 니트 (NEET)
가. 청년인구: 10,230천 (2004년 11,988천)	가. 취업을 위한 학원/기관 통학: 227천명 (2004년 255천)	가. 전체 니트 인원 : 1,759천 (2004년 2,528천)
나. 경제활동인구: 6,614천 (2004년 7,921천)	나. 취업/진학준비: 592천명(2004년 275천)	나. 단기 실업자: 240천 (2004년 318천)
다. 취업자: 6,219천 (2004년 7,453천)	다. 그냥 쉼: 604천명 (2004년 424천)	다. 장기 실업자: 50천 (2004년 49천)
라. 실업자: 395천 (2004년 468천)		라. 구직 준비자: 466천 (2004년 189천)
마. 경제활동참가율: 64.7% (2004년 66.1%)		마. 가사노동(육아): 534천 (2004년 1,700천)
바. 고용률: 60.8% (2004년 62.2%)		바. 비구직니트: 469천 (2004년 272천)
사. 실업률: 6.0% (2004년 5.9%)		

자료: 통계청 경제활동인구 청년층 원자료 각 년도(2014, 2020) 필자 재분석.

---

54) McQuaid, Ronald, Youth unemployment produces multiple scarring effects, February 18th(University of Stirling), 2017.

민주당 재집권전략 보고서

한국의 UNDP(유엔개발계획) 성불평등지수(GII)와 OECD 성평등지수는 꼴찌 수준입니다. 한국의 남녀 간 임금 격차(35.1%)는 OECD에 가입한 원년인 1996년부터 27년째 '꼴찌'입니다. 2021년 기준 성별임금격차는 31.1%로 남성이 100만 원을 받을 때 여성은 68만 9천 원을 받고 있습니다. OECD 주요 국가들에 비해 한국은 직무, 직종, 사업장이 같은 남녀 임금 격차가 큰 것이 두드러집니다.

[그림 3] OECD 회원국 및 한국 여성 임금 격차(2021)

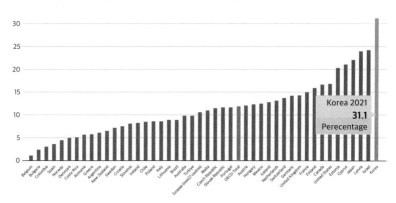

자료: OECD 홈페이지 https://data.oecd.org/earnwage/gender-wage-gap.htm (접속일: 2023.5.6.)

통계청 2016년과 2020년 시차에 따른 성별-고용형태별 임금격차를 보더라도 한국의 여성 임금은 격차와 차별이 존재하는데, ①여성 정규직 노동자의 임금은 남성의 63%를, ②여성 비정규직 노동자의 임금은 남성 정규직 임금의 51.8%를, ③법정 최저임금미달 노동자 중 여성이 61.2%입니다. 게다가 여성의 최고임금 도달 시점을 봐도 남성의 30대 평균임금 도달 수준에 불과합니다.

일터에서의 권리 부재 - 낮은 노동조합 조직률

노동시장에서 집단적 권리를 표현하는 노동조합 조직률(노조 조직률 14.2%, 단체협약 확장 14.8% ↔ 300인 이상 46.3% VS 30인 미만 노조 조직률 0.2%, 공공부문 70% VS 민간 11.2%)은 지난 10년 사이 다소 증가 추세를 보이고 있습니다. 더불어 30인 이상 사업장 의무 규정인 노사협의회 설치 현황도 증가 추이입니다. 그러나 한국은 아직도 노조 조직률이나 노사협의회 설치 비율은 OECD의 다른 가입국에 비해 미약합니다.

[표 12] 한국 불안정 취약노동자 - 노동조합 가입 현황(단위: 천명, %)

		기간제		시간제		초단시간		파견용역		일용직		고령		5인 미만	
		빈도	비율	빈도	비율	빈도	비율	빈도	비율	빈도	비율	빈도	비율	빈도	비율
	전체	197	4.4%	45	1.3%	93	5.0%	41	5.2%	7	.5%	440	8.2%	40	1.0%
성별	남성	130	6.6%	9	.9%	41	6.6%	26	5.6%	6	.6%	312	10.9%	21	1.2%
	여성	68	2.6%	36	1.4%	52	4.2%	15	4.6%	1	.3%	128	5.1%	18	.9%
연령별	19~24세	12	3.2%	1	.2%	0	0.0%	4	22.0%	0	0.0%	0	0.0%	3	.9%
	25~29세	21	4.9%	2	.9%	4	3.7%	8	12.5%	0	0.0%	0	0.0%	3	.8%
	30~34세	17	5.8%	3	2.1%	23	20.4%	4	11.4%	1	1.3%	0	0.0%	4	1.7%
	35~54세	76	5.1%	22	2.4%	42	9.4%	11	5.0%	4	.9%	0	0.0%	23	1.5%
	55~59세	22	5.6%	13	4.2%	17	14.6%	3	3.0%	1	.6%	314	15.0%	5	1.4%
	60~64세	32	6.8%	3	.8%	2	1.9%	5	3.6%	1	.4%	85	5.7%		.1%
	65세 이상	18	1.6%	2	.2%	5	.7%	6	2.9%	0	0.0%	41	2.3%	1	.2%

* 청년층(19~34)과 고령층(특히 60세 이상) 일터에서의 노동권익 보호 법률 필요

한국 노동시장의 불평등은 노사관계 영역에 있어서 노동자 이해대변 voice 구조가 미약한 점이 원인입니다. 노동자 이해대변 문제는 국제노동기구ILO 및 헌법 제32조에 적시된 근로의 권리 확장이고, 다른 하나는 제33조에 보장된 노동조합 설립과 같은 단결권 문제가 핵심입니다. 노사관계,

노동정책, 노동시장 등에 영향을 미치는 ILO 협약의 핵심 조항인 결사의 자유, 단체교섭, 최저연령, 동등 보수, 차별금지만이 아니라 한국은 전반적인 노동체제 불균형 상황입니다. 물론 우리만이 아니라 전 세계적으로 국가의 의사결정 참여 주체인 노동조합은 일부 예외적 사례(국가)를 제외하고 조직률이 하락하고 있습니다.

[표 13] OECD 주요 회원국 노조 조직률 및 단체협약 효력 확장 적용률

	OECD 평균	한국	독일	영국	프랑스	캐나다	미국	덴마크
노동조합 조직률('19)	15.8%	11.6% (14.2%)*	16.3%	23.5%	10.8%	27.2%	10.3%	67.0%
단체협약 효력 확장 적용율	32.1%	14.8%	54.0%	26.9%	98.0%	31.3%	12.1%	82.0%
사용자단체 조직률('17)	51.0%	15.0%	58.0%	35.0%	75.0%	-	-	68.0%

주: *한국 노조 조직률( )은 2020년 기준 고용노동부 발표 자료 (각 국가별 최근 통계 자료 활용)
자료: OECD 통계 홈페이지 자료 재구성(https://stats.oecd.org, 접속일: 2023.4.22.)

새로운 사회계약의 노동 과제, 의제 찾기

새로운 사회계약과 변화 모색 - 광범위한 확장 전략

국가의 노동정책은 언제든 손을 내밀고, 필요한 사람들에게 보탬이 되고, 현재 벼랑 끝에서 겨우 버티고 있는 사람들에게 도움이 되는 방향이 되어야 합니다. 이를 위해 을지로위원회는 포괄적이고 보편적인 노동기본권과 사회적 보호를 위한 제도화나 정책 및 과제·사업을 모색할 필요가 있습니다. 특히, 노동정책 영역만이 아닌 다양한 영역에서 노동자들의 이해관계를 반영하는 정책과 사업이 필요합니다. 임금 노동자와 비임금 노동

자 전체의 광범위한 확장 전략^{broad outreach strategic}을 수립해야 합니다.

을지로위원회는 공감의 사회적 의제를 찾고, 그 의제를 중심으로 법제도, 정책, 자원 동원, 홍보 전략을 촘촘하고 세밀하게 준비해야 합니다. 향후 국회나 지방정부 등에서 모든 일하는 사람들의 보편적 노동기본권 향상을 위한 최저기준선과 표준적 기준^{general labor standards 또는 norms}을 만드는 것이 중요합니다. 이를 위해서는 노동과 사회정책 전반의 법제도와 정책 영역에서 중장기적 고민이 필요합니다.[55]

향후 정책 방향은 ①존엄한 노동으로 일할 권리와 쉴 권리의 전환의 검토입니다. 대표적으로 장시간 노동이나 야간노동의 규제와 휴일휴가 확대, 저임금 노동자의 소득보장을 위한 최소생활노동시간보장제(1주 15시간 이상 계약제)와 같은 괜찮은 노동의 보편적 권리의 확장입니다.

②안전하고 건강한 일터로의 전환의 검토입니다. 산업재해를 줄이고, 중대재해 문제해결을 위한 사전·사후적 정책(위험위해 예방 지원, 작업중지권 등)과 아프면 쉴 권리와 같은 상병수당 및 유급병가 등의 사회적 보호의 정책 모색이 필요합니다.

③불평등과 격차 및 차별이 아닌 평등으로의 전환의 검토입니다. 돌봄·여성 등 저임금의 생활임금이나 동일가치노동 동일임금(산업·업종 최저임금제, 저임금 표준임금제 등)과 함께, 디지털 기술 발전 교육훈련이나 정의로운 전환과 같은 현재와 미래의 중첩된 노동문제 모색이 필요합니다.

---

55) 국제노동기구(ILO) '사회보장 최저기준에 관한 조약(최저협약, 1952)'에 규정된 기준을 충족시키기 위한 수준으로 도입되어야 한다는 취지를 고려한다면 우리 사회에서 열악한 노동환경에 놓여 있는 노동자를 위한 최저보장 정책을 수립하는 것이 필요하다.

① 결사의 자유 확대, 모든 일하는 사람 권리 모색

- 과제1. 노조법 2조와 3조에서, 헌법 32조와 33조 개정 운동
- 과제2. 협의적인 피고용인(근로자)에서, 모든 일하는 사람(취업자)으로 확대
  - ILO 결사의 자유의 실효성(단체협약 효력 확장), 헌법의 노동기본권 권리 확장
  - 모든 일하는 시민^{worker}과 성평등 단체협약부터, 디지털 노동기본권까지

ILO 기본협약 비준의 시행으로 기본적인 토대가 갖추어졌다고는 하지만 실질적 변화는 미약하고, 윤석열 정부 시기 노동기본권 약화는 예견된 상황입니다. 이미 윤석열 정부의 노동개혁의 주요 정책인 파견법 완화, 대체근로 확대, 파업 중 노조 사업장 검거 제한 등은 불평등 심화는 물론 노사관계 전반의 파괴를 초래할 가능성이 있습니다.[56] 그래서 을지로위원회는 '노동기본권 강화와 확대, 촉진'을 위한 과제들을 챙길 필요가 있습니다. 대표적으로 초기업별 교섭(노동조합 및 노동관계조정법 개정)의 중층적 유형 확산(국가, 산업–지역 등), 지방정부 노동정책의 새로운 대안 및 실험적 추진 등입니다.

앞으로 초기업별 단체교섭권의 최대 보장을 위하여 단체협약의 효력 확장제도가 실효성을 갖도록 기존의 단체협약 효력확장 정책(초기업별 산별교섭)을 더 고민할 필요가 있습니다. 국제노동기구(ILO)는 1951년 총회에

---

56) 노동조합 및 노사관계조정법(제2조 정의)에서 노동조합은 "근로자가 주체가 되어 자주적으로 단결하여"로 적시되어 있다. 때문에 국가가 회계내역을 요구하는 등의 행동은 노조 활동에 대한 직접적 개입이나 노조 탄압과 억압의 수단으로 활용될 수 있다. 이는 한국 정부가 비준한 국제노동기구(ILO) 제87호 '결사의 자유 및 단결권 협약' 제3조는 부정에 대한 내부 진정 등 예외적 상황을 제외하고는 근로자 단체에 대한 공공기관의 제한과 간섭을 허용하지 않고 있어, 협약 위반 논란 여지도 있다.

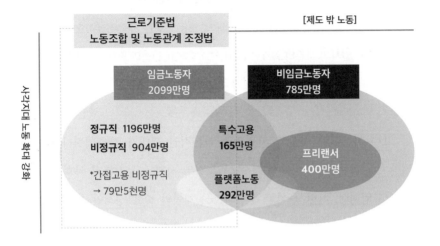

<모든 일하는 사람 기본법> 제정 & 정책 추진 전략

사회보장법, 남녀고용평등과 일·가정 양립 지원에 관한 법률, 국민평생직업능력개발법 등

서 제91호 권고(1951)를 채택했고, 동 권고 제4장에서 단체협약 확장 원칙을 정한 바 있습니다. 이미 지난 2021년 1월 5일 노동조합법 및 노동관계조정법 개정(제30조의 3 교섭 등의 원칙)으로 이제는 국가의 역할로 기업·산업·지역별 교섭 등 다양한 교섭방식을 정부가 활성화할 수 있도록 입법근거 규정도 있습니다.[57] 더불어 성평등 단체협약(프랑스)부터 디지털 노동기본권까지 산업과 디지털 전환 시기 변화하는 정책 의제가 필요한 시점입니다.

② 과로 사회 탈피, 시간의 정치 모색[58]

---

57) 개정 법률 '제30조의 3(교섭 등의 원칙)'에서는 "국가 및 지방자치단체는 기업·산업·지역별 교섭 등 다양한 교섭방식을 노동관계 당사자가 자율적으로 선택할 수 있도록 지원하고 이에 따른 단체교섭이 활성화될 수 있도록 노력하여야 한다."로 규정하고 있다.

- 과제1. 과로(소진), 삶의 질(건강, 안전), 압축노동&야간노동 규제, 산재 위험

- 과제2. 노사정, 산업·업종 등 합의로 균형 있는 노동시간 편성 만들기

  - 균형 있는 노동시간 편성 정책 추진^{balanced work time arrangements}

  - 근무스케줄 등 노동시간 재구조화 방향^{organization of working time}

	현행 법률조항	개정 법률조항
1일, 1주 근로시간 개정	제50조(근로시간) ① 1주 간의 근로시간은 휴게시간을 제외하고 40시간을 초과할 수 없다. ② 1일의 근로시간은 휴게시간을 제외하고 8시간을 초과할 수 없다.	제50조(근로시간) ① 1주 간의 근로시간은 휴게시간을 제외하고 38/35시간을 초과할 수 없다. ② 1일의 근로시간은 휴게시간을 제외하고 7시간을 초과할 수 없다.
연장근로 제한 특례조항 개정	제53조(연장 근로의 제한) ① 당사자 간에 합의하면 1주 간에 12시간을 한도로 제50조의 근로시간을 연장할 수 있다. 제59조(근로시간 및 휴게시간의 특례) 1. 육상운송-5. 보건업	제53조(연장 근로의 제한) ① 당사자 간에 합의하면 1주 간에 8시간을 한도로 제50조의 근로시간을 연장할 수 있다. 제59조(근로시간 및 휴게시간의 특례) ~~1. 육상운송~~5. 보건업
유급휴가 병가조항 개정신설	제60조(연차유급휴가) ① 사용자는 1년간 80 퍼센트 이상 출근한 근로자에게 15일의 유급 휴가를 주어야 한다. 제62조(유급휴가의 대체)	제60조(연차 유급휴가) ① 사용자는 1년간 80 퍼센트 이상 출근한 근로자에게 20/25일의 유급 휴가를 주어야 한다. 제62조(유급휴가의 대체 및 유급병가) ① ② 사용자는.. 유급병가를 주어야 한다. <신설>

(근로기준법) 50조~60조 관련 조항(1일 시간, 1주 시간, 연장시간, 연차&병가)
(법률 지원) 「고용정책 기본법」, 「세법」 등 유관 관련 개정 법률검토
(지원 정책) 소득 감소 등 사회보험료 및 교육훈련, 돌봄 등 이전소득 지원, 저임금, 중소사업장 세제 지원(고용창출 투자세액공제)

---

58) 유럽연합 및 몇몇 국가들이 시행하고 있는 '연결되지 않을 권리'(Right to disconnect) 법제화 추진(한국: 근로기준법 제50조 ③대기시간 조항 혹은 56조 ②업무종료개정 등)이나 EU 2002년 텔레워크협약, 독일 2021년 모바일 법안 공표, EU 각 회원국 자국 법제화 권고 등을 참고하는 것이다.

ILO 노동시간 협약 & 권고

11.1. Hours of work, weekly rest and paid leave

Up-to-date instrument	C014 – Weekly Rest (Industry) Convention, 1921 (No. 14)
	C106 – Weekly Rest (Commerce and Offices) Convention, 1957 (No. 106)
	R103 – Weekly Rest (Commerce and Offices) Recommendation, 1957 (No. 103)
	C175 – Part-Time Work Convention, 1994 (No. 175)
	R182 – Part-Time Work Recommendation, 1994 (No. 182)
	R116 – Reduction of Hours of Work Recommendation, 1962 (No. 116)
Instrument with interim status	C001 – Hours of Work (Industry) Convention, 1919 (No. 1)
	C030 – Hours of Work (Commerce and Offices) Convention, 1930 (No. 30)
	C047 – Forty-Hour Week Convention, 1935 (No. 47)
	C132 – Holidays with Pay Convention (Revised), 1970 (No. 132)
	R098 – Holidays with Pay Recommendation, 1954 (No. 98)
Instrument to be revised	C153 – Hours of Work and Rest Periods (Road Transport) Convention, 1979 (No. 153)
	R161 – Hours of Work and Rest Periods (Road Transport) Recommendation, 1979 (No. 161)
Outdated instrument	C052 – Holidays with Pay Convention, 1936 (No. 52)
	C043 – Sheet-Glass Works Convention, 1934 (No. 43)
	C049 – Reduction of Hours of Work (Glass-Bottle Works) Convention, 1935 (No. 49)
	R047 – Holidays with Pay Recommendation, 1936 (No. 47)
	C101 – Holidays with Pay (Agriculture) Convention, 1952 (No. 101)
	R093 – Holidays with Pay (Agriculture) Recommendation, 1952 (No. 93)
	C067 – Hours of Work and Rest Periods (Road Transport) Convention, 1939 (No. 67)
Abrogated	C031 – Hours of Work (Coal Mines) Convention, 1931 (No. 31)
	C046 – Hours of Work (Coal Mines) Convention (Revised), 1935 (No. 46)
	C051 – Reduction of Hours of Work (Public Works) Convention, 1936 (No. 51)
	C061 – Reduction of Hours of Work (Textiles) Convention, 1937 (No. 61)
Withdrawn	R018 – Weekly Rest (Commerce) Recommendation, 1921 (No. 18)
	R021 – Utilisation of Spare Time Recommendation, 1924 (No. 21)
	R037 – Hours of Work (Hotels, etc.) Recommendation, 1930 (No. 37)
	R038 – Hours of Work (Theatres, etc.) Recommendation, 1930 (No. 38)
	R039 – Hours of Work (Hospitals, etc.) Recommendation, 1930 (No. 39)
	R063 – Control Books (Road Transport) Recommendation, 1939 (No. 63)
	R065 – Methods of Regulating Hours (Road Transport) Recommendation, 1939 (No. 65)
	R066 – Rest Periods (Private Chauffeurs) Recommendation, 1939 (No. 66)

ILO 22개 협약 및 권고안

한국 1935년 47호 협약 (주40시간)

11.2. Night work

Up-to-date instrument	C171 – Night Work Convention, 1990 (No. 171)
	R178 – Night Work Recommendation, 1990 (No. 178)
	P089 – Protocol of 1990 to the Night Work (Women) Convention (Revised), 1948
Instrument with interim status	C089 – Night Work (Women) Convention (Revised), 1948 (No. 89)
	Request for information
	R013 – Night Work of Women (Agriculture) Recommendation, 1921 (No. 13)
Outdated instrument	C020 – Night Work (Bakeries) Convention, 1925 (No. 20)
	Abrogated
	C004 – Night Work (Women) Convention, 1919 (No. 4)
	C041 – Night Work (Women) Convention (Revised), 1934 (No. 41)
Withdrawn	R064 – Night Work (Road Transport) Recommendation, 1939 (No. 64)

https://www.ilo.org/dyn/normlex/en/f?p=NORMLEXPUB:12100:0::NO:

주: 한국은 국제노동기구(ILO)의 노동시간 관련 협약과 권고 22개 중 1개(1935년 주40시간 협약)만 비준

③ 지방정부의 노동정책 실험과 제도화 모색, 정책 모델 지향

- 과제1. 지방정부의 다양한 선제적 노동정책 실험 모색

- 과제2. 지방정부 노동정책 제도화 – 조례, 중간지원조직, 기금 설치 등

  – 각 지자체 노동정책 모델 – 노동복지기금, 새로운 의제 도입

  – 광역, 권역 도심, 기초 지속 가능한 노동정책 – 시민참여형 플랫폼

노동정책 제도화와 기반 조성을 위해(지속 가능성) 노동법률 개정을 중앙과 지역 노동조합 및 이해관계자들이 입법 추진을 할 필요가 있습니다. 대표적으로 「노사관계 발전 지원에 관한 법률」과 동 법률의 「시행령」 개정을 통한 지방정부 노동정책 활성화(구축, 지원 등)가 함께 모색할 과제입니

헌법 32조, 33조 노동기본권 헌법 개정 운동
노동3권 + 노동안전 + 정의로운 전환 등

포괄적 정체성 정책 의제화	1) 노동기본권 확대 + 최저기준선 보장 확장 운동 2) 근기법 노동자 + 불안정 노동의 일하는 시민 확대
노동정책 운동 결합	1) 새로운 상상력 정책 의제 제시 (예: 미래의제, 이행프로그램) 2) 입법 + 정책 개입 + 강력한 운동 결합 모델 (예: **네트워크)
법제도 수립 대안 공론화	1) 노동정책 입법 기구 제안 & 출범 (예: 헌법 개정 운동 등) 2) 하위 입법 & 공론화의 장 (예: 가칭 '시민의회' 설치운영)

다. 현행 노사민정협의회 사업 지원(정부 사무)처럼 지방정부 노동행정 전담 부서 설치 및 운영, 노동권익센터 지원 교부금 의무화는 2023년의 주요한 목표로 입법화해야 합니다. 또한 조직된 노동조직이 아닌 미조직노동자·비임금 노동자(특수고용, 프리랜서, 플랫폼노동 등)들이 정책에 참여할 수 있는 '노동 플랫폼'을 운영하여 정책의 폭을 확장하고 시민과 노동이 함께하는 정책으로 발전시킬 필요가 있습니다.

을지로위원회는 조직노동이 사회정의연대기금을 조성하는 등 노동기본권 향상 운동을 하는데 학계 및 시민사회와 함께하고, 지방정부에서 진보적 노동정책을 추진할 방안을 모색해야 합니다. 노동운동과 시민사회진영의 공동의 대안적 논의기구인 시민의회 등을 운영하여 대안적인 정책을 함께 모색할 필요도 있습니다.

'시장 정의'market justice가 '사회 정의'social justice를 압도할 것 같지만 항상 그렇진 않았습니다. 시민들은 자본의 권력이 아닌 불평등한 노동자들에게 힘을 실어 주었습니다. 시민들은 이윤은 향유하면서도 노동자들의 안전을 외면한 기업에는 채찍을 가했습니다. 노사관계에 국가 폭력과 공권력이 투입된 현실을 방관하지도 않았습니다. 권력의 억압과 부당함에 시민적 저항은 변화의 굴곡을 만들었습니다. 그렇기에 보편적 노동기본권과 사회정책 그리고 이행프로그램을 만들기 위한 지혜를 모을 시점입니다.

때론 비이성적이고 비현실적인 이야기가 대안과 상상력을 촉발시킬 수도 있습니다. 변화의 불확실성에 자신감을 갖지 못하면 두려움 탓에 그 무엇도 비현실적 논의로 들립니다. 지난 5년의 경험을 뼈아프게 곱씹어봐야 합니다. 정권이 바뀌어도 움직일 수 없는 정책유산을 만들어야 합니다. 지금은 각자의 삶이 아니라, 불평등한 현실에 함께 책임감을 갖고 해법을 찾을 시기입니다.

노동 의제 영역(8)	세부 정책 과제(30)	주요 내용
1. 미래노동과 사회 전환 제도개선	1.1 (모든) 일하는 사람 권리 보장 법	임금노동자뿐만 아니라 특고, 플랫폼노동, 프리랜서 등 노동기본권 포괄 법률 제정
	1.2 근로기준법 모든 대상 적용 확대	5인 미만, 초단시간, 고령자 등 근기법 예외 조항 점진 확대 적용
	1.3 노동자 최저 기준선 보장 제도화	산업&부문, 고용형태, 지역 등에 따른 차별적 노동조건과 사회안전망 최저 기준선 수립(ILO)
	1.4 사회적 대화 기구 확대 강화	현 경사노위 구조 재편하여 국가·산업·고용·임금·노동시간 등 정책 수립
	1.5 노동인권 기구 위상 강화 및 참여 확대	국가인권위원회 상임위원 노동자 몫 할당 요청(여야)
	1.6 공공, 금융 등 사회 공공성 강화	사회공공성 운영 기구 설치 운영 및 재정, 조직 편성 법제화 등

노동 의제 영역(8)	세부 정책 과제(30)	주요 내용
2.고령화시대 평생학습, 일의 미래로의 전환	2.1. 시민활동·직업 활동 계좌제	노동자 누구나 교육 훈련 받을 권리
	2.2 평생 학습과 직업훈련 지원	고령, 퇴직, 은퇴자 직업훈련, 숙련형성 지원 강화
	2.3 기후위기 시대 노동자 지원	일터에서의 고용의 질 전환
	2.4 산업 전환과 디지털 전환 시기 노동자 지원	전통적 탄소 배출 업종 및 금융, 서비스 등 산업 전환과 디지털 전환 시기 정의로운 전환
3. 성평등 및 청년정책, 돌봄 및 사회서비스 강화	3.1 성평등 임금공시제	고용형태 공시제 + 성별 임금 공시제 공공 및 민간 300인 이상 기업 확대
	3.2 성평등한 교섭과 대표성 강화	(프랑스) 성평등한 단체교섭 체결
	3.3 청년 일자리 및 보장	청년보장제도 도입 통한 청년 양질의 일자리 모색(NEET 해결)
	3.4 사회서비스 돌봄 공공성 강화	사회서비스 돌봄, 필수노동자 공공부문 역할 강화, 사회서비스원 확대
4 보편적· 사회적 보호 제공	4.1 전 국민 사회안전망 모델 구축	사회 안전망 사각지대 해소(실업부조 확대 강화)
	4.2 일하는 모든 사람 고용보험	고용보험 대상 확대 및 보장성 강화
	4.3 일하는 모든 사람의 상병수당·유급병가	상병수당 확대 및 유급병가 법제화
	4.4 일하는 모든 사람 산업안전 편입	특고, 플랫폼 노동 등 적용 확대
5. 노동기본권 - 노조할 권리 및 안전 및 차별 해소	5.1 노동기본권 확대	헌법 32조, 33조 개정 (근기법 및 노조법 확대)
	5.2 동일가치노동 동일임금	업종별 동일노동 동일임금, 산업별 최저임금 및 표준임금 모델 확대
	5.3 정신건강 및 디지털 건강	감정노동, 괴롭힘, 디지털 트라우마 정신건강 체계 강화
	5.4 산업안전 예방과 보상체계 강화	산업안전보건 확대 개편 및 중대재해기업처벌법 확대 강화
	5.5 비정규직 고용안정과 차별 해소	고용안정성 및 고용유지 강화 차별 및 구제신청 등 노조 기능 부여

노동 의제 영역(8)	세부 정책 과제(30)	주요 내용
6. 노동자의 삶 - 시간 주권 강화	6.1 최소 생활노동시간보장제	15시간 초단시간 등 최소생활노동시간 보장제
	6.2 장시간과 야간노동	불규칙노동 및 52시간 장시간 및 야간노동 규제(ILO 48시간 및 야간노동) → ILO 노동시간 22개 비준 정부 요청
	6.3 시간 주권과 생애주기 노동	주4.5일제, 주4일제 등 다양한 노동시간 정책(일과 삶의 균형 노사정 논의)
	6.4 일과 삶의 균형	연차휴가 확대(20일 등), 다양한 휴가 제도 활성화(장기 등)
7. 노동자 대표성 강화 - 경영참여 및 지원	7.1 경영참여-노동이사제	노동이사제 공공기관 대상 확대 300인 이상 대기업(참관/추천 이사제부터, 노동이사제로)
	7.3 산업별 단체교섭 효력 확대	단체협약 효력 확장 확대(36조 등) (업종, 지역)
	7.3 중소영세 사업장 노동자 및 주변부 노동자 이해대변 강화	비정규직, 중소기업 노동자 등 취약 노동자 지원(주거복지, 사회보험료 등) 및 조직화 및 이해대변 강화
	7.4 플랫폼노동, 프리랜서 보호	불안정노동자 보호와 안전망 이해대변 기구/강화
8. 사회 연대와 대화 촉진	8.1 연금과 노동-정년	고령화 시대 정년연장(65세) 연금 보장성 강화
	8.2 사회정의 연대기금	노사정 사회정의&연대 기금 지자체 노동복지기금 설치 운영
	8.3 지방정부 노동정책 강화	지자체 노동정책 전담 기구설치 운영 의무화(노동센터 전달체계 등)
	8.4 지역의 사회적 대화	지자체 노사민정 개편 활성화 지자체 퇴직은퇴 훈련센터 운영

5장
산업전환의 길

산업전환과 중소기업의
공정 성장

들어가는 글

코로나 팬데믹을 겪고 나서 세계 경제는 새로운 국면에 진입하고 있습니다. 세계 경제는 회복 국면에 진입하였으나 중국을 비롯한 주요국의 성장률이 하락하면서 코로나-19 이전에 비해 성장률이 낮아질 전망입니다. 고금리와 원자재 가격 상승, 고물가 등이 우리나라를 포함한 세계 주요국 경제에서 일반적인 현상으로 확산되고 있습니다.

ICT 기술혁신과 산업의 디지털 전환은 코로나 팬데믹을 겪으면서 가속화되었으며, 이는 경기 침체의 와중에 대기업-중소기업, 전통산업-(ICT를 활용한) 신산업 사이의 양극화를 심화시켰습니다. 구글, 아마존 같은 글로벌 ICT 기업들은 다른 기업들보다 훨씬 빠르게 성장했고 2019년에는 상위 10%의 기업이 하위 25%의 기업보다 2배 빠르게 성장하였지만 2021년에는 5배 빠르게 성장하였으며, UN은 팬데믹 상황에서 디지털 격차가 경제적 불평등을 심화시켰고 이는 불평등의 새로운 얼굴^{new face of inequality}이라고 명명하기도 했습니다.[59]

위기이자 기회인 디지털·에너지 전환의 시대

우리나라 경제도 코로나 팬데믹 이후 디지털 전환이 가속화되는 과정에서 소수 재벌 대기업으로의 경제력 집중이 심화된 것으로 나타났습니다. 2019년에 비해 10대 재벌 매출이 2019년 1070조 원에서 2021년에는 1209조 원으로 급증했으며, 이는 국내총생산(명목 GDP 기준) 대비 비중이 55.6%에서 58.3%로 증가했습니다.[60]

이에 반해 중소기업은 전 세계적인 봉쇄와 집합금지 조치로 인해 비대면 경제 활동이 증가하면서 생산과 매출이 크게 감소했고 대기업과 중소기업 간 격차가 심화되었습니다. [그림 1]에 나타나듯이 2015년을 100으로 할 때 팬데믹 직후인 2020년의 대기업의 제조업 생산지수는 109로 9% 증가하지만 중소기업의 생산지수는 95.3으로 6% 가까이 감소했습니다. 이후 2022년 8월에 대기업의 생산지수는 123.4로 증가했지만, 중소기업의 생산지수는 96.8%로 거의 회복되지 못했습니다.

중소기업중앙회가 2022년 1월에 실시한 조사에 의하면, 중소기업의 43.8%가 코로나 팬데믹으로 인해 양극화가 심화되었다고 응답했습니다.[61]

---

59) ESCAP, 아시아·태평양 국가의 디지털 전환 실태와 과제, 해외정책동향, 2022년 12호, 중소벤처기업연구원.

60) 한계레신문, 삼성 날고 다른 재벌 '경제력 집중' 커졌는데…윤 정부 정책은 '친재벌', 2022.6.27. https://www.hani.co.kr/arti/economy/marketing/1048550.html

[그림 1] 대중소기업 제조업 생산지수의 변화

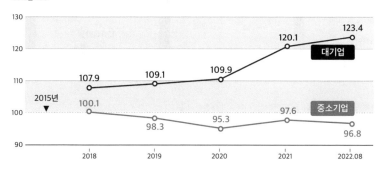

대중소기업간 제조업 생산지수 변화
*2015년=100

자료: 머니투데이, 2022.12.8., 52시간 적용 후 대·중소기업간 생산성 격차 더 벌어졌다, https://news.mt.co.kr/mtview.php?no=2022120713213325160

비대면 플랫폼 경제가 확산되고, 디지털 전환이 가속화되면서 플랫폼 기업에 의한 시장잠식과 불공정 행위가 증가하였다고 응답한 것입니다. 특히, 하도급 거래나 하청생산에 종사하는 중소기업들의 경우 팬데믹의 영향으로 원부자재 구매 가격이 상승하였으나 납품단가에 반영이 되지 않아 수익성이 저하되었다고 응답했습니다.

이런 상황에서 대기업과 중소기업 간 생산성의 격차는 확대되고 있습니다. 같은 중소기업중앙회 조사결과에 의하면, 1인당 매출은 중소기업이 평균 271백만 원인데 비해 대기업은 평균 1141백만 원으로 4.2배 차이가 났습니다. 종사자 1인당 부가가치 생산액인 노동생산성은 중소기업이 120

---

61) 중소기업중앙회, 중소기업성장시대로의 대전환, 신년기자회견자료, 2022년 2월

[그림 2] 대중소기업 간 생산성 격차

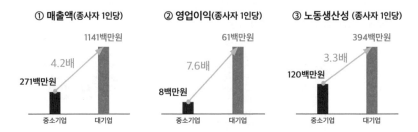

① 매출액(종사자 1인당) ② 영업이익(종사자 1인당) ③ 노동생산성 (종사자 1인당)

자료원: 중소기업중앙회, 중소기업성장시대로의 대전환, 신년기자회견자료,2022년 2월

[그림 3] 대중소기업 간 임금격차와 중소기업의 인력 부족

기업 규모별 월급여 추이

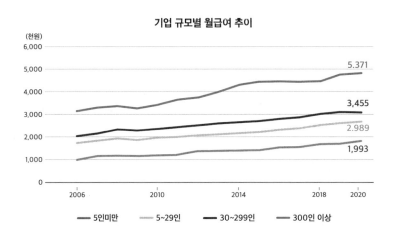

월급여 (2019년 기준)

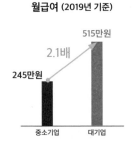

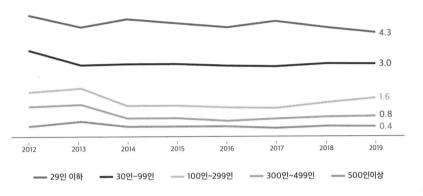

규모별 산업기술인력 부족률 현황

	2012	2013	2014	2015	2016	2017	2018	2019

4.3
3.0
1.6
0.8
0.4

━━ 29인 이하   ━━ 30인~99인   ━━ 100인~299인   ━━ 300인~499인   ━━ 500인이상

자료: 중소기업중앙회, 중소기업성장시대로의 대전환, 신년기자회견자료, 2022년 2월

백만 원인데 반해, 대기업은 394백만 원으로 3.3배 큰 것으로 나타났습니다.

이런 생산성의 차이는 대기업과 중소기업 간 임금의 차이를 가져오고, 중소기업의 인력난 심화로 이어집니다. 2019년 기준으로 종사자 1인당 월평균 급여는 중소기업이 245만 원인 반면 대기업은 515만 원으로 중소기업의 급여 수준은 대기업의 절반에도 못 미치는 수준입니다. 대기업과 중소기업 간 임금격차는 지난 20년간 지속적으로 확대되어 왔으며, 그 결과 청년들의 중소기업 취업 기피 현상이 심화되었고 중소기업은 만성적인 인력난을 경험하고 있습니다.

코로나 팬데믹으로 글로벌 공급망이 원활하게 작동하지 않는 상황에서 미국을 중심으로 강력한 리쇼어링과 자국 산업 보호, 첨단기술 제품의 대중국 수출금지 등 신보호무역주의 정책이 강화되면서 수출 의존도가 높은 우리 경제는 심각한 타격을 받고 있습니다. 경제성장률 하락, 고금리의 지속, 원자재 가격과 소비자 물가의 상승, 제조업 생산과 수출 부진 등은 중소기업의 생존과 성장을 크게 위협할 것으로 예상됩니다.

특히, 국제 교역 질서의 변화에 대한 대응 능력이 취약한 우리나라 중소기업 수출은 심각한 어려움에 부닥치고 있습니다. 2022년 상반기까지 증가세였던 중소기업의 수출은 2022년 하반기부터 감소세로 돌아섰습니다. 주력 품목인 자동차(+133.5%)의 수출 확대에도 불구하고, 반도체(-21.0%), 합성수지(-18.5%), 플라스틱 제품(-17.2%) 등의 수출 부진으로 전체 수출이 줄었으며, 향후의 수출 전망도 매우 불투명합니다.

[표 1] 대중소기업 수출 추이

기업규모별 수출											
(억달러, %)	2021				2022				2023		
	연간	1월	2월	3월	연간	1월	2월	3월	1월	2월	3월
전체	6,444.0 (25.7)	480.1 (11.4)	447.1 (9.3)	536.9 (16.3)	6,835.8 (6.1)	554.6 (15.5)	541.6 (21.1)	637.9 (18.8)	463.8 (-16.4)	500.5 (-7.6)	551.1 (-13.6)
중소기업	1,154.8 (14.7)	84.0 (13.0)	80.6 (2.8)	101.8 (15.6)	1,144.6 (-0.9)	96.5 (14.9)	89.8 (11.4)	110.1 (8.2)	80.0 (-17.1)	92.8 (3.3)	100.2 (-9.0)
중견기업	1,129.4 (26.4)	84.1 (14.6)	79.3 (8.4)	95.0 (14.8)	1,237.0 (9.5)	100.5 (19.5)	94.7 (19.4)	113.9 (19.9)	88.7 (-11.7)	92.5 (-2.3)	103.0 (-9.6)
대기업	4,147.3 (29.1)	310.6 (10.6)	286.1 (11.5)	338.5 (16.7)	4,439.1 (7.0)	356.1 (14.7)	356.5 (24.6)	414.0 (22.0)	294.5 (-17.3)	314..2 (-11.9)	346.8 (-16.0)

주: 괄호는 전년동기대비 증가율
자료: 중소벤처기업연구원, KOSI 중소기업동향, 2023년 4월호

코로나 팬데믹으로 가속화된 디지털 전환과 함께 산업의 구조적 전환을 추동하고 있는 또 하나의 요인은 탄소중립을 위한 에너지 전환입니다. 팬데믹 상황에서 온실가스로 인한 기후변화와 지구 생태계의 지속가능성에 대한 우려가 전 세계적으로 새롭게 인식되었고 2050년 탄소중립

실현이 글로벌 의제로 부상했습니다. 세계 주요국들이 2025년 탄소중립을 선언하였으며, 우리나라는 2020년 10월에 탄소중립을 선언하고, 그 후속 조치로 2021년 10월에 2030년까지의 온실가스 감축목표를 40%로 설정한 탄소중립 시나리오를 발표했습니다.

탄소배출 감축 정책을 가장 적극적으로 실행하고 있는 EU는 탄소국경조정메커니즘[CBAM](탄소국경세)을 2026년부터 본격 시행할 예정이며, 2023년부터는 일정 규모 이상의 기업들로 하여금, 탄소배출량 보고를 의무화할 계획입니다. EU가 시행하는 탄소국경세의 적용 대상은 역내 기업뿐만 아니라, EU에 완성품이나 부품을 수출하는 역외 기업들과 그들 업체에 공급하는 중소기업들까지 해당됩니다. 따라서 EU에 수출하거나 수출 기업에 부품 및 소재를 공급하는 우리나라 중소기업들도 이에 대한 대응이 필요한 상황입니다.

탄소중립을 위한 에너지 전환 정책은 각국 정부뿐만 아니라 민간의 투자기관들과 글로벌 기업들도 적극적으로 참여하고 있습니다. 애플, 구글 등 335개 글로벌 기업이 참여한 RE100은 기업이 사용하는 전력량의 100%를 2050년까지 재생에너지로 충당하겠다는 캠페인입니다. 이들은 캠페인에 참여한 기업뿐만 아니라 거래하는 모든 기업에게도 RE100을 요구하고 있습니다. 또한 투자운용사나 투자은행들도 온실가스 감축을 투자에 반영하는 이른바 ESG 투자를 확대하고 있습니다. 때문에 RE100 기업과 거래하거나 ESG 투자를 하는 투자기관으로부터 투자를 받고자 하는 중소기업들은 온실가스 배출을 적극적으로 줄여나가야 합니다.

이처럼 우리나라의 중소기업들은 향후 산업의 대전환기에 동반되는 여러 가지 복합위기에 직면해 있습니다. 중소기업은 대기업에 비하여 이러한 위기에 대한 대응능력이 취약하기 때문에 디지털 및 에너지 전환으로 이루어지는 산업전환으로 인하여 대중소기업 간 양극화는 심화될 가능성이 높습니다. 특히, 노동집약적 서비스업과 같은 특정 업종이나 지역을 중심으로 한 산업전환은 중소기업에 큰 위기 요인으로 작용할 것입니다.

우리 경제의 잠재성장률을 제고하고 일자리 창출을 위해서는 중소기업과 벤처기업이 산업전환에 능동적으로 대응할 수 있게 정부가 적극적으로 지원해야 합니다. 산업전환 과정에서 대중소기업 간 공정한 경쟁과 거래가 이루어지는 시장질서 확립을 위해서 입법을 통한 제도 마련도 필요합니다. 또한 중소기업과 벤처기업의 산업전환 대응 활동에 대한 정부의 재정적 지원도 확대되어야 합니다.

이 글에서는 디지털 및 에너지 전환 두 축으로 전개되는 산업 전환이 중소기업에 미치는 영향과 이에 대한 중소기업의 대응 전략을 살펴보고, 중소기업의 성공적인 산업전환 대응을 위한 정부의 정책 방향과 구체적인 정책과제를 제시합니다.

산업전환이 중소기업에 미치는 영향

디지털 전환이 중소기업에 미치는 영향

코로나-19 이전부터 ICT 기술혁신으로 촉발된 4차 산업혁명

2010년대 중반부터 인공지능, 빅데이터, 사물인터넷^{IoT}, 로봇 등 ICT 기술의 발전이 가속화되면서 제조업과 서비스업을 포함한 대부분의 전통산업에서도 디지털 기술을 광범위하게 활용하여 가치사슬을 재구축하고 산업구조를 재편하는 4차 산업혁명이 진행됐습니다. 4차 산업혁명은 정보를 자동으로 수집하고 분석하여 현실과 가상의 세계를 하나로 연결한 O2O^{Online-To-Offline} 체계를 구축하며, '초연결성', '초지능화', '융합화'에 기반하여 전 산업의 디지털 전환을 촉진하였습니다. 또한, 제조업과 서비스업의 융합으로 산업 인터넷, 디지털 헬스케어 등과 같은 신산업들이 창출되었습니다. 전기차 판매 후 지속적인 업그레이드를 제공하는 테슬라나 센서 부착 비행기 엔진을 판매한 후 센서를 통해 수집한 정보로 연비증강, 사전정비 등의 서비스를 제공하는 GE 등은 사물인터넷 기술을 활용하여 새로운 시장을 창출하는 대표적인 예라고 할 수 있습니다.

전통적인 제조업에서는 맞춤형 소량생산 및 실시간 A/S를 제공하는 스마트 팩토리의 확산, 서비스업에서는 디지털 노동플랫폼, 스마트 물류 및 스마트 서비스가 빠르게 성장하고 있습니다. 스마트 팩토리는 정보통신기술을 활용하여 통합화·지능화·유연화·최적화를 구현하는 지능형 생산 시스템으로 글로벌 선도기업을 중심으로 도입 및 운용이 확대되고 있으며, 관련 기술의 혁신도 가속화되고 있습니다. 디지털 노동플랫폼은 모바일 어플리케이션 또는 웹사이트를 통해 특정 부문의 노동 수요와 공급을 연계하는 시스템으로 플랫폼 이용자 수가 점점 증가하고 있습니다. 스마트 물류는 IT기술 접목을 통해 물류의 제반 단계를 실시간으로 통제·관리하기 위한 지능형 통합 물류체계로 미국과 중국의 빅테크 주도로 시스템 구축이 진행 중이며 우리나라에서는 쿠팡과 같은 온라인 유통업체들이 도입하고 있습니다. 스마트 서비스는 다양한 형태의 서비스에 무인화·자동화·원격화 등 정보통신기술을 적용하여 기존의 서비스 제공 방식을 대체·보완한 것으로 식당, 의료 등 대면서비스 중심으로 디지털 전환이 진행 중입니다.

4차 산업혁명의 확산으로 플랫폼 기반의 비정규직 노동자와 이를 매개하는 플랫폼 시장도 크게 성장하고 있습니다. 글로벌 시장조사기관 스태티스타^{Statista}는 2022년 기준 미국의 약 6800만 명의 근로자가 이른바 긱 워커$^{Gig\ Worker}$로 불리는 플랫폼 노동자들이며, 2028년까지 긱 워커의 수는 미국 내 노동자의 50%가 훨씬 넘는 9010만 명에 이를 것으로 예측했습니다. 글로벌 긱 이코노미 시장규모는 2018년 2040억 달러에서 2023년 4550억 달러로 2배 이상 급증할 것으로 전망하고 있습니다. 미국 시장에 비하면 낮은 수치이지만 국내 상황도 비슷한 추이를 보이는데, 통계청 조사를 기준으로 보스턴컨설팅그룹^{BCG}이 추산한 바에 따르면, 국내 전체 취업자 2600만 명 중 1천만 명이 긱 워커입니다.[62]

디지털 전환은 서버, 라우터 등의 유형자본과 소프트웨어, 빅데이터 분석 역량 등의 무형자본을 포함한 디지털 자본의 축적을 통한 생산·유통 효율성 개선, 네트워크 효과를 통한 기업 간 경쟁 촉진과 소비자 후생 증대 등으로 생산성 증대에 긍정적 영향을 미칩니다. 과거의 전산화는 사내 업무나 사내 유저를 대상으로 한 비용 절감과 품질 향상을 목적으로 서류의 폐지, 매출 관리 자동화 등의 업무 효율화를 도모했지만 디지털 전환은 회사 내부와 사외 관계자(고객, 거래처 등)가 함께 디지털 기술을 활용해 제품이나 서비스, 비즈니스 프로세스를 전환시켜 새로운 가치를 만듭니다.

다만, 생산성 개선효과는 기업여건별·기술유형별·산업별로 상당한 차이가 있고 디지털 전환에 수반되는 무형투자로 인해 디지털 전환과 생

---

62) BCGKorea, Unlocking the potential of the Gig Economy in Korea, 2022

산성 개선 간에는 시차가 존재할 수 있습니다. 다음 [그림 4]에서와 같이 전사적 자원관리 시스템인 ERP의 경우 생산성이 낮은 대기업들에서 생산성 증대 효과가 크게 나타나는 반면에 클라우드 컴퓨팅은 소기업이거나 이미 높은 수준의 생산성을 달성한 기업들의 추가적인 생산성 증대에 효과적입니다.

코로나 팬데믹, 디지털 전환 촉진의 기폭제

세계 각국이 팬데믹에 대응한 봉쇄조치로 인간 상호작용을 최소화하고 비접촉 온라인 서비스 사용을 장려하였습니다. 한국 정부는 비대면 바우처와 같은 재정 지원을 통해 온라인 서비스 소비를 촉진하였고 이에 따라 기업들은 온라인 쇼핑, 원격근무, 화상회의 및 원격교육을 더 많이 활용했습니다. 그 결과 디지털 전환을 추동하는 ICT 산업은 팬데믹 기간 동안 큰 폭으로 성장하였습니다.

우리나라 데이터 산업의 규모를 보면 시장 규모는 2019년 15.5조 원 규모에서 2021년 19.3조 원 규모로 성장하였으며, IoT 기기 서비스 가입자 수는 2019년 2144만 개에서 2021년 3000만 개로 늘어났고, 같은 기간 전 국민의 OTT 서비스 이용률도 42.7%에서 66.3%로 증가하였다. 기업들의 클라우드 서비스 이용률도 2017년 17.2%에서 2020년 23.5%, 스마트 팩토리 도입 기업은 2019년 7,900개 기업에서 2021년 19,800개 기업으로 증가했습니다.[63]

---

63) 과학기술정보통신부 보도자료, 코로나-19 이후 시대, 4차 산업혁명으로 촉발된 디지털 전환은 어떻게 진행되고 있나?, 2021.10.6.

[그림 4] 디지털 전환에 따른 생산성 증대 효과 차이

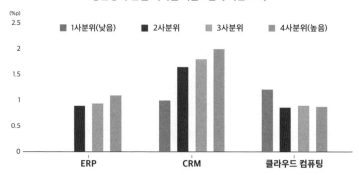

생산성 수준별 디지털 기술도입에 따른 효과[1) 2)]

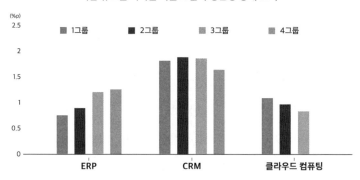

기업 규모별 디지털 기술 도입의 생산성 증대 효과[1) 3)]

주: 1) 디지털 기술 도입 비율이 10%p 확대될 때의 생산성 증가율 확대폭
   2) 생산성 수준별 분류는 디지털 기술 도입 전 TFP에 근거하여 4개 집단으로 구분
   3) 기업 규모는 근로자수 기준으로 1그룹은 10~20명, 2그룹은 21~50명, 3그룹은 51~250명, 4그룹은 250명 초과
자료: 한국은행, 디지털 전환이 생산성 및 고용에 미치는 영향, 국제경제 리뷰, 제 2021-12호, 2021.6.11.

산업의 디지털 전환, 중소기업에게는 기회인 동시에 위협

코로나 팬데믹 과정에서 급속하게 진행된 디지털 전환은 새로운 스타트업의 창업과 유니콘기업으로의 성장을 촉진했습니다. 코로나 팬데믹 기간 동안 부동산 임대업을 제외하더라도 3년 간 창업 기업의 수는 증가했습니다([표 2]). 코로나 팬데믹의 영향을 크게 받은 숙박 및 음식점업과 제조업의 창업은 감소하였으나 디지털 전환을 선도하는 업종인 ICT 업종을 포함한 전문, 과학 및 기술 서비스업의 창업이 크게 증가했기 때문입니다.

[표 2] 주요 업종별 창업 동향((단위: 개, %)

		'19년	'20년	'21년	'22년
전 체		1,285,259 (△4.4)	1,484,667 (15.5)	1,417,973 (△4.5)	1,317,479 (△7.1)
	실질 창업 (부동산업 제외)	1,005,462 (2.9)	1,046,814 (4.1)	1,100,589 (5.1)	1,111,718 (1.0)
	기술기반업종	220,607 (4.0)	228,949 (3.8)	239,620 (4.7)	229,416 (△4.3)
제조업		52,317 (△8.7)	49,928 (△4.6)	47,989 (△3.9)	41,595 (△13.3)
도매 및 소매업		333,246 (7.9)	390,055 (17.0)	425,446 (9.1)	456,426 (7.3)
숙박 및 음식점업		185,116 (1.3)	166,548 (△10.0)	161,283 (△3.2)	156,489 (△3.0)
정보통신업		30,336 (5.5)	36,760 (21.2)	45,578 (24.0)	46,041 (1.0)
금융 및 보험업		7,739 (9.3)	8,245 (6.5)	10,833 (31.4)	8,541 (△21.2)
전문, 과학 및 기술서비스업		46,413 (14.7)	54,411 (17.2)	65,134 (19.7)	58,035 (△10.9)
예술, 스포츠 및 여가 관련 서비스업		31,139 (△4.9)	27,904 (△10.4)	26,576 (△4.8)	28,318 (6.6)

* ( ): 전년동기대비 증감률, 자료: 중소벤처기업부 보도자료, 2023.3.3.

기술집약적 창업의 증가와 더불어 문재인 정부의 적극적인 벤처창업 지원 정책과 민간의 벤처투자가 증가하면서 2017년부터 제2의 벤처붐이 조성되었습니다. 기술 기반 창업 기업의 수는 2019년에 22만 개 수준에서 2021년 24만 개 수준으로 증가했습니다.[64]

벤처캐피탈에 의한 벤처투자 규모는 2018년 3.4조 원 규모에서 2021년 7.6조 원 규모로 크게 증가했습니다.[65] 신규 벤처투자가 급증함으로써 국내 벤처기업과 스타트업에 풍성한 자금을 공급하고 이를 통해 기업가치가 1조 원 이상인 유니콘기업도 2022년 상반기 기준으로 총 23개사가 됐습니다. 2021년 말 기준으로 매출 1000억 원 이상을 달성한 벤처기업의 수는 총 739개사로 2020년 말 기준 633개사보다 106개사가 늘었습니다. 코로나 팬데믹을 전후한 2018년과 2021년 사이 연간 창업 기업과 벤처투자 규모는 2000년 제1차 벤처붐 시기보다도 더 커졌습니다([그림 5]).

[그림 5] 제2 벤처붐을 형성한 벤처 창업과 투자 추이

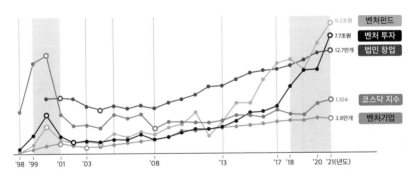

자료: OECD (2023a), Fertility rates (indicator). doi: 10.1787/8272fb01-en (Accessed on 08 May 2023)

---

64) 2022년에는 23만 개로 소폭 하락했는데, 2022년 하반기 금리인상과 경기 후퇴가 이유로 보임.

65) 이 역시 2022년에는 6.7조 원 규모로 전년에 비해 11.9% 하락함.

코로나 팬데믹으로 인한 디지털 전환의 가속화가 스타트업과 벤처기업에게는 큰 기회로 작용한 것으로 평가됩니다. 최근 경기 상황이 악화되어 일시적으로 벤처 창업과 투자가 위축되고 있으나 중장기적으로는 벤처기업의 창업과 성장이 이어질 것으로 예측되며, 기술과 지식 집약적인 기업군의 성장이 우리나라 전체 중소기업의 체질을 개선하고 경쟁력을 강화하는 데 도움이 될 것입니다.

ICT와 바이오 등 신기술 분야의 창업과 벤처기업이 크게 성장하는 동안, 전통 제조업과 서비스업 분야의 중소기업들은 디지털 전환에 대한 대응 능력 부족으로 코로나-19 이후 시장을 상실하고 경쟁력이 취약해졌습니다. 300인 미만의 중소제조업체 취업자 수는 2018년 222만 명에서 2021년 207만 명으로 15만 명 정도 감소했고 같은 기간 중소도소매업체 취업자 수는 363만 명에서 326만 명으로, 중소음식숙박업 취업자수는 222만 명에서 207만 명으로 각각 감소했습니다. 같은 기간 중소정보통신업의 취업자 수가 68만 명에서 72만 명으로, 기술서비스업도 89만 명에서 96만 명으로 증가한 것과 대비됩니다.[66]

아래 [표 3]을 통해 한국 중소기업의 4차 산업 관련 기술의 개발 및 활용 정도를 알 수 있습니다. 본 조사는 소기업을 제외하고 50인 이상이면서 자본금 3억 원 이상인 중기업들 중에서 4차 산업 관련 기술을 개발하거나 활용하고 있는 업체들을 조사한 것인데, 제조업의 경우 개발 또는 활용 기업의 비중이 10.77%에 불과하고, 정보통신업과 전기가스업, 금융보험업을 제외한 서비스업에서도 개발 또는 활용 기업의 비중이 10% 미

---

66) 중소벤처기업연구원, 중소기업동향 2023.3.

만입니다. 만약 조사 대상을 종업원 수 50인 미만의 소기업으로 확대한다면 그 비중은 더욱 낮아질 것으로 보입니다.

[표 3] '기업활동조사' 응답 기업의 4차 산업 관련 기술 개발·활용 현황(2020)

	계	제조업	전기 가스업	건설업	도매업 및 소매업	운수 및 창고업	숙박 및 음식업	정보 통신업	부동산 업	기타 산업	금융 보험업
4차산업 관련 기술 개발·활용 기업 수	1,773	662	11	42	161	42	14	553	9	188	91
비중a)(%)	100.0	37.34	0.62	2.37	9.08	2.37	0.79	31.19	0.51	10.60	5.13
전체 기업수	13,429	6,149	68	558	1,589	725	359	1,268	292	690	629
비중b)(%)	13.20	10.77	16.18	7.53	10.13	5.79	3.90	43.61	3.08	45.52	25.21

주: 1) 비중a)는 전체 4차산업 관련 기술개발·활용 기업 1,773개사 대비 업종별 비중을 의미
　　2) 비중b)는 업종별 전체 기업 수 대비 4차산업 관련 기술개발·활용 기업 수 비중을 의미
　　3) 전체 기업 수는 기업활동조사 대상에 해당하는 국내 회사법인 중 '상용근로자 50인 이상이면서 자본금 3억
　　　 원 이상'인 총 13,429개사 가운데 업종별 기업 수를 의미
자료원: KISDI, 코로나-19 이후 디지털 전환기 기업혁신 촉진을 위한 국가전략, 2022.

중소기업중앙회가 2021년에 조사한 '중소기업 디지털 성숙도 조사 결과'도 앞선 조사 결과와 마찬가지로 디지털 전환 대응이 제대로 이루어지고 있지 못하고 있는 점을 보여주고 있습니다([표 4]).

기업이 디지털 전환에 효과적으로 대응하기 위해서는 ▲디지털 전환 전략 수립 ▲새로운 비즈니스 모델 개발 ▲이를 실행하기 위한 조직과 인력 및 ICT 기술 확보 등을 통해 현장에 적용하여야 하는데, 중소기업은 모든 항목에서 준비가 미흡합니다. 특히, 제조업에 비해 서비스업의 경우 디지털 전환을 위한 전략의 수립과 실행을 위한 인력과 기술 준비 정도가

[표 4] 2021년 기준 '중소기업의 디지털 성숙도' 수준

	구분	제조업	비제조업
항목 (5점 만점)	디지털화 전략(5점 만점)	2.42	2.08
	새로운 비즈니스 모델 개발 및 활용	1.88	1.14
	디지털 전환시대 적응을 위한 기업문화 변화 시도	1.14	1.12
	디지털 전환시대 대처를 위한 전문인력 확보 정도	1.83	1.75
	디지털 교육 및 훈련 실시 정도	2.04	1.87
	제반 정보(데이터) 관리 및 저장에 대한 내부 규율 확립 정도	2.54	2.21
	사내 정보(데이터) 보호를 위한 보안시스템 구축 정도	2.65	2.49
	고객 맞춤형 디지털 기술 및 서비스 활용 정도	2.06	1.85
	제조업의 디지털 기술 활용 정도	1.92	-
	생산 및 재고 관리, 공정 혁신을 위한 활용 사항	1.92	-
(100점 만점) 디지털 성숙도 점수		42.50	38.45
사례 수		300	114

자료원: KISDI, 코로나-19 이후 디지털 전환기 기업혁신 촉진을 위한 국가전략, 2022.

더 낮습니다. 한국 중소기업의 디지털 전환 단계는 4단계 중 2단계에 해당하는 '디지털 관찰자' 수준으로 아시아·태평양 지역 14개국 가운데 싱가포르, 일본, 뉴질랜드, 호주, 중국에 이어 6위에 해당하는 수준입니다.[67]

산업연구원이 중소기업을 대상으로 한 실태조사에서도 중소기업의 디지털 전환 준비 정도는 매우 낮은 것으로 조사되었습니다([표 5]). 특히, 제조업에서는 대기업과의 거래 관계에 있는 하도급 기업에 비해 대기업과

---

67) KISDI, 코로나-19 이후 디지털 전환기 기업혁신 촉진을 위한 국가전략, 2022

[표 5] 중소기업의 디지털 전환 준비 정도

단위: 점

	전체기업						
		제조업			서비스업		
			하도급	비하도급		B2B	B2C
디지털 전환 관련 전략 및 계획	1.95	1.99	2.10	1.89	1.91	1.93	1.88
	.	.	(+++)	(b)	.	.	.
디지털 전환 관련 자금	1.72	1.75	1.79	1.71	1.68	1.68	1.69
	.	.	.	.	.	.	.
디지털 전환 관련 전문인력	1.78	1.77	1.90	1.66	1.79	1.84	1.74
	.	.	(+++)	(b)	.	.	.
디지털 전환 관련 교육, 훈련	1.89	1.94	2.13	1.76	1.85	1.94	1.77
	.	.	(+++)	(b)	.	(++)	(b)
디지털 전환 관련 기술, 정보	1.90	1.95	1.98	1.92	1.86	2.01	1.72
	.	.	.	.	.	(++)	(b)
디지털 전환 관련 자문, 컨설팅	1.78	1.78	1.83	1.73	1.79	1.95	1.65
	.	.	.	.	.	(++)	(b)
디지털 전환 인프라 (인터넷, 장비 등)	1.96	2.00	2.03	1.97	1.92	2.05	1.80
	.	.	.	.	.	(+)	(b)

주: 1) 4점 만점.
    2) 숫자 밑에 표기된 (+), (++), (+++),., (b) 등의 부호는 기업군 사이의 평균 격차(mean-difference)가 통계적
      으로 유의한지 여부를 검정한 결과를 표기하고 있는 것이며, 이에 대한 설명은 "(2) 디지털 전환의 기회요인"
      부분에서 자세히 설명하고 있으므로 이를 참조하기 바람.
자료: 조영삼 외(2021), 「중소기업의 디지털 전환전략과 정책과제」, 산업연구원 연구보고서

하도급 관계를 맺지 않고 있는 독립 중소기업들의 디지털 전환 준비 정도
가 낮게 나타났고, 서비스업에서는 개인고객을 대상으로 하는 B2C 중소
기업에 비해 기업 고객을 대상으로 서비스하는 B2B 중소기업들이 디지털
전환에 대한 준비가 더딘 것으로 나타났습니다.

이 조사에서는 산업별 차이도 분석하였는데, 지식집약적 부문이 디지털 전환의 적용 기술과 영역 모두에서 높은 수준의 추진 상황을 보인 반면, 다른 산업은 그렇지 못한 것으로 나타났습니다. 정보통신서비스 같은 디지털 집약 서비스 부문은 높은 수준의 진전을 보이는 반면, 숙박·음식점업, 수송, 건설, 제조 등은 상대적으로 미흡합니다. 산업별로 핵심 적용 기술도 상이하며, 디지털 적용기술의 산업 간 차이도 기업 간 격차와 비슷한 양상을 보였습니다.

온라인 플랫폼 기업-중소기업 간 불공정 거래 증가

산업 전반의 디지털 전환이 이루어지면서 중소기업들의 사업 활동에서 빅데이터와 이를 처리하는 S/W와 H/W를 활용하거나 생산 자원의 조달과 수요처를 인터넷 중개 플랫폼을 통해 확보하는 경우가 증가하고 있습니다. 자연스레 클라우드 컴퓨팅이나 온라인 ERP와 같은 ICT 솔루션 제공 업체와 온라인 플랫폼 기업에 대한 중소기업의 의존도가 심화되고 있습니다. 이에 따라 빅테크 등 일부 플랫폼 기업이 온라인 시장을 장악할 경우 약탈적 가격책정을 통해 플랫폼에 종속된 생산자 및 유통업자에게 손실을 입힐 가능성이 있고 시장구조도 왜곡할 가능성도 큽니다.

코로나 팬데믹 기간 동안 크게 성장한 온라인 유통 플랫폼들이 2023년에 접어들면서 수요 성장률이 둔화됨에 따라 수익성 제고를 목적으로 판매수수료율을 일제히 인상한 것이 최근에 발생한 대표적인 사례입니다. 카카오스타일의 지그재그는 패션 상품에 적용되는 판매수수료를 1.5%에서 4.5%로 올렸으며, 판매수수료 0% 정책을 유지해온 에이블리도 2022년 12월부터 매출의 3.0%를 판매수수료로 부과하기 시작했습니다. 명품 플랫폼 머스트잇은 2023년부터 판매자 수수료를 기존 8.0%에서 11.0%로 인상했고, 전자상거래 플랫폼 위메프도 입점업체들로 받는 수수료를 기존 2.9%에서 3.9%로 인상했습니다.[68]

탄소 중립과 에너지 전환이 중소기업에 미치는 영향

피할 수 없는 과제

탄소중립은 주요 업종의 대기업에 국한된 문제가 아닙니다. 모든 업종의 중소기업들도 제품과 서비스의 생산 및 판매 과정에서 탄소배출을 줄이고 신재생 에너지의 사용을 요구받고 있습니다. 글로벌 기업들의 RE100, EU가 추진하는 단소국경조정세도와 공급망 실사, 탄소배출권 거래제도 및 탄소세, 글로벌 투자기관과 각국의 주식거래소에서 요구하는 ESG 공시제도 등은 에너지 사용이 많은 제조업 중소기업만 아니라 ICT 서비스업 분야의 벤처기업들에게도 구체적으로 실현할 것을 요구하고 있습니다.

우리 정부는 2020년 10월에 '2050탄소중립 선언'을 대내외적으로 발표했고, 후속조치로 '탄소중립기본법'에서 국가감축목표(NDC)를 2030년까지 2018년 대비 최소 35%를 감축하도록 법제화했습니다. 2021년 10월에 발표된 2030년 NDC 목표 달성 시나리오에서는 총 감축 목표를 2018년 대비 40%로 설정하였으며, 국내 순 배출량은 36.4% 줄이는 것을 목표로 하고 있습니다. 산업 부분의 감축 목표는 대체기술 개발 시기 등을 고

---

68) 오피니언뉴스, 2023.02.01. "에이블리·지그재그 수수료 인상… 비용 절감에 돌입한 플랫폼 업계" http://www.opinionnews.co.kr/news/articleView.html?idxno=80063

[표 6] 2030 국가 온실가스 감축목표(NDC) 상향 및 2050 탄소중립 시나리오

(단위 : 백만톤CO₂eq)

부문	'18 배출량 (A)	2030 NDC			2050 탄소중립 시나리오(A안)		
		배출량 (B)	감축량 (A-B)	감축률 (A-B)/A	배출량 (C)	감축량 (A-C)	감축률 (A-C)/A
에너지전환	269.6	149.9	119.7	△44.4%	0.0	269.6	△100.0%
산업	260.5	222.6	37.9	△14.5%	51.1	209.4	△80.4%
기타(수송·건물 등)	197.6	134.6	63.0	△31.9%	29.3	168.1	△85.1%
총배출량	727.6	507.1	220.6	△30.3%	80.4	645.1	△88.6%
저감(흡수·CCUS 등)	-41.3	-70.5	29.2	70.7%	-80.4	41.3	100.0%
순배출량	686.4	436.6*	249.8	△36.4%	0.0	686.4	△100.0%

자료원: 중기부, 중소벤처기업 탄소중립 대응 지원 방안, 2021.12.

려하여, 전체 목표인 40%보다 낮은 14.5% 감축하는 것을 목표로 하고 있습니다([표 6]).

산업부분 중에서 중소기업의 추정 배출량은 31%인 1.08억 톤이며, 이는 국가 전체 연간 배출량 7.28억 톤의 약 15%에 해당합니다.[69] 그래서 중소기업들도 2023년까지 평균적으로 탄소배출량을 14.5% 감축해야 하는 과제를 안고 있습니다. 대기업과 달리 중소기업의 탄소배출은 특정 업종에 집중되어 있지 않으며, 배출 원인도 고탄소 연료 및 원료의 사용, 탄소배출 공정, 낮은 에너지 효율 등 업종별로 상이하고 복합적입니다.

[표7]은 중소기업의 업종별 탄소 배출량과 업체별 평균 배출량을 대기업과 비교한 것입니다. 업체별 평균 배출량과 업종 전체 배출량에서 모

---

69) 중기부, 중소벤처기업 탄소중립 대응 지원 방안, 2021.12.

[표 7] 중소기업(위)과 대기업(아래)의 업종별 배출량

업종	배출량(천t)	(비중, %)	업체수	평균배출량
화학제품	23,961	(23.5)	4,438	5.4
비금속	11,842	(11.6)	4,512	2.6
1차금속	9,260	(9.1)	3,959	2.3
금속가공	7,555	(7.4)	12,132	0.6
식료품	7,025	(6.9)	9,316	0.8
플라스틱	5,972	(5.9)	7,644	0.8
펄프종이	5.409	(5.3)	2,471	2.2
기타기계	4,901	(4.8)	12,169	0.4
자동차	4,829	(4.7)	5,603	0.9
전자부품	4,126	(4.0)	4,880	0.8
기타**	17,142	(16.8)	34,898	0.5
합계	102,020	(100.0)	102,022	1.0

업종	배출량(천t)	(비중, %)	업체수	평균배출량
1차금속	123,373	(50.5)	49	2,517.8
화학제품	36,132	(14.8)	72	501.8
석유정제	35,324	(14.4)	5	7,064.7
전자부품	21,861	(8.9)	141	155.0
비금속	12,623	(5.2)	21	601.1
자동차	3,390	(1.4)	109	31.1
펄프종이	2,356	(1.0)	7	336.5
기타**	9,463	(3.9)	399	23.7
합계	244,521	(100.0)	803	304.5

* 산업부·에너지공단 「2020년 산업부문 에너지사용 및 온실가스 배출량 통계」 분석 결과
* * (중소기업 기타업종) 섬유·전기제품·석유정제 등 / (대·중견 기타업종) 플라스틱·전기장비 등
자료원: 중기부, 중소벤처기업 탄소중립 대응 지원 방안, 2021.12.

두 상위권에서 속하는 중소기업 업종은 화학제품, 비철금속, 1차 금속제조업이며 펄프종이 제조업의 경우도 업체별 평균 배출량이 높은 것으로 조사되었습니다. 중소기업에서는 금속가공 등 뿌리업종이 배출량 상위 업종에 포함되어 있는 반면, 대기업에서는 석유정제업, 반도체를 포함한 전자

민주당 재집권전략 보고서

부품 제조업이 배출량이 많은 업종으로 분류됩니다.

탄소중립과 에너지 전환의 영향 및 대응의 업종별 차이

탄소중립을 위한 에너지 전환이 본격화될 경우, 중소기업에 미치는 영향은 크게 세 가지입니다.

첫째, 생산비용이 크게 증가하는 유형입니다. 앞서 열거된 화학제품이나 비철금속과 같이 탄소 배출량이 많은 업종에 속한 중소기업들의 경우 탄소 배출권을 구매하거나 탄소중립을 위한 설비 투자 등으로 인해 생산비용이 증가합니다. 대표적인 중소기업 업종이면서 고탄소 업종인 석회가공업은 생산 공정에서 이산화탄소가 많이 배출되고, 연료로 석탄을 사용해서 탄소 배출량은 더욱 많아져서 생석회 1톤 생산 시 온실가스가 1톤 발생하는 것으로 알려져 있습니다. 생석회 제조 중소기업이 탄소중립을 실현하는 방법은 탄소포집설비를 갖추거나 공정에 사용되는 연료를 신재생 에너지로 교체하는 것인데 이는 비용이 많이 듭니다. 금속가공업 등 뿌리업종(주조, 열처리 등)은 제조원가 대비 전력 요금 비중이 평균 12.2% 수준으로 에너지 절감을 위한 공정 혁신이 필요합니다.

둘째, 제품 및 서비스에 대한 수요가 크게 줄어드는 유형입니다. 탄소중립을 위해 포장용기를 비롯한 플라스틱 제품의 사용을 줄이려는 움직임이 확산되고 있기 때문에 관련 제품 제조나 유통하는 중소기업의 생산과 매출은 줄어들 전망입니다. 국내 자동차 부품업체들은 에너지 전환으로 내연기관 자동차가 전기 자동차로 교체되면서 부품수요의 감소에 직면해 있습니다. 한국자동차산업협동조합에 따르면 2019년 824곳(대기업 269개·중소기업 555개)이었던 국내 부품업체 수는 2020년 744곳(대기업 266개·

중소기업 478개)으로 9.7% 줄었습니다.[70] 2019년부터 하이브리드차를 중심으로 친환경차 판매가 급격히 늘면서 전기모터와 배터리 수요 또한 큰 폭으로 증가했지만 이 변화에 대응하지 못한 탓입니다. 전체 부품업체의 83%가 매출 100억 원 미만의 영세 기업으로 미래차 전환에 투자할 여력도 없습니다. 국내 전장 부품을 생산하는 기업은 5%대에 그칩니다. 내연기관차보다 30%가량 적은 전기차의 부품 수도 수익성 악화를 부추기는 요인입니다.

셋째, 오히려 수요가 증가하는 유형입니다. 태양광 및 풍력 발전 설비나 부품 제조업체, 친환경 농식품을 비롯하여 탈탄소 친환경 제품 생산업체, 폐기물로부터 자원을 회수하는 작업을 수행하는 업체, 탈탄소 신공정을 개발하는 기업들에 대한 수요가 증가하고 있습니다. 그린 분야의 우리나라 중소기업의 수는 6만 2천 개로 양적으로 크게 증가하였으나 기업당 평균 매출액이 16억 원으로 일반 제조 중소기업에 비해 아직 영세한 편입니다. 해외의 경우 올버즈(2018년), 어필사이언스(2020년) 등 그린유니콘기업이 잇따라 탄생하고 있으나 국내에는 그린유니콘이 아직 없습니다. 스타스테크(친환경 제설제), 마린이노베이션(건강한 플라스틱) 등이 성장하고 있어서 그린 벤처기업의 가능성을 확인하고 있습니다.

탄소중립 경영에 대한 중소기업 전반의 인식 및 추진체계 미비

애플이 2030년까지 공급망 전체에 대한 탄소중립 선언을 선언하고

---

70) 한국경제, "더는 못 버텨, 업체 90% 문 닫을 판"…車 부품업계 '초비상', 2022.4.21.,
https://www.hankyung.com/economy/article/202204212526g

납품업체인 SK하이닉스와 TSMC도 RE100에 동참하는 등 고탄소업종뿐만 아니라 모든 중소기업이 탄소중립 요구에 직면하고 있습니다. 그러나 그동안 온실가스 감축제도의 근간이 되어온 '배출권 거래제'와 '에너지 목표 관리제'의 대상이 대기업 중심이었기 때문에 중소기업의 탄소중립에 대한 인식은 매우 부족한 상황입니다. 중소기업의 53.7%가 에너지 효율 향상 사업에 참여하지 않은 이유로 "몰랐거나 늦게 알았다"고 응답하고 있으며,[71] 81%가 탄소중립 대응 필요성에는 공감하고 있으나 절반이 넘는 56%가 준비계획이 전혀 없는 등 구체적 대응 전략은 부재한 상황입니다.[72]

중소기업은 전국에 소규모로 다수 사업장이 광범위하게 분포하고 있는데 각 지역별로 업종 분포 및 특성 모두 상이합니다. 그래서 중앙 정부의 노력만으로는 전국에 산재한 중소기업의 저탄소화를 추진하는 데 한계가 있습니다. 중소기업 전반의 탄소중립 경영 확산 및 인식 제고를 위해서는 민간·지역 중심의 추진체계가 필요합니다. 또한 중소기업의 탄소중립 실태를 조사하고 체계적인 지원 정책을 수립하여 집행할 필요가 있으나 정책 수립을 위한 컨트롤타워 및 체계적 지원을 위한 법적 인프라 등이 미비한 실정입니다. 온실가스 인벤토리 통계, 배출현황 통계, 온실가스 감축목표(NDC) 및 탄소중립 시나리오 등 모든 온실가스 통계 및 전망에서 중소기업을 별도로 식별하지 않고 있는 상황이므로 중소기업의 업종별 특성 등을 고려하여 탄소중립을 효과적으로 지원하기 위해서는 관련

---

71) 중기중앙회, 2021.9월 조사자료
72) 중소벤처기업진흥공단, 「중기 탄소중립 대응 동향조사」, 2021.2월

통계 및 정보시스템 구축도 필요합니다.

ESG 경영과 투자는 확대되나, 중소기업의 준비와 대응은 느림

2005년, 유엔 글로벌 콤팩트^{United Nations Global Compact}에서 ESG[73] 투자
의 개념이 제시되었고, 2006년 유엔책임투자원칙^{UN Principries for Responsible}
^{Investment: UN PRI}[74]이 출범하여 전 세계적으로 ESG 투자가 확산되는 계기가
되었습니다. 세계 지속가능투자 연합^{GSIA: Global Sustainable Investment Alliance}에 따
르면 2020년 상반기 전 세계 ESG 투자 규모는 약 40조 5000억 달러에
달합니다.[75] 게다가 최근 각국의 탄소배출 규제가 강화되는 것과 맞물려
서 자산운용사나 신용평가사 등 글로벌 금융사를 중심으로 기업 신용도
평가에서 ESG 활동에 대한 평가의 비중을 30% 이상으로 높이고 있습니
다.

기업의 ESG 활동을 촉진하기 위한 각국 정부의 규제도 강화되고 있
습니다. 2014년부터 ESG정보의무공시제도를 발전시켜온 EU는 2021년 기
업지배구조 법안^{Initiative on Sustainable Corporate Governance}을 의회에 제출하였으
며, 2022년 12월에는 기업 공급망 전반의 인권·환경 관련 기업 책임을 의
무화하는 공급망 실사지침 합의안을 발표하였고 유럽의회 본회의 통과만

---

73) Environmental, Social and Governance

74) 연기금 등 기관 투자자들이 수탁자로서 투자 의사를 결정할 때, 투자 대상 기업의 재무적 요소뿐만
아니라 ESG 등 비재무적 요소를 함께 고려해야 한다는 원칙을 천명한 것으로 UN PRI 서명 기관은
2021년 초 기준 3,634개이고 이는 2019년 상반기 대비 53% 증가한 수치로 최근 들어 기관투자자
의 ESG 고려가 더욱 가속화되고 있음.

75) 나수미, ESG 확산이 중소기업에 미치는 영향 및 지원 방향, 2021.8.9.

을 앞두고 있습니다. 이는 EU 역내 기업의 공급망 전체를 대상으로 환경 및 인권에 대한 실사와 부정적 영향을 최소화하기 위한 내규를 명시하고 실제 이행내용을 공시하도록 하는 내용을 포함하고 있습니다. 이를 위반할 경우 벌금과 민사상 책임을 부과할 수 있습니다. 또, EU는 2026년부터 탄소국경세를 본격적으로 도입할 계획입니다. 미국도 바이든 행정부 출범후, ESG 의무 공시를 비롯하여 탄소중립 등 지속가능성 규제를 강화하고 있습니다. 2021년 6월 미국의 상장 기업이 ESG 정보를 의무 공시하도록 하는 'ESG 공시 및 단순화법The ESG Disclosure and Simplification Act'이 미국 하원 의회를 통과하였고, 미국에서도 탄소세를 부과할 계획입니다. 우리나라도 2025년부터 자산규모 2조 원 이상의 코스피 상장사의 ESG 공시를 의무화하고, 이어서 2030년까지 코스피 상장사 전체로 의무화 대상을 확대할 예정입니다. 또, 2023년 말까지 공시 항목과 공시 시기, 산업별 기준, 온실가스 배출량 공시 범위 등이 포함된 ESG 공시기준을 정부가 마련하기로 하였습니다.

ESG 투자와 경영, 그리고 관련 규제의 확대는 중소기업의 자금조달 및 판로에 영향을 미치게 됩니다. ESG 투자와 관련 규제로부터 직접적인 영향을 받는 기업들은 대부분 상장된 대기업들입니다. 하지만 향후 ESG 금융이 보편화되면 중소기업의 자금조달에도 영향을 미칠 것으로 전망됩니다. 정책금융 기관의 중소기업 대출이나 벤처캐피탈의 투자에서도 중소 벤처 기업의 ESG 활동을 부분적으로 평가하고 있으며 이는 향후 확대될 것으로 보입니다.

중소기업에 ESG 확산이 미치는 영향은 판로 측면에서 더 크게 나타날 전망입니다. 대기업에 원재료나 부품을 공급하는 협력사인 중소기업은 ESG 성과에 따라 공급망에 포함되거나 배제될 수 있습니다. Apple, BMW, DHL 등의 글로벌 대기업은 '공급망 행동규범'을 통해 협력사 ESG 평가를 의무화하고 그 결과에 따라 협력사에 패널티를 부여하거나 신규 거래 여부 판단 시 가점을 부여하고 있습니다. 국내에서도 삼성, SK하이닉스, LG전자, LG화학 등 대기업들은 공급업체인 중소기업의 ESG 경영 실적을 요구하여 44개사 협력사의 ESG 경영책임을 명시한 협력사 행동규범 Supplier Code of Conduct을 제정하여 윤리, 환경, 노동/인권 등 분야 행동규범에 대한 자발적 준수를 요청하고 있습니다.[76] 소비자를 직접 상대하는 B2C 중소기업들도, ESG 성과에 따라서 매출이 영향을 받을 수 있습니다. 소비자들이 SNS 등을 통해 중소기업의 ESG 활동 여부를 파악하고 이를 제품 구매 기준으로 고려하기 시작했기 때문입니다. 주로 EU 등 선진국 시장에 수출하는 중소기업들의 경우 가장 직접적인 영향을 받고 있습니다. 이들은 글로벌 기업이 납품 기업에 대한 ESG 관련 지속가능경영 요구 수준을 강화하면서 납품 배제, 거래 중단 등의 위험에 처하는 경우가 생기고 있습니다.

중소기업도 ESG 경영을 통해 관련 국내외 규제에 대응할 필요성이 늘었으나 경영자의 인식과 준비 수준은 대기업에 비해 크게 뒤처져 있습니다. 'ESG 경영 도입이 필요하다'라고 느끼는 중소기업은 53.3%였으나 도입 환경은 '준비되어 있지 않아(전혀+거의) 어렵다'고 느끼는 기업이 89.4%에 달했습니다.[77] 가장 큰 ESG 현안은 공급망 실사라 응답한 기업

---

76) 전경련, '30대 그룹 공급망 ESG 관리현황 조사'(2022년)

이 40.3%에 달하였으나 응답한 중소 협력사들 중에서 47%가 공급망 실사에 대한 대응 조치가 없다고 응답하기도 했습니다.[78]

윤석열 정부의 정책 대응과 문제점

대기업 주도의 시장 방임, 중소기업의 공정 성장 기반 조성에 무관심

윤석열 정부는 대기업 주도의 시장정책을 추구하면서 산업 전환기 여러 복합 위기에 직면한 중소기업과 소상공인에 대한 재정 지원을 축소하고 대기업과 공정한 경쟁 환경 조성을 위한 정책을 내놓지 못하고 있습니다. 그 결과 소상공인과 중소기업 정책에 대한 국민들의 긍정 평가 비율은 2020년 7월 2주차 47%에서 윤석열 정부의 경제정책 기조가 형성된 2023년 1월 2주차에 33%로 하락했습니다([그림 6]).

그럼에도 윤석열 정부는 문재인 정부의 중소벤처 기업 육성 정책의 성과를 인정하지도 않고 이를 계승·발전시킬 생각도 전혀 없어 보입니다. 중소기업 지원 사업의 주무부처인 중소벤처기업부의 2023년도 예산은 2020년 대비 30% 가까이 줄어든 13.5조 원으로 편성되었으며 중소기업의 디지털 전환과 탄소중립을 지원하기 위한 예산은 대폭 삭감되었습니다. 스타트업과 벤처기업의 창업과 성장을 지원하는 모태펀드 예산은 3135억 원으로 40% 삭감, 스마트공장 지원 사업 예산은 1057억 원으로 66% 삭감, 스타트업 창업 지원 예산도 11478억 원으로 30% 삭감되었습니다.

---

77) 중소기업중앙회, 「중소기업 ESG 애로조사」 결과, 2021.9.30.

78) 대한상의, '2023년 ESG 주요 현안과 정책과제' 조사

[그림 6] 정부 정책에 대한 대국민 여론 조사 결과

Q 정부가 다음 각각의 경제정책을 어떻게 하고 있다고 생각하십니까?

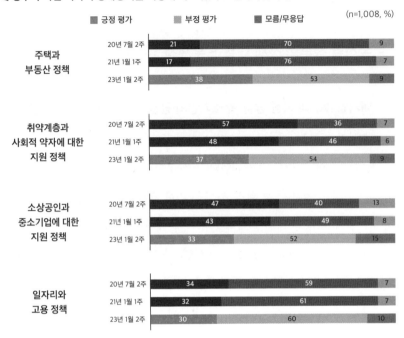

■ 긍정 평가 　■ 부정 평가 　■ 모름/무응답 　　(n=1,008, %)

주택과 부동산 정책
- 20년 7월 2주: 21 / 70 / 9
- 21년 1월 1주: 17 / 76 / 7
- 23년 1월 2주: 38 / 53 / 9

취약계층과 사회적 약자에 대한 지원 정책
- 20년 7월 2주: 57 / 36 / 7
- 21년 1월 1주: 48 / 46 / 6
- 23년 1월 2주: 37 / 54 / 9

소상공인과 중소기업에 대한 지원 정책
- 20년 7월 2주: 47 / 40 / 13
- 21년 1월 1주: 43 / 49 / 8
- 23년 1월 2주: 33 / 52 / 15

일자리와 고용 정책
- 20년 7월 2주: 34 / 59 / 7
- 21년 1월 1주: 32 / 61 / 7
- 23년 1월 2주: 30 / 60 / 10

자료: 전국지표조사(NBS, 1.9~11, 만18세 이상 1,008명 조사), 2023. 1. 12. 발표

대기업과 중소기업 간 상생협력의 장이며 사회적 합의 기구 역할을 해온 법정기구인 동반성장위원회를 무력화하면서 대통령 직속 국민통합위원회 산하에 대중소기업 상생 특별위원회를 출범시킨 것도 이전 정부가 발전시킨 사회적 자본과 제도를 무력화하기 위한 시도입니다. 대기업의 불공정 거래 행위나 디지털 전환으로 시장지배력이 커진 온라인 플랫폼에 대한 적절한 규제 정책도 마련하지 못하고 있습니다. 대기업의 불공정거래를 감시하는 공정위 기업집단국을 축소하였고 반도체 등 첨단산업 육성 정책은 대기업에 과도한 특혜를 주는 대신 중소기업에 대한 지원을 축소

했습니다. 대형화된 온라인 플랫폼은 민간 사업자들의 자율규제에 맡기겠다는 것이 정책 기조이며, 플랫폼의 시장지배력 남용을 제어할 구체적인 해결책을 내놓지 못하고 있습니다. 최근 납품단가연동제 도입에 관한 법률이 국회를 통과하였으나, 갑을 양방 합의에 의해 도입을 안 해도 되기 때문에 대중소기업 간 거래 규범으로 정착시키기 위한 정책적 노력이 뒤따르지 않으면 실효성이 보장되지 않는 한계가 존재합니다.

대기업과 거대 플랫폼 중심의 디지털 전환 정책

윤석열 정부의 디지털 전환 정책은 일자리의 90%를 책임지고 있는 중소기업에 대한 고려 없이 대기업과 거대 플랫폼 기업 중심의 전환 정책으로 짜여져 있습니다. 대기업이 주도하고 있는 반도체 산업의 경쟁력 제고, 미래 모빌리티 산업, 초거대 인공지능 개발, 금융 분야 디지털 신산업 육성, 메타버스 플랫폼 구축을 위한 민관협력사업 등 디지털 전환 정책에서 대기업에 대한 세제 혜택을 강화하는 대신 중소기업에 대한 재정 지원은 축소하고 있습니다. 특히, '디지털 플랫폼 정부' 구축에 많은 예산을 투입할 계획인데 이 사업도 대부분 대기업 계열 IT 회사와 네이버 등 거대 플랫폼 기업이 주도하게 될 전망입니다.

에너지 절약에 중점을 둔 탈탄소 에너지 전환 정책

지금까지 윤석열 정부에서 중소기업의 탈탄소 에너지 전환을 지원하는 정책으로 내놓은 것은 2023년 3월 10일 발표한 '에너지 효율혁신 및 절약 강화 방안'에 담겨 있는 것이 전부입니다. 이 대책은 반월시화 산단의 금속주조 등 뿌리산업 분야 중소기업들이 생산설비를 에너지 고효율

설비로 교체할 때, 필요한 자금을 정부와 한전이 융자해 주는 것으로 기존에 해왔던 지원 정책의 예산을 확대하는 것입니다. 에너지 전환을 위한 신산업 분야의 스타트업과 벤처 육성, 기존 중소기업의 사업전환 지원, 중소벤처 기업의 ESG 경영 확산을 위한 정책들은 축소되었습니다.

산업전환과 중소기업의 공정성장을 위한 정책 과제

정책 방향

산업 전환기 중소기업 공정성장 정책의 세 가지 방향

디지털 전환과 탈탄소 에너지 전환에 효과적으로 대응하기 위해서는 중소기업의 제품과 서비스 등 사업 영역 변화와 함께 이를 제조하고 판매하는 방식인 가치사슬과 이를 구성하는 자원과 역량의 변화 및 혁신이 필요합니다. 이는 중소기업의 사업 전략상 커다란 변화를 요구하는 것입니다. 하지만 개별 중소기업들이 자체적인 노력만으로 이런 변화를 만들어내는 것은 매우 어려운데, 중소기업의 사업 전략 변화는 그 성공 확률은 지극히 낮기 때문입니다.[79]

산업전환으로 인해 생존에 위협을 받는 모든 중소기업의 사업 전략을 변화시켜 지속가능한 경쟁력을 갖게 하는 것은 불가능합니다. 거시적인 생태계 차원의 관점에서 개별 중소기업이 아니라 전체 중소기업군이 산업 전환에 적응하여 성장을 지속할 수 있도록 하는 정책이 필요합니다. 이를

---

79) Kim, Youngbae, and Byungheon Lee. "Patterns of technological learning among the strategic groups in the Korean Electronic Parts Industry." Research Policy 31.4 (2002): 543~567.

위한 정책 방향은 크게 세 가지입니다.

첫째, 산업전환으로부터 직접적인 영향을 받는 중소기업(전통 제조업, 노동집약적 서비스업 등) 중 사업 전환이나 내부 자원과 역량의 혁신을 통해 성장을 지속할 가능성이 있는 기업군을 선별하여 정책적 지원을 확대하는 것입니다. 이들 중소기업이 사업 전환과 혁신에 필요한 자금, 인력 및 기술을 정부, 대학 및 연구기관, 대기업 등이 협력하여 지원하는 체계를 구축할 필요가 있습니다.

둘째, 산업전환으로 인해 생존의 위협을 받아서 회생 가능성이 낮은 중소기업은 구조조정과 퇴출이 신속하고 원활하게 이루어질 수 있도록 지원해야 합니다. 정부의 정책적 지원은 해당 중소기업 노동자들의 전직을 위한 교육훈련과 직업 알선, 중소기업 소유 경영자의 부채 정리와 신용회복 등에 집중되어야 합니다.

셋째, 디지털 전환과 탈탄소 에너지 전환으로 새롭게 성장하는 신산업 분야에서 스타트업과 벤처기업을 육성하여 전체 중소기업 중 이들이 차지하는 비중을 높여가는 정책이 필요합니다. 문재인 정부에서 추진했던, 스타트업과 벤처 지원 정책을 계승하여 인공지능, 빅데이터, 클라우드 컴퓨팅, 스마트 팩토리, 신재생 에너지, 친환경 제품제조업, 스마트농어업 등 신성장 분야의 중소기업을 육성하는 정책이 필요합니다.

중소기업 주도의 지역 밀착형, 맞춤형 전환체계 구축

산업전환에 대한 대응 능력이 취약한 중소기업의 성공적인 전환을 위해서는 정부를 비롯한 외부의 지원과 협력이 필수적이지만 전환 자체는 해당 중소기업 주도로 이루어져야 합니다. 산업 전환에 대한 중소기업의 효과적인 대응 전략이나 사업전환 방식은 개별 중소기업이 직면한 외부 환경과 기업이 보유하고 있는 자원과 역량에 따라서 달라져야 하기 때문입니다. 정부의 지원은 지역경제 여건, 해당 업종과 중소기업의 특성을 반영하여 맞춤형으로 이루어져야 하며, 이를 위해서는 지역 단위로 밀착형 지원 체계가 구축되어야 합니다.

중소기업 주도의 전환이라고 해서 개별 기업의 독자적인 전환이 효과적인 것은 아니며 다른 대기업이나 중소기업 또는 대학 및 연구기관과의 협업이 필수적입니다. 특히, 같은 지역 내 동종업종의 중소기업 간 협력, 전통 중소기업과 스타트업, 벤처기업과의 협력이 디지털 전환과 탈탄소 에너지 전환에 효과적으로 대응하는 데 있어서 필수적입니다. 예를 들어, 전통 제조업체와 친환경 제품을 연구 개발하는 스타트업의 협력이나 지역 소상공인과 온라인 마케팅 전문 벤처기업의 협력 등을 통해서 전환이 효과적으로 이루어질 수 있습니다.

지역과 업종 단위로 중소기업과 스타트업 벤처기업 간의 협력 체계가 구축되기 위해서는 전환에 대한 정부의 지원이 중앙정부 주도가 아니라 개별 지자체 단위로 이루어지는 것이 효과적입니다. 이를 위해서는 중소기업의 공정한 전환을 지원하는 지방정부의 예산을 확충할 필요가 있으며, 중앙정부의 지역균형 발전 교부금을 증액하거나 별도의 세원 확보를 통해 지방재정을 확충해야 합니다.

산업 전환기 공정한 경쟁 환경 구축

산업 전환기는 새로운 사업 모델의 출현으로 기업 간 경쟁 방식의 변화가 빈번하게 발생하고, 이 과정에서 전환을 선도하는 기업과 대응능력이 취약한 중소기업 간에 불공정 거래가 심화될 수 있습니다. 온라인 플랫폼 기업들의 시장지배력이 커지면서 입점 중소기업의 이익과 영업 비밀을 침해하거나 하도급이나 위수탁 관계 중소기업에 대한 일방적 계약 해지, 스타트업과 벤처기업이 보유한 기술을 탈취하거나 유용하는 행위 등이 발생할 가능성이 커집니다. 따라서 공정한 산업전환을 위해서는 이를 선도하는 대기업과 플랫폼 기업들의 불공정 거래 행위에 대한 규제를 강화할 필요가 있습니다.

또한, 산업 전환이 소수의 대기업과 거대 플랫폼 주도로 진행될 경우, 중소기업과 스타트업 벤처의 시장 참여 기회가 축소될 수 있습니다. 최근 윤석열 정부가 추진하는 '디지털 플랫폼 정부' 사업에서 만약 클라우드와 인공지능을 포함한 IT 솔루션과 서비스를 대기업 주도의 컨소시엄에서 조달하게 될 경우 관련 중소기업의 성장은 기대할 수 없습니다. 탈탄소 에너지 전환에 있어서도 정부나 공공 사업자가 신재생 에너지 생산 설비나 에너지 효율화 설비를 대기업 제품 위주로 구매할 경우 이를 생산하는 스타트업과 벤처기업의 성장 기회는 없어집니다. 그래서 공공조달 시장에서 중소기업과 벤처기업의 제품 우선구매 의무를 강화할 필요가 있으며, 대기업이 외국에서 수입하는 제품 대비 중소벤처기업이 국내에서 생산하는 제품에 대해 파격적인 보조금을 부여할 필요가 있습니다.

10대 정책 과제

지역 중심의 산업 전환을 위한 지방정부 예산과 산학 연관 협력 사업 확대

문재인 정부는 스마트 팩토리 지원 예산을 대폭 증액하여 중소제조업체의 디지털 전환을 지원하였으며 중소서비스업체의 디지털 전환을 위해 스마트 스토어와 라이브 커머스, 온라인 수출 지원 등의 사업을 추진하였습니다. 하지만 윤석열 정부가 들어서면서 중소기업의 디지털 전환을 위한 예산이 대폭 축소되어 탈탄소 에너지 전환을 위한 연구개발 지원 예산도 증액되지 못했습니다. 중소기업의 디지털 전환과 탈탄소 에너지 전환을 지원하는 예산을 확대하되, 예산 지원의 효과성을 높이기 위해서는 사업 추진 방식에 있어서 다음과 같은 혁신이 필요합니다.

첫째, 개별 중소기업별로 단독으로 지원되는 방식을 지양하고, 산학연 컨소시엄에 대한 지원을 통해 중소기업, 대기업, 스타트업과 벤처기업 간 수평적 협력 네트워크 구축을 유도해야 합니다. 대중소기업 간 경쟁력과 기술력의 격차가 심화된 가장 큰 원인은 우리나라의 산업 구조가 대기업을 정점으로 이들과 위·수탁 거래 관계에 있는 중소기업들이 수직적이고 종속적인 피라미드형 거래 관계를 형성하고 있기 때문입니다.[80] 산업전환 과정에서 중소기업의 경쟁력 강화를 위해서는 대기업과 중소기업 간의 수직적이고 종속적인 가치사슬을 해체하고 대기업과 중소기업, 중소기업과 중소기업 간에 대등한 입장에서 수평적으로 협력하는 가치사슬이 형성되도록 정책으로 유도해야 합니다.

디지털 전환에 대응하여 산업이 경쟁력을 갖기 위해서는 R&D, 생산, 유통/판매에 특화된 기업들 간에 소비자들에게 신규 제품 및 서비스를 맞춤형으로 제공하기 위한 실시간 공동 개발-생산-판매 체계가 구축되어야 합니다. 이를 위해 정부는 대기업과 중소기업 및 스타트업과 벤처

---

80) 2015년 기준 하도급 수위탁과 관련된 중소기업은 전체 중소기업의 절반(47.3%)(경제개혁연구소)

기업이 공동으로 참여하는 산업전환 프로젝트에 R&D 비용 지원과 설비 투자 자금을 투자 또는 융자로 지원해야 하며, 필요 재원을 정부와 대기업의 상생협력기금 출연을 통해 확보할 필요가 있습니다. 정부는 대기업과 중소기업 또는 중소기업 간 협력 관계 형성의 매개자 역할을 충실히 수행하며, 기업 간 정보의 비대칭성 해소와 대중소기업 간 협력사업 과정에서 기술 침해와 같은 불공정행위를 관리하고 감독해야 합니다.

둘째, 공정한 산업전환을 위한 중소기업 중심의 기업 간 협력은 지역 단위로 이루어지는 것이 효과적이며, 이를 위해서는 각 지자체들에 의한 지원 체계를 구축하는 것이 필요합니다. 지역 혁신클러스터 육성 사업은 각 지역별 지자체, 대학 및 기업체들의 협력으로 추진될 수 있도록 분권화할 필요가 있습니다. 산업전환으로 인해 전통 제조업의 경쟁력 하락과 더불어 지방에 위치한 산업단지 입주기업들의 가동률, 생산액, 고용이 감소하고 이는 지역 경제의 침체로 연결되고 있습니다. 각 지자체들이 지역에 위치한 산업단지 입주 중소기업의 산업전환을 지원할 수 있도록 지방재정 확충을 통해 지자체의 중소기업 지원 예산을 대폭 증액해야 합니다. 중앙정부의 산업단지 육성 자금이나 중소기업 지원 예산은 블록펀딩 방식으로 지자체에 교부하여 각 지자체들이 기업과 전문가 및 시민의 참여로 자발적인 혁신 프로젝트를 수행토록 할 필요가 있으며, 나아가 지방재정 확충을 위한 세제 개편도 필요합니다.

셋째, 산업전환으로부터 직접적인 영향을 받으면서도 전환 능력이 취약한 소상공인의 경쟁력을 강화하기 위해서는 지역 및 업종별 소상공인들이 플랫폼을 기반으로 하는 협업체계를 구축하며, 소상공인 협력 사업에 대한 정부(특히 지방정부)의 지원을 확대해야 합니다. 지역 단위나 업종별로 플랫폼을 기반으로 한 소상공인들의 협업 사업모델을 개발하고 이를 실행하기 위한 조직체로 협동조합이나 합작회사 등을 설립하는 경우 이들에 대한 자금, 기술개발 및 인력개발을 지원해야 합니다. 탈탄소 에너지 전환에 대응하여, 금형·용접·주조·열처리 등 뿌리산업에 종사하는 소상공인들 간 협력을 통한 스마트 팩토리 설립을 지원하여, 첨단 생산설비와 공정을 공유하는 협업 체계를 구축하도록 해야 합니다.

중소벤처기업부의 소상공인 지원 기능, 중소기업에 대한 자금 및 인력 지원 기능과 예산을 광역지자체 및 기초자치단체로 과감하게 이관할 필요가 있습니다. 각 지자체들이 지역 내 중소기업의 기술 수요 특성을 반영하여 차별화된 지원 사업을 기획하고 중소기업에 대한 밀착 지원 체계를 구축하도록 유도해야 합니다.

중소기업 재직 노동자의 생활 안정 지원을 통한 인력난 해소

기술 인력 등 산업 전환 과정에서 필요한 전문 인력을 충분히 확보할 수 없고, 높은 이직률로 재직하고 있는 인력에 대한 교육훈련을 충분히 할 수 없는 것이 중소기업이 산업전환에 효과적으로 대응하지 못하는 이유 중 하나입니다. 현재 정부는 중소기업 고용확대를 목적으로 34세 미만 청년고용에 대해 1인당 2년간 최대 1200만 원의 청년 일자리 도약장려금을 연간 9만 명을 대상으로 지급하고 있으며 고용이 증가된 중소기업에 대해서는 증가된 인원 1인당 800~1500만 원 내외의 세액공제 혜택을 부여하고 있습니다.

그러나 이렇게 고용 장려금 지원은 신규고용 여력이 없는 중소기업들의 인력난 해소에는 크게 도움이 안 됩니다. 고용 장려금을 확대하는 것보다 중소기업 재직 노동자들에 대한 사회적 복지를 강화하는 것이 실직소득을 높이고 양질의 일자리를 유도할 수 있습니다. ▲중소기업 노동자들에 대한 공공임대주택 확대 ▲공단이나 중소기업 밀집 지역에 정부 보조 기숙사, 육아 및 유치원 시설 확대 ▲중소기업 재직 노동자들을 위한 교육프로그램 확대(원격교육 학위프로그램 포함) 등과 같은 정책을 추진해야 합니다. 또한 높은 임금, 성과 공유를 통해 양질의 일자리를 제공하는 우수 중소기업에 대한 인증과 평가 체계를 개선하여 해당 기업에 대한 세액공제 등 인센티브를 확대해야 합니다.

중소기업 사업 전환과 한계기업 구조조정 특별법 제·개정

산업 전환에 대응하기 위해서는 많은 투자가 필요한데, 중소기업들은 낮은 신용도와 고금리로 인해 자금조달이 어려운 상황이며 산업전환에 따라 경쟁력을 상실하여 적자가 누적되고 있는 한계기업들은 차입한 부채를 상환할 능력도 부족한 실정입니다. 문재인 정부에서는 '중소기업 사업 전환 촉진에 관한 특별법'을 제정하고 2022년 2월 중소벤처기업진흥공단 산하에 중소기업 구조혁신지원센터를 설치하여 정책자금 융자와 더불어 사업 구조 조정과 신산업으로의 전환에 대한 컨설팅 지원을 시작하였습니다.

윤석열 정부도 중기부와 금융위를 중심으로 중소기업의 사업전환 및 구조조정을 위한 정책을 추진 중인데, 소부장·반도체·배터리 등 미래혁신산업 분야와 첨단기술 R&D사업화를 추진하는 중소기업, 사업전환 및 재편을 추진하는 중소기업, 국내 복귀^{Re-Shoring} 중소기업, 친환경 등 ESG 추진 중소기업, 스마트화 추진 중소기업 등을 대상으로 설비투자·운영

자금 융자에서 우선순위와 우대금리를 적용하는 것입니다. 또, 대기업과 협업하여 내연기관차 부품제조 중소기업의 사업 전환을 패키지로 지원하는 프로그램을 신설할 예정입니다. 하지만 윤석열 정부가 중소기업 지원 예산을 삭감하고 있기 때문에 중소기업들이 디지털 전환과 탈탄소 에너지 전환을 추진하는 데 필요한 자금을 충분히 공급할 수 있을지 의문입니다.

특히, 그동안 코로나 팬데믹으로 인해 금융권이 연장하였던 중소기업 대출금과 이자의 상환 일정이 2023년 9월부터 본격 도래할 예정으로 그 이후 대출금을 상환하지 못하는 한계기업이 크게 증가할 수 있습니다. 정부는 고금리에 대응하여 2023년 1월 총 80조 원 규모의 중소기업 금융지원 방안을 발표하였으나, 대부분은 신용보증기금과 기술보증기금의 보증으로 시중은행을 통한 대출금에 0.2~1.5%의 우대금리를 제공하는 것이고, 시중 금리에 비해 3~4% 저리인 중소벤처기업진흥공단의 정책자금 융자는 5조 원 규모(소상공인 지원 포함 총 8조)로, 코로나─위기 시 지원 규모와 비교하여 미흡한 수준입니다. 향후 고금리 상황이 지속될 전망이어서 저리의 정책 자금을 추가로 공급할 필요가 있으며, 신용보증기금과 기술보증기금의 보증 확대로 시중은행의 우대금리 인하 폭을 확대하거나 장기 고정금리로 대환을 유도해야 합니다.

사업전환이나 구조조정이 필요한 중소기업들은 신용보증기금, 기술보증기금, 중소벤처기업진흥공단 등 정책금융기관이나 민간금융회사들로부터 다수의 대출을 받은 경우가 많습니다. 그래서 이들의 사업전환과 재무구조 개선을 위해서는 정책금융기관과 민간의 채권금융기관, 구조조정 컨설팅 전문회사 간의 협업을 통한 채무조정이 필요합니다. 이들의 공동출자

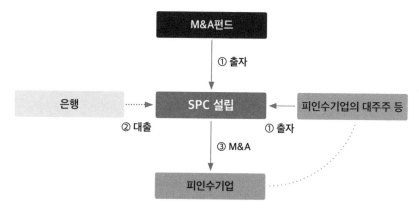

[그림 7] 중기부/금융위의 기업구조개선 목적펀드 조성 계획

자료: OECD (2023a), Fertility rates (indicator). doi: 10.1787/8272fb01-en (Accessed on 08 May 2023)

로 사업전환 및 구조조정 전문 펀드를 지역별, 업종별로 대규모로 조성하여 사업 전환 및 구조조정 대상 중소기업의 부실채권 인수, 채권의 출자전환, 사업전환 자금 추가 출자 등의 사업을 할 필요가 있습니다.

2022년 11월 중기부가 비상경제장관회의를 통해 발표한 기업구조개선 목적 펀드의 조성계획에 따르면, '중소기업 사업전환촉진에 관한 특별법'을 제정하여 정책금융기관들이 M&A 펀드의 조성과 SPC 설립에 주도적인 출자자로 참여하도록 할 필요가 있습니다. 또한 이 펀드에 민간투자를 유인하기 위하여 M&A와 구조조정 과정의 소득세, 양도차익세, 취득세 등에 대한 과세 이연, M&A 벤처펀드의 상장법인 투자(現 최대 20%) 대폭 허용 등과 같은 유인책을 도입할 필요가 있습니다[그림 7].

규제 샌드박스와 규제 자유특구에 실험한 신사업에 대한 후속 입법 사회적 논의

지난 2019년, 문재인 정부가 추진한 규제 샌드박스와 규제 자유특구를 통해 시장 출시가 제한되었던 스타트업과 벤처기업의 제품과 서비스가 시장에 임시로 진입할 수 있었습니다. 이에 따라 지난 4년간 860건의 과제가 규제특례를 적용받았고(2022년 12월 기준), 규제 특례를 통해 10.5조 원 이상의 투자 유치, 4000억 원 이상 매출 증가, 1만 1,000여 명의 일자리가 창출되는 성과를 달성했습니다.[81]

그러나 최근 새로운 규제특례를 위한 상담·신청이 감소하고 있으며, 규제개선 속도·불확실성 등에 대한 추가적인 제도 개선을 요구하는 목소리가 커지고 있습니다. 규제 샌드박스가 '조건부 승인'이기 때문에 수익 창출이 어렵고 지속가능성에 의문이 제기되어서 투자 유치도 쉽지 않다는 것입니다.

일례로 규제 샌드박스를 통과한 '내국인 공유숙박'은 ▲집주인이 실거주해야 하며 ▲서울 지하철 역사 반경 1km 이내에 집이 있어야 하며 ▲영업일수도 180일 이내로 제한했습니다. 비상장 주식 거래 플랫폼 서비스를 비롯한 금융 핀테크 분야의 규제 샌드박스 사업, 비대면 진료를 포함한 보건의료 서비스 분야의 규제 자유특구 사업, 로톡을 비롯한 법률, 세무, 회계 서비스 분야의 플랫폼 사업 등도 향후 본격적인 사업화를 위해서는 관련 법률의 제·개정이 이루어져야 합니다.

[그림 8]의 절차처럼, 최대 4년 동안 실증 특례나 임시 허가를 통해 추진되었던 규제 샌드박스 사업 중 그동안 실증과정에서 사업 성과와 법령 정비 필요성이 입증된 사업은 입법이 필요합니다. 하지만 규제 샌드박

81) 대한민국 정책브리핑, 2023.02.15. "규제유예제도(규제샌드박스) 4년, 기회의 문을 넘어 도약의 발판으로" https://www.korea.kr/briefing/pressReleaseView.do?newsId=156552883

[그림 8] 규제샌드박스 및 규제자유 특구의 사업 추진 프로세스

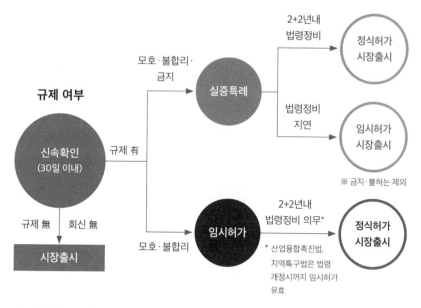

자료: 정부 정책 브리핑

스를 통해 추진한 사업의 본격적인 시장 진입을 반대하는 움직임도 있습니다. 특히, 오로지 편의성만 강조하면서 민감한 개인정보를 다루거나 국민의 안전망을 위협하는 식의 접근은 위험하므로 이해관계자 간의 갈등 조정을 통한 사회적 합의가 우선적으로 이루어져야 합니다.

산업전환을 주도하는 스타트업과 벤처기업에 대한 정부 투자 확대

윤석열 정부가 벤처투자를 위한 모태펀드에 대한 정부 출자금을 대폭 축소한 가운데 문재인 정부가 조성한 제2의 벤처 붐의 열기가 식어가고 벤처기업의 창업과 성장을 위한 민간의 투자 역시 대폭 줄어들고 있습니다. 2022년 4/4분기와 2023년 상반기 벤처투자는 2021년과 2022년 상반기에 비해 1/3 수준으로 떨어졌습니다. 제2의 벤처 붐의 연착륙을 위해서는 정부의 모태펀드 출자금을 증액하여, 벤처캐피탈의 벤처투자펀드 조성을 늘려야 합니다.

현 정부와 일부 전문가들은 그동안의 정부 출자를 통해 시장에 충분한 규모의 벤처투자 펀드가 조성되어 있으며, 정부의 모태펀드 출자를 줄여도 벤처투자에 큰 영향을 주지 않을 것이라고 주장합니다. 그동안 정부 출자가 확대되어 우리나라 벤처투자가 10조 원 규모에 이르고 국내 VC의 총 자산운용 규모는 50조 원 규모로 성장하였으나 GDP 대비 투자규모는 미국·이스라엘 등 벤처 최선진국의 1/2이하 수준으로 정부의 지속적인 투자 확대가 필요한 상황입니다. 현재 약 4만 개에 달하는 벤처기업의 고용은 80만 명 수준으로 4대 재벌의 고용인원(70만 명)은 넘어섰으나(2020 벤처정밀실태조사 결과), 1%대의 잠재성장률을 3%대로 끌어올리고 산업전환 과정에서 스타트업과 벤처기업의 성장을 통해 새로운 고용을 창출하기 위해서는 투자 확대를 통해 지금보다 규모가 최소 2배 이상으로 커질 필요가 있습니다.

벤처투자 규모 확대를 위해서는 정부 모태펀드 증액과 함께 순수 민간펀드와의 역할 구분이 필요합니다.[82] 모태펀드의 출자는 창업 초기 단계나 고위험 하이테크 벤처기업, 지방 벤처기업 등 순수 민간자본이 투자를 회피하는 대상에 집중적으로 투자해야합니다. 벤처기업의 성장단계에서 IPO를 통한 회수단계의 투자는 순수 민간 펀드 중심으로 이루어지도

---

82) '21년도 전체 벤처펀드 9.2조 원 중 정책금융 출자를 받아 결성된 펀드는 5.9조 원(약 64%)

록 하기 위해서 민간 투자펀드에 대한 투자 인센티브를 확대할 필요가 있습니다. 윤석열 정부는 창업투자회사, 자산운용사, 증권사 등이 민간모태펀드를 조성하여 벤처투자 펀드에 출자하는 제도 도입을 추진 중이며 민간모태펀드 출자자들에 대한 세제 인센티브를 검토하고 있는데, 민간 모태펀드에 장기간(10년 이상) 출자하는 자금에 대한 양도세·상속세 감면 혜택을 부여하는 방안을 긍정적으로 검토할 필요가 있습니다.

벤처기업에 대한 민간투자를 활성화하기 위해서는 벤처기업이 발행한 비상장 주식의 거래를 활성화할 필요가 있습니다. 2020년 4월, 문재인 정부는 규제 샌드박스를 통해 민간 비상장 주식거래 플랫폼 2곳을 허용하였으나 임시허가기간 종료 후 금융당국의 추가 규제로 운영이 활성화되지 못하고 있습니다. 비상장주식에 대한 투자자 보호 장치를 현실에 맞게 마련하는 동시에 비상장 벤처 주식거래 플랫폼을 제도화하여 민간의 벤처투자 유인을 확대할 필요가 있습니다. 특히, 벤처기업과 투자자들에게 친화적인 비상장 주식 거래 시장을 조성하기 위해서는 벤처기업 지원에 관한 특별법 제정이나 벤처투자법 개정을 통해 상장 전 거래 시장인 코넥스를 거래소와 코스닥에서 분리하여 중소벤처기업부로 관리감독 기능을 이관하고 벤처기업과 벤처캐피탈이 운영에 참여토록 하는 것이 바람직합니다.

중소기업의 국산 신기술 제품에 대한 공공구매 확대와 민간 구매보조금 지급

공공SW 대기업 참여제한 제도는 대기업이 공공SW 조달 시장에서 점유율의 대부분을 차지하고, 중소·중견기업에 하도급을 맡기는 관행을 타파하고자 2013년에 마련된 정책입니다. 이를 통해 중소·중견 SW기업이 상생·협력할 수 있는 환경을 조성한다는 목적이었습니다. 2020년 문재인 정부는 과기정통부 고시를 통해 ▲국가안보 ▲인공지능(AI)·사물인터넷 (IoT)·빅데이터 등 신기술 ▲긴급 장애대응 ▲기업이 이미 개발한 SW서비스 사용 ▲민간 투자형(클라우드 등 기업 50% 이상 투자) 등에는 대기업이 참여할 수 있도록 참여 제한을 완화하였습니다.[83)

윤석열 정부는 '디지털 플랫폼 정부' 사업을 통해 공공SW를 대규모로 발주할 것으로 예측되는 가운데 2023년 1월 국무총리 소속 규제혁신추진단은 공공SW 대기업 참여제한 제도를 올해 ICT 분야 규제혁신 과제로 확정하고 이를 전면 폐지하는 입법을 추진할 예정입니다. 하지만 이 제도를 통해 참여를 제한하는 대상은 일반적인 대기업이 아니라 상호출자제한을 받은 재벌들이며, 이미 참여 제한 예외로 공공SW 시장에 LG CNS 등 재벌 계열 IT회사들이 참여하고 있는 상황에서 제도의 완전 폐지는 국내 중소·중견 SW기업들의 생존을 위협할 것입니다. 오히려, 대기업이 중소기업과 컨소시엄으로 참여하는 공공SW 사업에서 중소기업이 제값을 받고 하도급 계약을 할 수 있도록 중소기업이 보유한 기술과 개발자 인건비 등을 현실화해야 하며 대기업의 불공정 계약에 대한 감시와 피해구제를 강화해야 합니다.

문재인 정부는 중소벤처기업의 신기술·신제품에 대한 공공구매를 촉진하기 위하여, '혁신조달' 제도를 도입하여, 조달청 예산으로 시범구매하고 3년간 수의계약이 가능토록 하는 등의 조치를 취하였습니다. 이에 더하여 중앙 및 지방 정부와 공공기관을 대상으로 전체 구매 예산의 일정

---

83) TechM, 10년 거쳐온 공공SW 대기업 참여제한...업계 "낡은 제도 재정비해야", 2023.1.18., https://www.techm.kr/news/articleView.html?idxno=105923

비율을 혁신조달로 구매토록 하는 '혁신조달 목표 관리제'를 도입할 필요가 있습니다.

미국의 바이든 행정부는 IRA^{Inflation Reduction Act}를 통해, 에너지 안보 및 기후변화 대응을 위해 전기자동차 등 관련 제품의 미국 내 생산에 대해 3690억 달러 규모의 보조금을 주는 보호무역 조치를 취하고 있습니다. 이에 대응하여 우리나라도 태양광이나 풍력 발전 설비를 포함하여 디지털 및 에너지 전환을 위해 중소기업과 벤처기업이 국내에서 생산하는 제품이나 SW에 대해 보조금을 지급하는 '(가칭) 소재·부품·장비, 친환경 분야 중소기업 국산 제품 구매 촉진법'을 제정할 필요가 있습니다. 예를 들어, 신재생에너지 발전 과정에서 필수적으로 소요되는 인버터나 전기자동차 충전기의 경우 현재 중국산과 독일산 등 외산 제품이 시장을 잠식하여 국내 중소 제조업체들의 생산기반이 와해되고 있는데, 공정한 산업 전환을 위해서는 이들 중소기업의 판로를 확대해야 합니다.

중소기업 적합업종, 생계형 적합업종 제도의 개선

현재 중소기업 적합업종과 생계형 적합업종 제도는 모두 업종 및 품목 단위로 일정 기간(3년에서 최대 6년) 대기업의 시장 진입을 제한하는 제도입니다. 2011년에 제도가 도입되고 112개 업종이 지정되었으나 대부분이 보호기간이 만료되었으며 2023년 현재는 방화문 제조업과 자동차단기대여서비스업, 고소작업대임대업, 대리운전업, 방역소독업 등 총 5개 품목만 지정되어 있습니다(제75차 동반성장위원회, '23.4.25.기준). 2022년 8월, 이 제도의 실효성이 낮고 자원 배분의 효율성을 저해하므로, 폐지해야 한다는 주장이 한국개발연구원(KDI)의 보고서를 통해 제기되었습니다.[84] 이에 대해 동반성장위원회는 입장문을 통해 KDI 보고서의 통계적 근거가 빈약하다는 주장과 함께, "중소기업 적합업종제도는 중소상공인을 보호하는 최후의 사회적 보호망이며, 이러한 최소한의 보호마저 산업경쟁력이라는 미명 아래 포용할 수 없다는 주장을 내놓는 것에 대해 동반성장위는 심심한 유감을 표명한다."고 밝혔습니다.[85]

'중소기업 간 경쟁 품목, 공공 소프트웨어[SW] 대기업 참여 제한, 중소기업 적합업종 지정제도' 등 중소기업 사업영역을 보호하는 제도를 기업규제로 보고 윤석열 정부에 폐지를 지속적으로 주장한 것은 전경련이고, 윤석열 정부는 전경련의 입장을 수용하는 정책을 펼 것으로 예측됩니다. 하지만 경제적 효율성만을 고려하여 중소기업의 사업영역을 보호하는 제도를 폐지할 경우 중소기업의 생존 기반은 더욱 축소될 수밖에 없습니다.

오히려 중소기업 적합업종과 소상공인의 생계형 적합업종 지정 제도는 개선이 필요한 상황입니다. 4차 산업혁명과 디지털 전환으로 산업의 융복합화가 급속히 진행되고, 플랫폼 기업들의 사업이 확장함에 따라 기존의 제한된 범위 업종이나 품목으로 한정하여 중소기업 적합업종이나 생계형 적합업종을 지정하는 것은 실효성이 낮기 때문입니다. 골목상권 보호를 위해 대형마트의 영업을 규제하는 제도를 참고하여 지정 대상 업종이나 품목을 좀 더 폭넓게 정의하는 대신 대기업의 진입 지역이나 유통경로, 생산 및 판매량을 제한하는 방식의 제도 개선을 검토할 필요가 있

---

84) 한국개발연구원, 중소기업 적합업종제도의 경제적 효과와 정책방향, 2022.8.
85) 주간경향, '중소기업 적합업종제도' 약발 다했나, 2022.08.29.,
https://weekly.khan.co.kr/khnm.html?mode=view&code=114&art_id=202208191159021

습니다.

중소기업의 ESG 경영 지원을 위한 특별법 제정

탈탄소 에너지 전환과 ESG 경영에 대한 정책 당국, 투자자 및 고객의 요구가 증가하고 있으나, 자원과 역량이 취약한 절대다수의 중소기업은 독자적으로 ESG 경영을 추진하기 어려운 상황입니다. 중소기업의 ESG 경영 지원을 위한 적정 예산을 확보, 중소기업의 ESG 경영 가이드라인 개발 및 제공, 민관 추진 협의체 구성 및 운영, 중소기업의 ESG 실태조사 및 통계 구축, ESG 관리를 위한 오픈 플랫폼 구축, 민간 평가 및 컨설팅 전문기관 육성, ESG를 위한 시설 자금 투자 및 융자, 대기업의 협력 중소기업 ESG 지원에 대한 동반성장지수 가점부여, 세제 인센티브 제공 등을 담은 특별법 제정이 필요합니다.

한국형 디스커버리제도 도입을 통한 중소기업 기술보호 강화

산업 전환 과정에서 대기업과 중소기업 간 기술 교류와 협력이 빈번해지고 디지털 전환으로 중소기업이 보유한 정보와 기술에 대한 외부의 접근 가능성이 커지면서 중소·벤처기업이 보유한 기술에 대한 보호와 기술탈취 행위에 대한 제재를 더욱 강화할 필요성이 있습니다. 문재인 정부에서 ①징벌적 손해배상제 도입, 영업비밀 요건 완화, 중기부의 중소기업 기술 침해행위 조사 실시 등 중소기업에 유리한 형태로의 법·제도 변경, ②기술임치, 기술신탁 제도 등을 통한 기술자료 안전장치 강화, ③기술탈취 피해기업에 대한 지원 확대. ④기술침해행위 신고요건 및 절차완화, 기술침해 사건처리 부처간 협업 강화 등과 같은 일련의 제도 개선이 이루어졌으나 아직 부족합니다.

지식재산소송에 '강화된 자료제출명령', '당사자 상호간 증거교환', '전문가에 의한 사실조사' 등 특허침해 입증을 위한 증거수집제도(한국형 디스커버리제도)를 도입하는 특허법 또는 민사소송법 개정을 추진할 필요가 있습니다.

온라인 플랫폼 공정화에 관한 법률 제정

디지털 전환이 급속하게 진행되면서 온라인 플랫폼은 검색서비스, 소셜네트워킹 서비스, 동영상공유 서비스, 클라우드 컴퓨팅 서비스 등 개인 산 또는 개인과 중소기업 및 소상공인 간의 정보 공유와 거래를 중개할 뿐만 아니라 중소기업 간 거래에도 깊숙이 개입하기 시작하였습니다. 특히, 스마트 팩토리와 스마트 스토어 보급이 확대되면서 중소기업이 생산한 정보와 영업 비밀을 플랫폼이 남용하는 사례도 증가하고 있습니다. 따라서 분야별로 독점적 시장지배력을 갖고 있는 온라인 플랫폼의 불공정 거래 행위에 대한 사전 및 사후 규제를 강화하기 위해 문재인 정부에서 입법을 추진했으나 제정되지 못한 〈온라인 플랫폼 공정화에 관한 법률〉을 제정할 필요가 있습니다.[86]

윤석열 정부는 2022년 8월부터 플랫폼 자율규제 기구를 운영 중이나 중소기업과 소상공인들의 피해를 파악하기 쉽지도 않고 플랫폼 사업자와 분쟁 당사자 간 합의를 하기도 쉽지 않은 상황입니다. 플랫폼과 중소기업

---

86) 자세한 것은 '플랫폼 독과점 플랫폼 앞에서 갈등하는 혁신과 공정' 부분에서 다룸

간 정보 비대칭과 교섭력 불균형을 보완하고 플랫폼의 불공정 행위를 규제하기 위한 법 제정이 시급하게 필요합니다.

덧붙이는 글: 문재인 정부의 디지털·에너지 전환에 따른 중소·벤처기업 정책

정책 기조

문재인 정부는 4차 산업혁명과 디지털 전환에 따른 산업구조의 변화에 선제적으로 대응하여 중소기업 중심의 경제성장과 일자리 창출을 주요 국정목표로 설정했습니다. 중소기업 중심 경제를 실현하기 위한 구체적인 전략으로는 ▲저생산성에 따른 저임금 구조 극복을 위한 생산성 향상 ▲지속가능한 중소기업 성장 생태계 조성 ▲기울어진 운동장을 평탄화하기 위한 공정한 거래환경 조성 세 가지가 설정되었습니다.

첫째, 대기업과 중소기업 간 임금 격차를 해소하고 중소기업에서 양질의 일자리를 창출하기 위해 중소기업의 생산성을 제고하는 정책을 추진했습니다. 이를 위해 중소기업의 우수인재 채용, 기술개발과 스마트 팩토리 등 4차 산업혁명에 대응하는 설비투자에 대한 재정지원을 확대하였습니다.

둘째, 중소기업의 창업과 성장에 대한 단계적 지원을 통해 지속 가능한 성장 생태계를 조성하는 정책을 추진하였습니다. 준비된 혁신 창업에 대한 지원을 확대하고, 벤처기업의 성장을 촉진하기 위해 벤처투자펀드를 대폭 확충하였으며 스타트업과 벤처기업의 시장 확대를 위해 규제 샌드박스와 규제 자유특구를 통해 신사업 진출에 대한 규제를 완화하였습니다.

셋째, 대기업과 중소기업 간 공정한 거래 환경을 조성하고 상생협력을 촉진하는 정책을 추진하였습니다. 대기업의 불공정 거래에 대한 감시와 처벌을 강화하였으며, 대형마트의 골목상권 진입 규제, 불공정 거래에 대한 징벌적 손해배상, 기술 탈취에 대한 중소기업의 입증 책임 완화 등이 이루어졌습니다.

ICT 기술 보급을 통한 중소기업의 디지털 전환 촉진

문재인 정부는 집권 초부터 4차 산업혁명에 대응하여 전통 제조업과 서비스업에 종사하는 중소기업의 디지털 전환을 촉진하기 위한 지원을 확대했습니다. 스마트 팩토리 구축 지원 사업이 가장 대표적인 사업으로 추진되었습니다. 2018년 3월에는 '중소기업 스마트공장 확산 및 고도화 전략'을 발표하고, 중소기업의 스마트 제조혁신 정책을 본격 추진했습니다. 2021년까지 1.5조 원을 투입하여 누적 2만 5,039개의 스마트공장을 보급하여 중소기업 스마트 제조의 저변을 크게 확대했습니다([표 8]).

한편, 코로나 팬데믹 상황인 2020년부터는 서비스업과 소상공인들의 디지털 전환을 촉진하기 위한 정책을 추진했습니다. 비대면 바우처 지원

[표 8] 스마트공장 지원유형별 보급현황

구분		~2017	2018	2019	2020	2021	합계
정부 주도 보급형		3,495	2,221	2,820	4,730	2,760	16,026
민관협력형	대·중소 상생형	1,508	679	1,023	1,000	999	5,209
	수준확인	-	-	914	1,409	1,481	3,804
	소계	1,508	679	1,937	2,409	2,480	9,013
합계		5,003	2,900	4,757	7,139	5,240	25,039

자료원: 문재인 정부 국정백서 제3권 경제2_공정경제, 중소벤처·자영업 활력

사업은 팬데믹 상황에서 중소기업이 디지털 온라인 서비스를 비대면으로 활용할 수 있도록 업체당 최대 400만 원씩 지원한 사업으로 전통 제조업과 서비스업 분야 중소기업의 디지털 전환을 촉진하였습니다. 중소기업과 소상공인 제품과 서비스의 판로를 온라인으로 확장할 수 있도록 온라인 수출, 모바일 커머스, 라이브 커머스, 스마트스토어 등에 대한 지원도 확대했습니다.

혁신창업과 벤처기업 육성을 통한 산업전환에 대응

문재인 정부는 '혁신을 응원하는 창업국가' 건설을 목표로 디지털 전환과 탄소중립을 주도적으로 실행할 신산업 분야의 창업 기업과 벤처기업의 성장을 촉진하기 위한 정책을 추진했습니다. 모태펀드 출자를 통한 벤처투자시장 마중물로 역대 최대 규모의 벤처펀드를 조성했습니다. 그 결과 2020년 벤처펀드 조성액 6.8조 원으로 사상 최초 6조 원을 돌파했고, 2021년 9.2조 원으로 다시 역대 최고 기록을 경신했습니다.

창업자들에 대해 자금지원과 더불어 컨설팅과 멘토링을 지원하여 성공확률을 높이는 창업 패키지 지원 사업을 확대하였으며, 연대보증 폐지와 부실채권 정리를 통해 성실 실패자의 재기 지원을 위한 기반을 조성했습니다. 창업·벤처기업의 성장Scale-up을 위한 정책도 적극적으로 추진했습니다. 대표적으로 창업기업의 공공시장 진출을 위하여 2018년 중소기업 기술개발제품 시범구매제도, 2021년부터는 '창업기업제품 공공기관 우선구매 제도'를 본격 시행하여 2021년 기준 총 849개의 공공기관이 매년 구매총액의 8.1%, 11.7조 원 규모를 창업기업 제품(물품·공사·용역)으로 구매하도록 했습니다.

2019년 7월 이후 6차에 걸쳐 전국에 총 29개의 규제자유특구를 지정하여 미래교통·에너지자원·바이오헬스·ICT 등에 144개의 신산업 규제를 완화했습니다. 지방의 창업을 촉진하기 위한 캠퍼스혁신파크 건설 지원 등이 이루어졌고, 대기업과 스타트업의 협력을 촉진하기 위한 개방형 혁신 지원 사업도 추진되었습니다. 성장 단계 벤처기업의 글로벌 시장 진출을 지원하는 사업이 추진되었으며, 기술 벤처의 코스닥 상장을 원활하게 하는 제도개선도 이루어졌습니다.

'한국판 뉴딜'의 일환으로 디지털과 그린 분야 중소기업 R&D 확대

코로나 팬데믹에 대응하여 문재인 정부는 새로운 성장 동력 확보를 위해 '한국판 뉴딜'을 추진하였으며, 그 일환으로 중소기업을 대상으로 한 '제조데이터공동활용플랫폼(2021)' 사업과 '스마트제조혁신기술개발(2022)' 사업 등이 디지털 뉴딜 사업으로 추진되었습니다. 또한 'AI기반 고부가 신제품 기술개발(2020)'사업, '빅데이터 기반 서비스개발 지원(2020)', '스마트센서선도프로젝트기술개발(2020)'사업 등 인공지능과 사물인터넷(IoT) 등 4차 산업혁명에 대응하기 위한 중소기업 기술개발 지원 사업을 신설하여 추진하였고, 2022년부터는 Big3(시스템 반도체·바이오헬스·미래차) 분야 중소기업의 R&D 지원을 확대했습니다.

탄소중립과 에너지 전환에 대응하기 위한 중소기업의 그린 뉴딜을 위해 '중소기업기술혁신개발' 사업 내 '그린뉴딜 유망기업 100' 사업을 신설하여 그린 분야 유망기업 100개사를 선정하여 지원했습니다. 2022년부터는 '탄소중립 선도 모델 기술개발' 사업과 '중소기업 Net-Zero 기술혁신' 사업을 신설 추진하는 등 그린 뉴딜 사업을 추진했습니다. 또한, 2021년 그린 분야 창업벤처 생태계 구축을 위한 그린 스타트업 타운[87] 조성을 추진했습니다.

탄소중립과 ESG 대응을 위한 지원 체계 마련

문재인 정부는 탄소중립과 ESG 확산에 대응하여 고탄소 배출 업종을 중심으로 에너지 진단·설계 컨설팅, ICT기반의 탄소저감 공정혁신, 고효율 설비 개체 등을 패키지로 지원하는 사업을 2021년부터 스마트공장 보급 사업의 일환으로 추진했습니다. 또, 대중소기업 상생협력 사업의 일환으로 정부와 대기업이 공동으로 조성한 상생협력 기금을 활용하여 관련 중소기업의 ESG 경영 도입을 위한 진단·컨설팅 지원과 탄소중립, 친환경 기술개발을 지원했습니다.

2021년 12월 15일, '중소벤처기업 탄소중립 대응 지원방안'을 발표했는데, 주요 내용은 2022년 탄소중립 예산 4744억 원 투입하여 2,500개 중소기업 지원하고 그 규모를 매년 10%씩 확대하여 2030년까지 고탄소 10대 업종의 6.7만 개 중 3.4만 개 기업의 저탄소화를 지원하는 것입니다. 2021년 11월 23일, 중소기업의 자발적이고 주도적인 ESG 경영 도입을 확산할 목적으로 ESG 민관협의회체가 발족하여 민관협력 거버넌스를 발판으로 중소기업 ESG 자가진단(체크리스트) 체계를 구축하고, 업종별 특화지표를 개발·제공하도록 했습니다.

---

87) 그린 디지털 분야 창업·혁신기업 지원 인프라와 교통·주거·문화 등 정주 여건이 결합된 지역의 혁신 거점

경영 위기 중소기업에 대한 선제적 구조조정과 사업 전환 지원

코로나 팬데믹의 영향으로 일시적인 경영 위기에 봉착한 중소기업 중 워크아웃 등 은행권의 구조조정 제도를 이용하기 어려운 소규모 채무 보유기업에 대하여 선제적 구조개선 프로그램을 추진했습니다. 중소벤처기업진흥공단과 민간은행이 협력하여 발굴한 부실징후 중소기업을 대상으로 신규 유동성 공급·채무조정(만기연장·금리인하)·구조개선 계획 수립 등을 연계 지원하는 프로그램입니다.

산업전환에 따라 업종을 변경하거나 신사업을 추진해야 하는 중소기업을 대상으로 하는 '사업전환 지원 제도'를 개선하여 지원 대상과 예산을 확대하였다. 동일 업종 내의 신산업으로의 전환을 지원 대상으로 포함하였으며, 지원 예산은 2017년 1250억 원에서 2022년 2500억 원으로 확대하여 2017년부터 2021년까지 총 673개의 중소기업이 사업전환 계획을 승인받아 정책자금 융자와 R&D 자금 지원을 받았습니다.

중소기업을 위한 4차 산업혁명 인재 육성

문재인 정부는 중소기업의 디지털 전환과 신산업 진출을 주도적으로 실행할 기술 인력 양성을 위해 다양한 인력 양성 프로그램을 설계하고 추진했습니다. 2017년 중소기업에 스마트공장 보급을 통한 제조혁신을 추진하면서, '스마트공장 전문 인력 10만 명 양성'을 국정과제로 설정하고, 중소기업 재직자 직무전환 교육과정과 고교생, 대학생 등 신규인력 대상 교육과정을 관계부처 합동으로 개설했습니다.

특히, 디지털 전환이 전 산업으로 확산하면서 소프트웨어 분야 인력 수요가 급증함에 따라 2021년 6월 '민·관협력 기반 소프트웨어 인재양성'

을 추진하였습니다. 민간협회-기업-훈련기관 협의체가 수요기업별 맞춤형 훈련과정과 OJT형(직장 내 교육훈련) 교육을 제공하는 '벤처스타트업 아카데미'를 운영하여, 중소기업 현장 맞춤형 소프트웨어 엔지니어를 양성, 공급했습니다.

대중소기업 간 공정거래 정착을 위한 법제도 개선 추진

산업의 대전환 과정에서 대중소기업 간 불공정 거래가 심화되고, 대응 능력이 취약한 중소기업들이 도태되면서 양극화도 심화될 수 있습니다. 문재인 정부는 중소기업이 경제성장과 고용 확대를 견인할 수 있도록, 공정한 시장질서 확립, 재벌 총수 일가의 일감몰아주기 방지와 소유 및 지배구조 개선, 공정거래 감시역량 강화와 소비자 피해 구제 강화, 대중소기업 간 상생협력에 대한 인센티브 강화 등의 정책을 추진하였습니다.

첫째, '공정경제 3법'을 제·개정하였습니다. 다중대표소송제 도입을 통해 소수 주주의 권익을 보호하는 상법 개정과 대기업의 경제력 남용을 규제하고 총수 일가의 사익편취 규율 대상을 확대하는 한편, 불공정행위로 인하여 피해를 당한 사업자가 신속하게 구제를 받을 수 있도록 사인의 금지청구제도를 신설한 공정거래법 개정이 이루어졌고, 금융복합기업집단에 대한 감독체계를 구축하도록 금융복합기업집단법이 제정되었습니다.

둘째, 공정거래위원회의 재벌기업 부당 내부거래행위에 대한 감시와 제재를 강화하였습니다. 또한, 내부거래 비중이 높은 단체급식, 물류, IT서비스 분야에서 자율준수기준 등을 통하여 일감 개방을 유도하였습니다.

셋째, 대기업의 시장잠식으로부터 중소기업과 소상공인의 사업영역을 보호하기 위해 '사업조정제도', '중소기업 적합업종제도', '소상공인 생계형 적합업종제도'를 운영하였습니다. 특히 민생에 영향이 큰 업종·품목을 생계형 적합업종으로 지정하여 소상공인의 사업영역을 정부가 직접 보호하는 「소상공인 생계형 적합업종 지정에 관한 특별법」을 제정하였습니다.

하도급과 수위탁 거래관계에 있는 중소기업에 대한 보호를 강화하는 법과 제도의 개선도 이루어졌습니다. 2019년 '대·중소기업 상생협력 촉진에 관한 법률'에 납품대금 조정협의 제도를 도입함으로써 중소기업이 공급원가 변동에 따라 대기업 등에 대하여 납품대금의 조정을 요구할 수 있게 하였습니다. 또한 대기업의 법 위반행위에 대한 처벌을 강화하고, 하도급 업체의 권한 및 피해 구제 범위를 확대하였습니다. 대기업이 중소기업의 기술 자료를 유용하는 행위를 근절하기 위해, 「하도급거래 공정화에 관한 법률」상 기술 자료의 정의를 기존 '상당한 노력에 의하여 비밀로 유지된 자료'에서 '비밀로 관리되는 자료'로 개정함으로써 보호대상이 되는 기술 자료의 범위를 확대하였고, 이에 대한 보호와 피해 구제를 강화하였습니다. 프랜차이즈 가맹점, 유통 대기업과 거래하는 중소기업, 대리점 업체, 앱 마켓 입점 업체의 권익을 보호하는 일련의 법 개정도 이루어졌습니다.

한편, 대중소기업 간 자발적인 상생협력을 촉진하였으며, 그 결과 프랜차이즈업계를 비롯한 여러 분야에서 대중소기업 간 상생협약이 이루어졌습니다. '자상한 기업' 정책은 세계경제포럼[WEF]이 포용적인 성장모델로 평가한 프로그램으로 정부와 대기업의 지원으로 중소기업의 제조혁신, 기술개발, 해외시장 진출 등을 지원하였습니다.

6장
돌봄국가의 길

저출생·고령사회와 돌봄 국가책임제

들어가는 글

'돌봄'이 시대의 화두입니다. 이른바 시대의 화두라면, 사회구성원 상당수의 삶에 직간접적인 영향을 미치는 주제이며, 다른 사회 이슈와 긴밀하게 연결되어 있고, 무엇보다도 국가공동체의 성격을 규정하는 중요한 주제라는 의미입니다. 이런 점에서 돌봄이 현시대의 중요한 화두 중 하나라는 점은 명확합니다.

돌봄은 국가공동체의 기본 성격을 규정하는 중요한 기준점

지금의 한국 사회에서 돌봄 부담에서 자유로운 사람은 거의 없습니다. 한마디로 돌봄 부담의 문제는 모든 집안에 짙게 끼어 있는 먹구름이라고 할 수 있습니다. 돌봄의 문제는 우리 사회의 다른 중요한 이슈인 저출생, 젠더 갈등, 장애인 배제, 여성 차별, 계층에 따른 학력 격차, 노인의 소외 및 빈곤 등의 문제와 긴밀하게 연결되어 있습니다.

돌봄은 우리 국가공동체의 기본 성격을 규정하는 중요한 기준점이라고 할 수 있습니다. 역사적으로 규정된 국가와 시민의 관계에서 국가의 약탈적, 통제적, 발전적 성격에서 벗어나 국가가 책임을 지고 국민을 제도적으로 돌본다는 것은 국가 진화의 최고 단계라고 할 수 있습니다.

따라서 현재 한국 사회에서 '돌봄'은 우리 공동체가 정면으로 다루어야 할 핵심적인 시대의 과제이자 저출생과 격차 등 우리 사회의 지속가능성을 위협하는 문제를 해결하는 실마리 같은 존재입니다.

이런 맥락에서 이 글은 현재 한국 복지국가 시스템에서 '돌봄'이 중요한 기능으로 자리매김하여야 한다는 전제를 가지고, ▲왜 돌봄국가인가? ▲무엇이 돌봄국가인가? ▲어떻게 돌봄국가를 만들 것인가? 라는 세 가지 질문을 던지고 답을 구하는 과정입니다.

한국 복지국가의 역사적 발자취

한국 역사에서 '복지국가'라는 용어가 처음으로 공론화된 계기는 역설적으로 IMF 경제위기였습니다. 1990년대 중반기에 들어서면서 나타난 한국 경제의 위기 증후는 1997년 말 미증유의 국가부도 사태를 초래하여, 결국 경제주권을 국제기구에 맡기는 초유의 사태로 치닫게 되었습니다. 이러한 IMF 경제위기는 산업화 이후 한국 사회에 축적되었던 사회경제적 모순을 분출시켜 기업 도산과 구조조정으로 대량실업이 발생하였고, 빈곤율이 치솟았으며, 저소득층을 중심으로 광범위한 가족해체가 일어나고, 노숙자가 창궐하는 등 일찍이 한국 사회가 경험하지 못했던 사회해체의 위기가 엄습하였습니다. 한마디로 한국 사회는 IMF 경제위기 이전과 이후로 나눠진다고 할 정도로 사회경제적 격변이 연속되던 시기였습니다.

당시 역사상 최초로 수평적 정권교체에 성공한 김대중 대통령과 국민의 정부에게는 경제위기 극복과 더불어 사회해체 위기를 관리해야 하는 이중과제가 부여되었습니다. 이러한 복합위기를 맞이하여 국민의 정부는 IMF가 요구하는 신자유주의적 개혁을 충실하게 이행하는 한편으로, '생산적 복지'를 국정과제로 설정하고 이에 맞추어 복지제도를 전반적으로 확대하는 방식으로 대응하였습니다. 이렇듯 국민의 정부에서 생산적 복지를 주요 국정과제로 설정한 이후 우리 사회에서 '복지국가'가 공론화되었으며, 이후 대통령 선거마다 복지가 주요한 선거공약으로 등장하였고, 역대 정부에서 복지를 국정의 우선 과제로 설정하여 본격적인 복지국가의 길로 나아가게 됩니다.

[그림 1]은 국민의 정부 이후 역대 정부의 복지 비전을 정리한 것입니다. 역대 정부가 표방한 복지 비전은 나름대로 이론적 근거를 갖춘 대안적 복지국가 체제의 맥락에서 구상되었습니다. 헌정 사상 최초로 평화적 정권교체를 이룬 국민의 정부는 1990년대 중반 영국과 미국을 중심으로 활발하게 시도되었던 근로복지workfare의 요소를 갖춘 생산적 복지를 국정과제로 삼아 복지 확대의 물꼬를 텄습니다. 이후 집권한 참여정부는 당시 제3의 길을 주창한 앤서니 기든스A. Giddens의 사회투자국가social investment state 의 원리를 복지제도에 이식시키려고 노력하였습니다. 이어 집권한 이명박 정부는 시장의 가치를 강조하는 정부답게 개인의 능력을 개발시키는 방향으로 복지국가를 개편하는 능동적 복지를 주장하였습니다. 한편 보수적

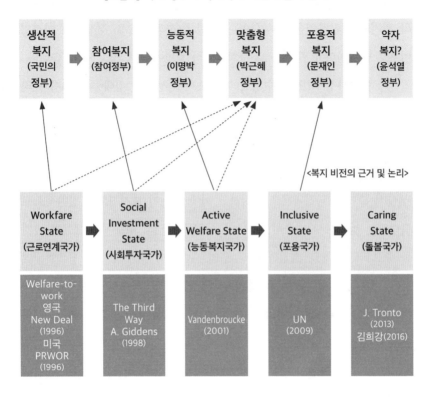

[그림 1] 역대 정부의 복지국가 비전과 논리 근거

성격이 더 강했던 박근혜 정부에서는 기존의 능력개발, 근로복지, 그리고 사회투자 요소가 두루 포함된 맞춤형 복지를 주창하였으나, 실제 성과로 이어지지는 못했습니다. 탄핵 정국을 뚫고 집권한 문재인 정부는 유엔 및 국제기구가 강조했던 포용 사회inclusive society를 만들기 위해서 국가의 적극적 역할을 강조한 포용적 복지라는 비전을 제시했습니다.

한편, 전 세계가 코로나-19를 경험하면서 새로운 돌봄 욕구가 분출되면서 돌봄의 가치가 재발견되었습니다. 이 과정에서 자연스럽게 돌봄 윤리를 핵심 원리로 하는 돌봄국가가 복지국가의 새로운 대안 체제로 부

민주당 재집권전략 보고서

상하고 있습니다. 하지만 윤석열 정부는 돌봄에 대한 비중을 크게 생각하지 않을 뿐 아니라 아예 복지 비전 자체를 제시하지 못하고 있습니다.

생산적 복지: 한국 복지국가의 탄생

평화적 정권교체를 이룬 국민의 정부(1998~2002)는 미증유의 국가부도 사태를 수습해야 하는 한편으로, 경제위기로 야기된 극심한 사회분열과 해체를 통합해야 하는 과제를 떠안았습니다. 당시 IMF는 구조조정 차관을 제공하는 조건SAL conditionality으로 신자유주의 구도에 맞춘 가혹한 노동시장 개혁과 더불어 금융시장 개방을 요구했습니다. 이에 당시 국민의 정부는 IMF가 제시한 조건에 대부분 순응하여 소위 'IMF 조기 졸업'을 달성하는 한편, 이 과정에서 발생하는 희생자들을 위한 대대적인 복지 확대를 추진하는 전략을 취했습니다. 지금까지도 한국 복지국가의 근간이 되는 국민연금의 전 국민 확대, 건강보험의 통합과 의약분업 실시, 고용보험과 산재보험의 1인 이상 사업장 확대, 그리고 전 국민의 기초적인 생계를 보장하는 국민기초생활보장법의 제정을 통해서 한국 사회는 본격적으로 복지국가의 길로 접어들게 됩니다.

이러한 대대적인 복지 확대는 생산적 복지라는 국정지표를 근거로 이루어졌는데, '생산적'이라는 수식어를 붙인 이유에 관해서 다양한 해석이 있습니다. 정권교체 이후 사회개혁에 불안감을 느낀 기득권 세력을 안심시키기 위한 전략이라는 해석도 있고, 실제 스칸디나비아 국가의 근대화 과정에서 복지국가의 생산적 역할에 주목하여 사용했다는 해석도 있습니다. 또한 독일의 사회적 시장경제에 영감을 받은 '민주적 시장경제'를 국정이념으로 표방하면서 그 연장선에서 생산적 복지를 국정과제로 삼았다는 해석도 있고, 실제 1990년대 중반 이후 영미권을 중심으로 기존 권리성 급여에 기초한 복지국가를 탈피하는 수급자의 의무를 강조한 복지개혁(영국의 New Deal과 미국의 PRWOR)[88]에 주목하여, 복지를 확대하되 생산적인 측면을 고려하는 의미였다는 해석도 있습니다.

생산적 복지의 탄생 배경에 관한 여러 해석에도 불구하고, 한국 복지국가의 역사에서 국민의 정부의 가장 큰 업적은 강고한 진지를 구축하고 있던 발전주의 사고의 틀을 깨고 사회복지를 정부 정책의 중심축의 하나로 설정하였다는 점입니다. 해방 이후 역대 정부에서 사회복지는 경제성장을 방해하는 걸림돌로 인식하거나 기껏해야 경제 발전을 위한 시녀侍女적 수단으로 인식하였던 점을 고려하면, 국민의 정부의 사회보험 확대와 국민기초생활보장제도의 도입은 복지국가를 향한 진일보를 넘어서 패러다임의 전환을 통해 복지국가 개혁의 양·질적인 측면에서 전무후무한 발전을 이루었다고 해도 과언이 아닙니다.

참여복지

국민의 정부에 이어서 재집권에 성공한 민주당의 참여정부(2003~2007)는 김대중 정부의 생산적 복지를 계승하는 한편으로, '복지의 보편성', '복

---

88) 영국 노동당 블레어 수상은 집권하자마자 복지국가에 대한 전면적인 개혁을 약속하였으며, 그 일환으로 장기실직자는 보조금이 지급되는 직장에 다니거나 직업훈련이나 교육 혹은 자원봉사를 한다는 조건으로 구직급여(Job Seeker's Allowance)를 받을 수 있게 하였다. 이렇듯 장기실직자에게 근로를 강제하는 것을 골자로 하는 프로그램을 새로운 계약(New Deal)이라고 칭하였다. 한편, 미국의 Personal Responsibility and Work Opportunity Reconciliation(PRWOR) Act는 클린턴 행정부 시절인 1996년 제정된 연방법으로 이 역시 수급자에게 근로의 기회를 주고 이를 이행하는 조건으로 복지급여를 주는 전형적인 근로복지(welfare-to-work) 프로그램이라고 할 수 있다. 한국 국민기초생활보장제도의 조건부 수급제도가 이런 영미의 복지국가 개혁의 흐름이 반영된 제도라고 할 수 있다.

지에 대한 국가의 책임 강화', '복지정책 과정에 대한 국민의 참여 강화'라는 세 가지 방향을 제시하였는데, 이 원칙은 이후 한국 복지국가 발전의 기본 틀이 되었습니다. 구체적인 정책으로는 저출산에 대비하여 중산·서민층에 보육비를 획기적으로 지원하였고, 고령화에 대비하여 2007년 4월 〈노인장기요양보험법〉을 제정하였습니다. 이 제도는 산재보험(1964), 건강보험(1977), 국민연금(1988), 그리고 고용보험(1995)을 잇는 제5의 사회보험으로 고령화가 심해지는 현실에서 굳건한 버팀목 제도로 발전하고 있습니다. 또한 같은 해 제정한 〈장애인차별금지법〉은 한국 복지국가의 역사뿐 아니라 한국 인권의 역사에서도 획기적인 발전을 이룬 기념비적인 성취라고 할 수 있습니다.

능동적 복지

10년 만에 보수주의 정부로 회귀한 이명박 정부(2008~2012)는 복지정책의 방향으로 능동적 복지를 천명하였습니다. 당시 보건복지부(2008)는 능동적 복지를 빈곤과 질병 등 사회적 위험을 예방하고, 위험에 처한 사람들이 일을 통해 재기할 수 있도록 돕고, 경제성장과 함께하는 복지로 정의하였습니다. 즉 취약계층이 수동적으로 복지급여를 받는 전통적 복지에서 벗어나 적극적active으로 노동시장과 결합한 프로그램을 복지국가의 체제에 포함시키려는 목적을 가지고 있습니다. 능동적 복지국가가 등장하게 된 배경은 후기 산업사회에서 새로운 위험이 나타나면서 이에 대한 새로운 대응(직장-가정의 양립, 직장-교육의 병행 등)이 필요하게 되었다는 것이며 능동적 복지개혁의 핵심은 고용의 창출로 이어집니다.

이러한 정책 방향의 근저에는 경제성장을 통해서 일자리가 늘어나면 자연스럽게 복지 수요가 줄어든다는 발전주의 사고가 있었습니다.[89) 하지만 시장에 친화적인 정권의 근로에 대한 강조에도 불구하고, 복지제도의 불가역적인 성격으로 인하여 복지 확대의 기조는 그대로 유지되었습니다. 대표적으로 2007년 참여정부 시기에 제정된 장기요양보험제도를 2008년 7월에 시행하였고, 저소득층 아동에게 통합 서비스를 제공하는 '드림스타트' 사업을 추진하였으며, 저소득 근로자를 대상으로 하는 근로장려세제 EITC를 시행하였습니다.

맞춤형 복지

이명박 정부가 노골적으로 신자유주의적 정책 지향을 표방하였다면, 이어 집권한 박근혜 정부(2013~2017)는 보수주의 정부답게 시장 친화적 기조를 바탕으로 하되 일정 부분 보편적 복지제도를 수용하는 이중적인 모습을 보였습니다. 박근혜 정부 복지정책의 기조인 '생애주기별 맞춤형 복지'는 도움이 필요한 개인이라면 누구나 처한 상황에 맞춰 다양한 대책을 지원하는 '평생 사회안전망'의 개념이었습니다. 대표적으로 만 0~5세 전全 계층 영유아 보육료·양육수당 지원, 기초연금 시행, 4대 중증질환 보장성 강화, 저소득층 맞춤형 급여 시행이 이에 해당합니다. 하지만 맞춤형 복지는 보편적 복지에 대한 후퇴로 선별적 복지 요소가 있었고, 특히 국민기초생활보장제도의 통합급여를 해체하고 개별급여로 전환하면서 '정

---

89) 물론 능동적 복지국가를 창시한 프랑크 반덴부르크(Frank Vandenbroucke)는 시장주의적 재편을 강조하지 않았다. 능동적인 시민이 되지 못하는 일반 취약계층에 대해서는 기존의 복지제도가 유지되어야 한다는 점을 강조하였다.

부 급여와 소득인정액을 합하여 최저생계비 이상'의 생활을 보장하는 사회적 권리가 퇴색되었다는 비판을 받았습니다.

정리하자면, 보수주의 정부 10년 동안(2008~2017) 사회복지 분야는 제도 자체의 불가역적 속성으로 인하여 지속적 확대를 보인 것은 사실이지만 2008년 국제금융 위기 이후 한국 경제가 본격적인 구조의 변화를 경험하는 과정에서 나타난 사회문제에 적극적으로 대응하기보다 현상 유지에 급급했던 측면이 있습니다. 특히, 저출산 고령화 현상이 고착되고 심화하는 변곡점에서 기존 타성에 젖은 정책을 반복하다 보니 변화의 모멘텀을 잡지 못하고 예산 대비 투자 성과는 기대 이하로 매우 낮은 것으로 나타났습니다.

포용적 복지

촛불혁명을 거쳐서 집권한 문재인 정부(2017~2022)는 보수주의 정권 10년과는 다른 차원으로 '포용'을 핵심 개념으로 하는 「내 삶을 책임지는 포용적 복지국가」를 표방하였습니다. 산업화 이후 무한대적 경쟁의 문화가 팽배해 있는 우리나라에서 국가가 개인의 삶을 책임지겠다는 선언은 큰 의미가 있었습니다. 한마디로 국가와 시민의 관계에서 패러다임의 변혁을 통한 새로운 지평을 보여주는 의미였습니다. 집권 이듬해인 2018년 9월 대통령 주재로 「포용국가 전략회의」를 개최하여, '혁신적 포용국가'를 중심적 정책과제로 설정하였으며, 이후 2019년을 혁신적 포용국가의 원년으로 선언한 정부는 포용국가 사회정책 추진계획을 발표하여 삶의 전 영역(돌봄-배움-일-쉼-노후)에 걸쳐서 생활 기반별(소득-건강-안전-환경-주거) 정책목표와 정책과제를 제시하고 실천하였습니다.

먼저 사회복지의 차원에서 보면, ▲2018년 아동수당 도입 ▲초등생 온종일 돌봄 체계 구축 ▲노인과 장애인에 대한 소득보장 강화 ▲국민기초생활보장제도의 부양의무제도의 단계적 폐지를 들 수 있습니다.

보건의료의 영역에서는, ▲'문재인 케어'를 성공적으로 정착함으로써 이제는 경제적 이유로 의료서비스를 받지 못하는 환자가 거의 없을 정도로 발전하여 국민의 의료보장성에 대한 긍정 응답 비율이 94%(2020년 조사)로 치솟았고 ▲코로나-19 위기를 슬기롭게 극복한 K-방역의 성과를 이어가기 위한 노력으로 '한국형 상병수당'을 도입하여 시범사업을 거쳐 전면적 시행을 앞두고 있습니다.

마지막으로 포용적 복지국가의 성과는 노동자의 권익 보호로 나타나서, ▲최저임금의 지속적 증가로 소득 불평등 현상이 완화되었으며 ▲52시간 근무제를 시행하여 노동자의 일·생활 균형을 확보할 수 있는 제도적 기반을 마련하였고 ▲전 국민 고용 안전망을 강화하였습니다.

하지만 아쉬움도 남습니다. 전 국민의 압도적 지지를 바탕으로 야심차게 포용적 복지국가를 표방하고 제도 발전을 위하여 노력하였으나 ▲저출생 추세를 돌리지 못했고 ▲여전히 광범위한 복지 사각지대가 남아있으며 ▲생계형 자살이 줄어들지 않고 있습니다. 무엇보다도 대부분 가구에 짙은 먹구름같이 끼어있는 ▲가정 내 돌봄의 문제가 여전히 해결되지 않고 있습니다.

따라서 기존 복지 문법에서 한 단계 업그레이드된 새로운 정책적 지향으로 '돌봄국가'가 대안으로 떠올랐습니다.

약자 복지(?)

한편 2022년 선거에서 정권교체에 성공한 윤석열 정부(2022~)의 복지 정책 기조는 명확하지 않습니다. 세계 10위권의 선진국으로 보건·복지·고용 분야에 한 해 226조(2023년 예산안)를 쓰는 나라에서 공식적인 복지정책의 방향을 제시하지 못한다는 것은 이해하기 힘듭니다. 물론 집권 초반기인 2022년 9월 〈윤석열 정부 120대 국정과제〉를 발표하면서 "필요한 국민께 더 두텁게 지원하겠습니다"라고 약속(국민께 드리는 약속 9)하고 '지속가능한 복지국가 개혁' 등 7개의 전략을 제시하였지만 이러한 전략을 실현할 구체적인 방안이나 로드맵이 없을 뿐 아니라 전체 복지정책을 이끌어갈 비전을 제시하지 못하고 있습니다.

2022년 말에는 청와대 관계자의 구두 발표로 '약자弱者 복지'를 주장하였으나 용어 자체가 심각한 낙인감을 내포하고 있는 데다 이와 같은 전前 정부 정책에 대한 안티테제로는 국정 비전을 제시할 수 없습니다. 게다가 약자 복지가 논리적으로 성립하려면 기존 한국 복지제도가 강자强者를 위한 제도여야 하는데 그렇게 말할 수가 없는 상태입니다. 특히 지금까지 한국의 복지제도가 "정치 과잉과 포퓰리즘으로 득표에 유리한 현금 복지제도가 무차별적으로 확산"하였다는 청와대 관계자의 주장은 또 다른 정치 과잉적 해석일 뿐입니다. 백번 양보하여 이전 정부가 대중 영합적으로 현금복지제도를 발전시켰다면 현 정부는 사회서비스 중심의 복지를 획기적으로 발전시켜야 하는데 이러한 노력마저도 보이지 않습니다.

돌봄국가: 복지국가의 최종 진화 형태

문재인 정부가 추진하였던 포용적 복지국가는 기존의 복지 문법에 충실한 국가체계입니다. 복지국가를 표방한 이상 사회적으로 배제되어 있거나 뒤처진 사람을 국가가 보듬어 안아서(포용), 당당한 공동체의 일원으로 살아갈 수 있도록 도와야 하는 게 당연하기 때문입니다. 이러한 포용의 과정은 우위에 있는 국가 기관이 열위에 있는 국민을 포용하여 이들의 사회적 기능을 정상正常으로 회복시키는 정상화normalization의 과정으로 이해할 수 있습니다. 마치 모든 것을 가진 엄마가 아무것도 갖지 않은 갓난아이를 포용하듯이 절대적 우위에 있는 국가가 열위에 있는 국민의 삶을 책임지는 것입니다. 이러한 포용의 과정에서 '합리적이고 자율적이며, 독립적이고 자기 이해관계에 충실한 자족적인' 성인은 자기 삶에 스스로 책임을 져야 한다는 것이 전제되어 있습니다.

이리한 위계성은 복지국가의 철학적 기반인 사회정의론에서 배태되었습니다. 즉 자유롭고 이성적인 개인 간 계약을 전제로 한 사회정의론에서 타인의 도움을 받아서 살 수밖에 없는 돌봄 의존자나 이들을 돌보아야 하는 돌봄 제공자는 주변화되어 누군가에게 의존하여 살 수밖에 없는 나약한 존재가 되고 맙니다. 하지만 사회정의론에서 설정한 합리적이고 책임감 있는 성인 남성 역시 어릴 때는 누군가의 돌봄을 받으며 성장하였고 나이가 들어가면서 언젠가는 도움을 받을 수밖에 없는 취약하고 의존적인 존재입니다. 사실 자본주의 사회의 표준적 인간상像은 허구적 초상일 뿐, 실제 인간은 평생 돌봄이 필요한 상호의존적이고 관계적 존재이며, 한 개인이 일생을 맺고 있는 돌봄 관계가 그 사람의 인간됨personhood을 결정하기 마련입니다. 이렇듯 모든 인간은 평생 돌봄의 주체이자 객체로서 돌봄을 주고받으며 살지만 기존 복지국가 시스템에서는 돌봄서비스를 공적 책임보다는 시장에서 구매하거나 가정 내에서 이루어지는 사적 행위로 이해하고 있습니다.

따라서 돌봄국가는 보건의료 분야와 일상생활 영역에서 돌봄이 필요한 사람에게 국가가 책임을 지고 돌봄서비스를 제공함으로써 이들의 삶의 질을 높이는 것을 국가의 주요 기능으로 하는 국가체제입니다. 여기에서 돌봄국가로 발전해야 한다는 것은 복지국가의 틀을 완전히 대체한다는 의미보다는 기존 복지국가의 바탕 위에서 돌봄 윤리를 바탕으로 한 돌봄서비스가 중심적인 제도로 자리 잡은 형태로 이해하면 됩니다. 물론 논자에 따라서 돌봄국가를 기존의 복지국가를 넘어서 새로운 윤리와 원리로 무장한 새로운 복지국가로 이해하기도 하지만(김희강, 2016: 6), 아직 전면적 개편이나 대체보다는 기존 복지국가에 대한 보완의 성격이 강하다고할 수 있습니다. [90)]

왜 돌봄국가인가?

심화하는 저출산 고령화

한국의 저출산·고령화는 세계에서 유례를 찾아볼 수 없을 정도로 빠르게 진행되고 있습니다. 돌봄을 오롯이 가족의 부담으로 전가하고 있는 처음부터 잘못 꿰어진 단추 때문입니다. 이 문제가 해결되지 않은 상태에서 2006년부터 지난 16년 동안 무려 280조 원에 이르는 막대한 재정을 저출산 대책에 쏟아 부었어도 저출산 현상이 날로 심해지는 것은 당연한

---

90) 예를 들어서 제3의 길을 주창한 앤서니 기든스(Anthony Giddens)는 그의 저서 The Third Way: The Renewal of Social Democracy(1998)에서 사회투자국가(social investment state)가 복지국가를 대체할 수 있으리라고 단언하였지만, 결국 복지국가의 틀 내에 사회투자 요소가 보완된 것으로 이해할 수 있다.

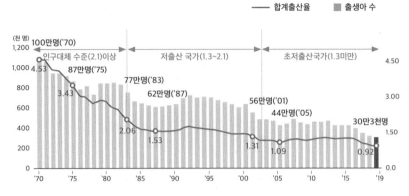

[그림 2] 연도별 출생아 수 및 합계출산율

자료: 관계부처합동(2020), 제4차 저출산·고령사회 기본계획

귀결입니다.

　2023년 2월 23일 통계청이 발표한 '2022년 출생·사망통계(잠정)'에 따르면 지난해 출생아 수는 전년 26만 6천 명보다 4.4%인 1만 1천500명 줄어든 24만 9천 명으로 집계됐습니다. 2022년 합계출산율은 0.78명으로 OECD 평균(2020년 기준)인 1.59명의 절반에도 못 미치는 수준으로 인구 절멸을 넘어 국가 소멸의 과정에 있다고 해도 과언이 아닙니다.

　지난 산업화 시기 눈부신 경제성장과 더불어 인권을 존중하는 민주주의를 정착시킨 자랑스러운 역사에도 불구하고 한국의 젊은이들이 자식을 낳고 키우려는 원시적 본능을 억누르고 있습니다. 왜 이런 모순적 현상이 일어나는 것일까요? 당연히 출산과 육아를 통해서 얻는 행복(편익)보다 비용이 큰 것을 직간접적 경험으로 알기 때문입니다. 특히, 직장 여성에게는 출산과 육아가 축복과 행복이 아닌 경제적 부담과 직장 내 낙오를 의미하는 현실에서 저출산 기조를 되돌리기는 불가능합니다.

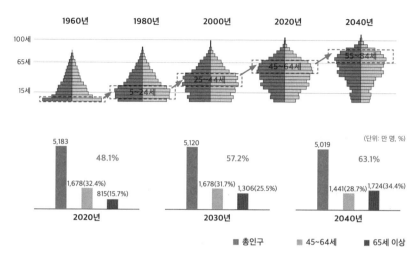

[그림 3] 베이비붐 세대의 인구 추이

자료: 통계청(2021), 장래인구추계(2020년~2040년).

　　이러한 저출산의 문제는 바로 고령화의 심화로 나타납니다. 기대수명
이 늘어도 합계출산율이 일정 수준으로 유지되면 인구 구성이 건강하게
지속될 수 있습니다. 하지만 저출산 기조가 지속되는 현실에서는 기대수
명의 증가는 바로 노인부양 부담의 급격한 증가로 이어지게 됩니다. 이러
한 고령화 문제의 중심에 베이비붐 세대(1955년생~1963년생)가 자리하고 있
습니다. 지금은 윗세대 부모 세대를 돌보는 위치에 있지만 조만간 엄청난
인구 규모의 베이비붐 세대가 돌봄을 받아야 하는 위치가 될 것입니다.
소위 '2020년 문제'로 베이비붐 세대의 맏형 격인 1955년생이 노인이 되
는 2020년을 기점으로 소비, 주거, 직업, 돌봄 등의 각 영역에서 구조적 변
화가 일어나고 있습니다. 특히 돌봄을 받아야 하는 인구가 압도적으로 많
아지는데 돌봄을 제공하는 인구는 상대적으로 적어지면서 사회는 활력을
잃게 되면서 퇴보의 길을 걷게 될 가능성이 커집니다.

일반적으로 제도의 도입에 인구의 추이는 매우 중요한 변수 중의 하나입니다. 한국의 베이비붐 세대가 본격적으로 노동시장에 진입하던 1988년에 국민연금제도를 실시한 것도 가장 많은 인구 세대를 연금제도에 포섭하기 위함이었습니다. 이제 35년이 지나 베이비붐 세대가 연금을 받고 돌봄을 받아야 하는 나이가 되었습니다. 따라서 이 세대가 노인 세대로 편입되는 지금이 돌봄의 문제를 제도화할 마지막 기회가 될 것입니다.

돌봄 경제와 돌봄 일자리

돌봄은 전형적인 가치재$^{merit\ good}$에 해당합니다. 즉 시장에 맡겨서는 사회적으로 바람직한 수준의 생산과 소비가 이루어지지 않기 때문에 정부가 적극적으로 개입하여 생산과 소비를 끌어올려야 합니다. 이런 점에서 정부가 돌봄서비스를 활성화하여 국민의 삶의 질을 높이는 동시에 돌봄(사회서비스) 일자리를 대규모로 창출함으로써 경제와 복지의 두 마리 토끼를 잡는 일거양득 효과를 기대할 수 있습니다.

한편 안정적인 내수 시장보다는 변동이 심한 국제 무역의존도가 높은 한국 경제는 상시로 구조조정을 강요받고 있습니다. 현재 산업 구조에서 미래의 성장 산업으로 전환하는 구조조정은 필연적으로 노동을 절약하고 자본과 기술을 고도로 집적하여 새로운 혁신 경제의 방향으로 나아갑니다. 특히 디지털 전환에 따른 디지털 경제$^{digital\ economy}$와 지속 가능한 발전을 추구하는 그린 경제$^{green\ economy}$로 이행되면서 부가가치 생산능력이 뛰어난 고기술 고학력 노동자는 더욱 큰 보상을 받지만 기존의 화석 에너지를 바탕으로 한 전통적인 산업의 노동자는 설 땅을 잃게 됩니다. 구조조정은 주로 이들 저기술 중고령자 노동자를 표적으로 삼아서 진행되기 때문에 이들의 고용유지 및 능력개발이 중요한 과제로 떠오르고 있습니다. 소위 구조조정 과정에서도 매튜 효과[91]가 나타나는 것을 알 수 있습니다.

한편, 한국보다 일찍이 국제무역으로 경제 선진국으로 발전한 스칸디나비아 국가는 임금노동자 기금을 설립하여 영세기업이나 한계기업 근로자들의 전직 훈련과 직업알선을 적극적으로 추진했습니다. 이 과정에서 돌봄서비스를 포함한 사회적 일자리도 함께 늘어나 전체 취업자 중에서 사회적 일자리 종사자가 높은 비중을 차지하고 있습니다. 2022년 한국의 고용률은 62.1%로 OECD 평균에 못 미칠 뿐만 아니라 스칸디나비안 복지국가인 스웨덴(75.5%), 노르웨이(74.7%), 덴마크(74.5%), 핀란드(72.2%)의 고용률과는 꽤 큰 차이가 있습니다(통계청, 2023). 이러한 고용률의 차이를 보이는 이유 중의 하나가 돌봄서비스의 공급 구조라고 할 수 있습니다. 즉 스칸디나비아 국가는 다양한 노동시장 정책을 구사하며 주기적인 구조조정 시기의 효율적인 인력정책으로 대응하였고, 특히 정부의 적극적인 지원으로 돌봄 분야 사회적 일자리를 창출하고 유지함으로써 국민 복지의 증진과 더불어 높은 고용률을 유지하고 있습니다.

[그림 4]는 한국 노동시장의 악순환 구조를 시각화한 것으로 전체 인구를 경제활동인구와 비경제활동인구로 나누고 경제활동인구를 다시 취

---

91) 매튜 효과(Matthew effect)는 1968년 미국의 사회학자 머튼(R. Merton)이 사용한 개념으로, 가진 자들은 더 많이 가지게 되고, 없는 자들은 가진 것마저 빼앗기게 되는 자본주의 사회의 부익부 빈익빈 현상을 일컫는 용어이다. 원래 머튼은 학계의 유명 학자와 무명 학자 간 불평등한 보상체계를 마태복음의 말씀(제13장 12절; 25장 29절)에 착안하여 일컬었는데, 이후 자본주의 사회의 불평등을 묘사하는 일반 용어로 정착했다.

[그림 4] 한국 노동시장 구조와 돌봄서비스 일자리

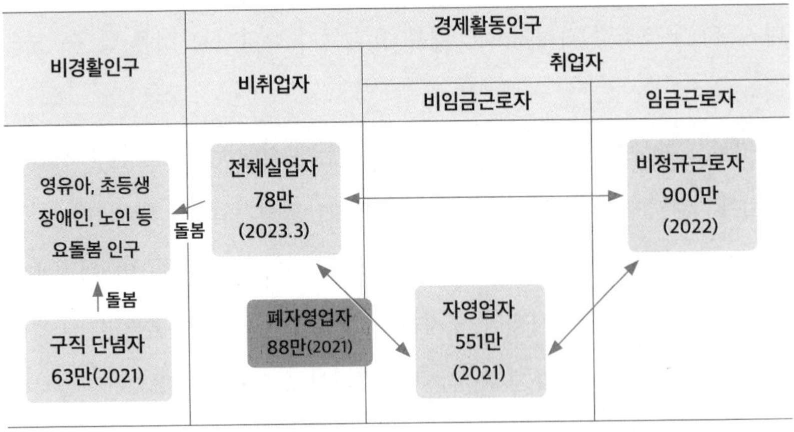

비경활인구	경제활동인구			
	비취업자	취업자		
			비임금근로자	임금근로자
영유아, 초등생 장애인, 노인 등 요돌봄 인구 ←돌봄	전체실업자 78만 (2023.3)			비정규근로자 900만 (2022)
↑돌봄 구직 단념자 63만(2021)	폐자영업자 88만(2021)	자영업자 551만 (2021)		

업자와 비취업자, 그리고 취업자를 임금 노동자와 비임금 노동자로 나누어 노동시장에서의 이동을 살펴볼 수 있습니다. 즉 노동시장에 신규 진입한 젊은이 중 상당수가 비정규 노동자이거나 중소기업 등 2차 노동시장에 편입하게 됩니다. 여기에서 몇 년 일하다가 직업 전망을 세우기 어려우면 자영업을 창업하는데 폐업할 확률이 매우 높습니다. 2015년 기준으로 가게 10개가 문을 열면 이 중 4곳이 1년 내 문을 닫고, 7곳 이상은 5년도 버티지 못하고 문을 닫는 셈입니다(KBS 뉴스, 2018년 8월 27일). 그러면 다시 고용·센터에 등록하고 직업훈련이나 직업알선 서비스를 받지만 대부분 1차 노동시장으로는 진입하지 못하고 2차 노동시장에 다시 편입되어 자영업자와 비정규 노동을 몇 바퀴 돌다가 실망 실업에 빠져 아예 비경제활동인구가 되는 것입니다. 따라서 비취업자와 실망 실업자에게 정부 지원으로 돌봄 일자리를 제공하면 돌봄 인력난을 해소하여 한국 노동시장의 원활한 작동과 동시에 국민의 삶의 질도 높아지게 됩니다.

돌봄 부담의 현실

'돌봄 주고받기'는 생애과정의 자연스러운 현상입니다. 누구나 인생의 어느 시기에는 돌봄을 받으며 살고, 또 어느 시기에는 자연스럽게 돌봄을 주면서 살아가다가 나이가 들면서 다시 누군가의 돌봄을 받으며 생을 마감하는 것이 우리 인생의 지극히 정상적이고 일상적인 행위라고 할 수 있습니다. 하지만 기존 문법에 충실한 복지국가에서 이러한 돌봄 주고받기는 가정 내 가사家事의 일부이거나 이마저 여의치 않은 취약계층에 대해서 예외적으로 국가가 제공하는 서비스 일부로 인식하고 있습니다. 한편 일부 경제력이 있는 계층은 시장에서 돌봄서비스를 구매하는 방식으로 돌봄의 문제를 해결하고 있기에, 돌봄 문제도 결국 계급 문제로 귀결되기 마련입니다.

하지만 실제 돌봄 부담은 소득, 연령, 젠더, 가족구성 등을 막론하고 전방위적으로 대부분의 가정에 커다란 압박으로 다가오고 있습니다. 가족의 축복이어야 할 출산이 양육 부담으로 인해서 갈등의 씨앗이 되고, 그 아이가 초등학교에 들어가면 돌봄 절벽에 가로막혀 주로 엄마가 다니던 직장을 포기해야 하는 사례가 늘어나고 있습니다.

또한 집안 식구 중 한 사람이 입원하면 보호자가 입원실에서 직접 간호하거나 사적으로 간병인을 고용해야 합니다. 또한 집안에 중증장애인이 있으면 가족 중 한 사람이 사회생활을 포기하고 온종일 장애인 돌봄에 매달리게 되며, 집안 어르신이 치매나 중증질환을 앓기라도 하면 온 집안 식구가 전전긍긍하며 불안한 나날을 보내고 있습니다.

이처럼 돌봄서비스가 여전히 전근대적인 가족부양에 매달리고 있는 현실에서 돌봄 부담은 종종 극단적인 형태로 나타나기도 합니다. 고령 치

[표 1] 다양한 간병 유형

	유형	내용	비고
1	노노(老→老)	노인이 자신의 배우자를 간병	
2	노중(老→中)	노인이 중장년 자식을 간병	
3	노청(老→靑)	노인이 손자를 간병	
4	중노(中→老)	중장년 자식이 노인을 간병	
5	청노(靑→老)	어린 자식이나 손자가 노인을 간병	영 케어러
6	노장(老→障)	노인이 장애인 자식이나 손자를 간병	
7	중장(中→障)	중장년이 장애인 부모나 자식을 간병	
8	청장(靑→障)	어린 자식이나 손자가 장애인 부모/조부모 간병	영 케어러
9	다중(多重)	병든 부모와 장애인 자녀를 함께 간병 등	
10	독박	혼자 돌봄 부담을 짊어짐	가장 위험

매 노인이나 중증장애인은 24시간 상시 간병이 필요한데, 전문 간병인을 고용할 수 없는 가족은 결국 구성원의 희생으로 문제를 해결할 수밖에 없습니다. 이 과정에서 간병 살인이 직계 존비속이나 부부 사이를 가리지 않고 나타납니다. 노인이 병든 배우자를 돌보는 노노老老 간병, 청년이 병든 부모를 돌봐야 하는 청노靑老 간병, 고령의 부모가 중증 장애 자녀를 돌보는 노장老障 간병, 병든 부모와 장애인 자녀를 함께 돌봐야 하는 다중多重 간병, 그리고 대체 간병인이 전혀 없는 독박 간병은 인간을 한계 상황까지 몰아가 결국 돌이킬 수 없는 파멸적인 결말을 가져오기도 합니다.

죽어야 끝이 나는 전쟁: 간병 전쟁

소위 '죽어야 끝이 나는 전쟁'이라고 불리는 기한 없는 간병 전쟁을 치르는 간병인은 심리적으로 그리고 경제적으로 극단적인 상태로 내몰리게 됩니다. 수면 부족으로 체력적으로 고통을 받는 것은 물론이고, 경제생활을 하지 못함으로 인해 생활상의 곤궁으로 고통을 받고 있으며, 무엇보다도 사회적 활동에 제약을 받으면서 사회적으로 고립되고 소외되고 있습니다. 이런 상황에서 피被 간병인의 폭언, 폭력 등 공격적 일탈행위가 더해지면 간병인의 분노가 극단으로 치달아 간병 살인이라는 끔찍한 결과를 초래하기도 합니다.

몇 가지 사례를 들자면, 2023년 4월 경기 광주시 한 주택가에서 60대 부모와 20대 딸 등 일가족 3명이 숨진 채 발견되었는데, 현장에서 "아프신 부모님을 모시고 간다"라는 딸의 유서가 발견되었습니다. 또한 2021년 9월 서울에서는 당시 80세였던 남편이 당시 치매를 앓고 있던 78세 부인을 살해하고 본인도 극단적인 선택을 하는 참혹한 사건이 일어났으며, 같은 해 대구광역시에서는 아버지를 병간호하던 아들이 아버지를 숨지게 한 사건이 일어났습니다. 당시 22세였던 아들은 늘어나는 병원비를 감당할 수 없어, 혼자 식사와 용변을 해결할 수 없는 아버지를 퇴원시켰고, 퇴원 다음날부터 아버지에게 약과 음식을 제대로 주지 않아서 약 보름 후에 숨진 사건이 벌어졌습니다. 이 사건을 계기로 가족돌봄청년(영 케어러)에 대한 사회적 관심이 높아졌고, 이듬해인 2022년 서울시의회에서는 이소라 의원의 발의로 가족돌봄청년 지원 조례를 제정하였습니다. 하지만 현재까지도 돌봄의 주무 부서인 보건복지부와 여성가족부에서는 가족돌봄청년에 대한 전국적인 통계나 현황 자료조차 없는 실정입니다. 가족돌봄청년의 문제가 심각한 이유는 돌봄 부담에 시달리는 청소년이나 청년은 발달단계에 따른 과업을 성취하지 못함으로써, 개인적으로 뒤처지게 되면서 사회적으로도 큰 부담이 되기 때문입니다.

6개의 얼굴 없는 영정 분향소

치매 노인뿐 아니라 중증장애인에 대한 간병 살인도 심각한 사회문제로 대두되고 있습니다. 2022년 5월 전국장애인부모연대는 서울 지하철 4호선 삼각지역 안에 얼굴이 없는 6개의 영정이 놓인 '발달·중증장애인 참사분향소'를 마련하였습니다. 이 분향소는 2022년 극단적인 선택을 했거나 부모에 의해서 세상을 떠난 발달·중증장애인들을 추모하기 위한 공간입니다. 2022년 3월 2일 경기도 수원에서 40대 여성이 지적장애인 7살 아들을 숨지게 했고, 같은 날 경기도 시흥에서는 홀로 돌보던 발달장애인 20대 딸을 살해하고 자신은 극단적 선택에 실패한 50대 여성이 붙잡혔습니다. 같은 해 5월 23일 인천 연수구에 사는 60대 엄마도 30년 넘게 병간호한 발달장애인 딸을 살해한 뒤 극단적 선택을 하려다 실패했으며, 같은 날 서울 성동구에서는 40대 엄마가 발달장애 치료를 받는 6살 아들을 안고 자택에서 뛰어내렸습니다. 발달장애인에 대한 돌봄 부담이 오롯이 가족에게 전가되는 현재 정부의 시스템이 바뀌지 않는 한 이들 6개 영정의 사연은 반복될 수밖에 없는 현실입니다.

[그림 5] 발달·중증장애인 참사분향소

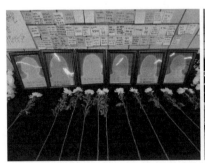

코로나 팬데믹 이후 돌봄 격차

코로나 팬데믹 이후 나타난 특징적 사회 현상 중 하나는 소득격차에 따라서 돌봄 격차가 더욱 벌어지고, 이것이 다시 미래의 사회경제적 양극화로 고착될 가능성이 크다는 것입니다. 특히 비대면 교육을 받아야 했던 초등학생의 경우 부모의 보호와 지원으로 안전한 집안에서 양질의 인터넷 교육을 받는 학생과 돌봄 사각지대에서 끼리끼리 어울려 길거리를 배회하는 학생 간 학력 차이는 회복할 수 없을 정도로 커져서 이후 생애과정에서 현격한 기회의 차이를 가져올 수밖에 없습니다.

돌봄의 문제는 결국 계급의 문제로 귀결되는데, 역사적으로 국가의 주요 역할 중 하나는 이러한 계급 문제를 공공 의제화하여 사회적으로 문제를 완화하거나 해결하는 것입니다. 소득격차가 돌봄 서비스 격차로 이어지고, 이것이 다시 삶의 질의 현격한 격차로 이어지는 이 악순환의 고리는 학령기 아동뿐 아니라 영유아, 장애인, 그리고 노인 등 돌봄이 필요한 집단 모두를 옥죄고 있습니다.

또한 돌봄은 젠더 문제이기도 합니다. 코로나 팬데믹으로 인하여 학교 교육이 비대면 교육으로 전환하면서 학교가 교육뿐 아니라 돌봄을 제공하는 공간이라는 사실이 부각되면서 돌봄의 문제가 본격적으로 부상하였습니다. 특히, 어린 초등생 자녀를 둔 여성의 경우 일을 계속할 것인지 아니면 일을 포기하고 아이를 집에서 돌봐야 할 것인지 갈림길에 서게 되었습니다. 물론 일하는 여성을 위한 긴급돌봄서비스, 돌봄 휴가, 재택근무의 확산 등이 이루어졌으나 대규모 돌봄 공백 사태는 피하기 어려웠습니다.

2020년 한 해 동안 아동 돌봄 공백률은 36.2%~37.5%로 나타났고(최윤경 외, 2020), 그 여파가 여성 취업자의 실직으로 이어졌습니다. 한국여성 정책연구원의 조사 결과에 따르면, 2020년 3월부터 11월 사이 초등 이하 자녀가 있는 여성 중 퇴직 경험이 있는 여성은 21.3%를 기록했습니다. 이 시기 여성의 퇴직 비율은 막내 자녀가 어릴수록, 초등학생 이하 자녀가 많을수록 높아지는 경향을 보였으며, 특히 영유아 자녀를 둔 여성 10명 중 7명은 퇴직 이유로 '코로나-19 시기 돌봄 때문'으로 응답했습니다(이동 선, 2021: 2).

이처럼 한국 사회의 계급과 젠더 문제가 돌봄 공백과 격차로 드러나 는 현실에서 국가의 역할은 돌봄의 사회화를 통해서 돌봄을 공적 시스템 으로 제공하는 것입니다. 즉 돌봄 서비스를 전근대적 가족 부담이나 시장 의 상품이 아니라 우리 사회가 공동으로 책임지는 공적 서비스로 제공하 는 것입니다. 가정 내 약자인 여성을 옥죄고 있는 돌봄 부담으로부터 개 인을 해방해서 사회의 당당한 일원으로 능력을 발휘하며 살 기회를 제공 하는 것입니다.

무엇이 돌봄국가인가?

돌봄 윤리

복지국가 체제는 사회적 위험으로 인하여 충족되지 않은 욕구unmet needs를 가진 대상자에게 현금/현물 서비스를 제공하여 기준선 이상의 삶 의 수준을 누리게 하는 것을 목적으로 합니다. 하지만 이러한 복지국가 체제에서 도움을 주는 주체(정부, 단체 혹은 개인)는 도움이 필요한 대상자 와 위계적 질서를 갖게 됩니다. 즉 돌봄이 필요한 사람은 표준성에서 일정 정도 벗어난 특별 케이스로 취급되어 왔습니다. 예를 들어서 독립생활이 불가능한 중증장애인이나 노인, 혹은 보호자의 손길이 필요한 영유아나 아동은 돌봄을 받음으로써 돌봄 제공 주체에게 의존하는 삶을 살아가게 됩니다. 이러한 돌봄의 과정이 주로 가정이라는 사적 공간에서 이루어지기 때문에 경제활동을 할 수 없는 돌봄 제공자 역시 주로 가장家長인 조달자에게 의존하는 파생 의존이 발생하게 됩니다. 즉 돌봄 수요자와 제공자가 돌봄을 주고받음으로써 양자 모두 사회질서에서 주변화marginalization되는 과정을 밟게 됩니다.

인간은 누구나 아무리 독립적이고 자족적 개인이라도 인생의 한 부분에서 다른 사람의 돌봄 없이는 생존하지 못했을 뿐만 아니라 다른 누군가의 돌봄을 받으며 생을 마감하게 되어있습니다. 하지만 기존의 복지국가 체제에서는 돌봄 의존의 정상성과 일상성을 부정한 채 의존자를 의지가 박약한 자립성과 자율성이 모자란 존재로 규정하여 사회의 주류질서로 정상화normalization하여야 하는 교정의 대상으로 여깁니다. 이러한 이유는 기존의 복지논의가 '비의존'이라는 도덕적 인간상의 왜곡된 신화를 전제로 하고 있기 때문입니다(Fineman, 2004; 김희강 2016).

[그림 6]은 한 사회에서 돌봄을 받으며 살 수밖에 없는 돌봄 의존자(B)와 이들을 돌봐야 하는 돌봄 제공자(A, 파생 의존자)가 가정 내 조달자(C, 주로 남성 가장)에게 의존해서 살 수밖에 없는 구조를 설명하고 있습니다. 돌봄이 오롯이 가정의 책임하에 있는 이 구조에서 돌봄 제공자(A)는 가정 내 약자인 여성이 대부분인데, 이들은 돌봄 의존자(B)에게 돌봄을 제공해야 하기에 자신의 재능과 노력을 발휘할 기회를 박탈당하고 있습니다. 설사 이들이 직장생활을 하더라도 돌봄 부담이 없는 남성이나 독신

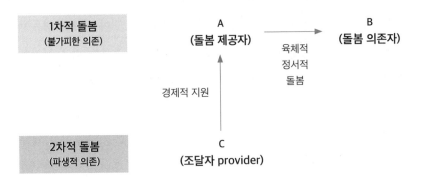

[그림 6] 가정 내 돌봄의 과정

1차적 돌봄
(불가피한 의존)

A
(돌봄 제공자)

B
(돌봄 의존자)

육체적
정서적
돌봄

경제적 지원

2차적 돌봄
(파생적 의존)

C
(조달자 provider)

여성과의 경쟁에서 도태될 수밖에 없기에 돌봄의 부담으로부터 자유로운 특권적 무책임privileged irresponsibility의 희생자가 될 수밖에 없습니다(Tronto, 2013: 103~106). 따라서 돌봄 제공자(A)는 시장에서 돌봄서비스를 구매하면서 직장생활을 하느니 차라리 본인이 돌봄을 전담하면서 가정 내 조달자인 가장에게 경제적으로나 정신적으로 복속되는 삶을 살아갈 수밖에 없게 됩니다. 대학 진학률 세계 1위인 우리나라에서 돌봄 제공자가 돌봄 부담으로 사회생활을 박탈당하는 것은 개인뿐만 아니라 사회적으로도 커다란 손실입니다.

　이러한 점에서 돌봄을 시장에서 구매하는 상품이나 가정 내 사적 행위로 한정하는 것은 돌봄의 위계화(조달자-돌봄 제공자-돌봄 수요자)와 젠더화를 촉진하게 되면서 돌봄 행위의 일상성과 정상성을 부정하게 됩니다. 따라서 돌봄국가란 도움을 주고받는 과정에서 발생하는 위계 구조-우위에 있는 국가가 열위에 있는 취약계층을 보호한다는 기존의 복지국가 문법-를 깨는 것을 전제로 돌봄의 일상성과 정상성을 회복하여 국가가 돌봄이 필요한 누구에게나 언제 어디서나 원하는 형태의 돌봄을 보장하는 국가체제라고 할 수 있습니다.

구체적으로는 돌봄이 필요한 어르신, 장애인 등 주민이 자기 집이나 그룹 홈 등 살던 곳에서 개개인의 욕구에 맞는 서비스를 누리고 지역사회와 함께 어울려 살아갈 수 있도록 주거, 보건의료, 요양, 돌봄, 독립생활 등을 통합적으로 지원하는 지역 주도형 사회서비스 정책의 생산과 공급을 국가 책임하에 시행하는 것입니다.

돌봄과 사회서비스의 관계

복지국가 체제는 법정^{statutory} 복지제도로 구성되어 있기에, 법률적으로 규정된 개념과 용어 그리고 운영원리 및 방식이 제도의 처음과 끝이라고 해도 됩니다. 물론 미시적이고 구체적인 차원에서는 시행령이나 시행규칙 더 나아가 정부의 지침이나 고시에 근거하여 운영되지만 제도의 근간을 이해하기 위해서는 법률 조항에 대한 이해가 필수적입니다. 따라서 돌봄과 사회서비스의 관계를 정확하게 파악하기 위해서는 사회보장기본법 조항부터 시작해야 합니다.

「사회보장기본법」 제3조의 4호에 따르면, "사회서비스'란 국가·지방자치단체 및 민간부문의 도움이 필요한 모든 국민에게 복지, 보건의료, 교육, 고용, 주거, 문화, 환경 등의 분야에서 인간다운 생활을 보장하고 상담, 재활, 돌봄, 정보의 제공, 관련 시설의 이용, 역량 개발, 사회참여 지원 등을 통하여 국민의 삶의 질이 향상되도록 지원하는 제도를 말한다"라고 규정하여, 돌봄이 사회서비스의 기능으로 명시되어 있습니다.[92] 한편, 「사회서비스 이용 및 이용권 관리에 관한 법률」 제2조에서는 "사회서비스'란 「사회복지사업법」 제2조 제4호에 따른 사회복지서비스, 「보건의료기본법」 제

3조 제2호에 따른 보건의료서비스, 그 밖에 이에 준하는 서비스로서 대통령령으로 정하는 서비스를 말한다"라고 규정하고 있어서 다소간의 차이가 있습니다. 즉, 「사회보장기본법」에서는 사회서비스를 고용과 주거, 문화 그리고 환경까지 포함된 폭넓은 영역으로 확장하여 규정하고 있는 반면에, 「사회서비스 이용 및 이용권 관리에 관한 법률」에서는 사회복지서비스와 보건의료서비스 위주로 정의하고 있습니다.

그렇다면 사회서비스의 기능으로서 돌봄을 어떻게 정의해야 하는지에 관해서, 아이돌봄지원법(법률 제12531호)의 제2조 제3항은 "'아이돌봄서비스'란 아이의 주거지 등에서 개별적으로 제공하는 보호 및 양육 등의 서비스를 말한다"라고 규정하여 아이에 대한 보호 및 양육 등과 같은 서비스로 규정하고 있습니다. 하지만 전체 국민을 대상으로 하는 돌봄의 법률적 규정은 아직 없습니다. 다만, 현재 정춘숙 의원이 대표 발의하여 상정한 '지역사회 통합 돌봄 법안'의 제2조의 제1호는 "'통합 돌봄'이란 제2호에 따른 통합 돌봄 대상자에게 보건의료·장기요양·일상생활 지원·주거 및 그 밖에 대통령령으로 정하는 분야에 관한 다음 각 목의 사항을 연계하여 통합적으로 제공하는 것을 말한다."라고 규정하고 있습니다. 여기서 각 목의 사항이란 「사회보장급여의 이용·제공 및 수급권자 발굴에 관한 법률」 제2조 제1호에 따른 사회보장급여와 민간 법인·단체·시설 등이 제공하는 서비스, 그리고 그 밖의 상담, 정보 제공 등의 지원을 말합니다.

정리하자면, '사회서비스'라는 용어도 관련 법에 따라서 차이가 있는

---

92) 하지만 이 법의 시행령에는 법 제2조 내용인 "대통령령으로 정하는 서비스"에 대한 규정이 없다. 따라서 이 법 역시 정비가 필요할 것으로 판단한다.

현실에서, '돌봄'이라는 용어도 엄밀한 법률적 규정이 없습니다. 한편 보건복지부는 사회서비스를 광의와 협의로 나누고 있는데, 광의의 사회서비스는 사회보장기본법에서 규정한 돌봄의 영역을 포괄하는 반면에, 협의의 사회서비스는 "노인, 아동 장애인 등을 대상으로 한 돌봄서비스를 총칭"[93]한다고 규정하여, 돌봄서비스와 사회서비스를 동일시하고 있습니다.

따라서 이 글에서는 돌봄을 일반적인 관례와 어의語義에 따라서 "사회복지 서비스와 보건의료 서비스 영역에서 노인과 장애인, 아동을 대상으로 보호와 양육, 요양, 간병과 기타 일상생활의 편의를 제공하는 서비스"라고 이해하고자 합니다.

한국 사회서비스의 현주소

한국 사회에서 사회서비스는 불과 10년 전인 2012년 사회보장기본법

[표 2] 생애주기별 사회서비스 제공영역

임신 출산	영유아	아동청소년	중고령	노인	죽음
• 난임지원 • 고위험 임산부 지원 • 산모, 신생아 건강관리	• 보육서비스 • 아이돌보미	• 지역아동센터 • 드림스타트 • 방과후 돌봄 • 놀이 문화 • 심리상담 • 영양·신체활동	• 사회서비스 일자리 • 노후설계 지원 • 운동 등 건강관리	• 장기요양 • 노인돌봄 • 치매돌봄 • 노인일자리 • 지역통합돌봄 • 노인건강관리	• 호스피스 • 장사

자료: 보건복지부 홈페이지, https://www.mohw.go.kr (검색일 2023년 4월 22일)

---

93) 보건복지부 홈페이지, https://www.mohw.go.kr (검색일 2023년 4월 22일)

의 전부개정을 통해서 법적 지위가 부여되었습니다. 위에서 인용한 사회보장기본법에서 규정한 사회서비스는 소득보장을 제외한 모든 사회복지 영역을 포괄하고 있습니다([표 2] 참조). 이렇듯 정부가 규정하고 있는 사회서비스는 생애주기별로 발생하는 욕구를 전문적인 대면 서비스를 통해서 충족시키는 정부 지원제도라고 할 수 있습니다.

한편, 사회서비스는 사회복지사업법에서 규정하고 있는 기존의 전통적인 사회복지서비스와는 일정한 차이가 있는데, 이를 정리하면 다음의 [표 3]과 같습니다.

[표 3] 전통적 사회복지서비스와 사회서비스 차이

구분	사회복지서비스	사회서비스
공급주체	국가	제3섹터(지역사회 기반)
대상	수급자 등 빈곤층	서민 중산층까지 확대
서비스 내용	기본적 생활보장 서비스	기본적 생활보장 이외에 일상생활 지원, 인적자본 확충 등 다양한 서비스
재정지원 방식	공급자 지원	수요자 지원
비용부담	전액 국비 지원	본인 일부 부담
품질 관리	국가(일방적)	국가, 지자체, 제공기관

자료: 보건복지부 홈페이지, https://www.mohw.go.kr (검색일 2023년 4월 22일)

한국 복지국가의 역사를 살펴보면, 사회복지 서비스가 소득보장 제도보다 먼저 시행되어 이후 한국 사회복지의 원형질을 구성하고 있습니다. 특히, 한국전쟁 직후 전쟁 피해자나 요보호 취약집단을 조치措置하여 시설에 수용·관리하는 방식으로 사회복지가 전개되었는데, 이 과정에서 외원外援 단체와 이들의 지원을 받는 민간단체가 직접적으로 대면 서비스를 제

민주당 재집권전략 보고서

공하는 주체가 되었습니다. 즉 사회복지 영역은 정부 지원을 받아 주로 민간 법인과 그 법인이 운영하는 시설이 서비스를 공급하는 구조가 현재까지 이어져 오고 있습니다.[94]

2012년 사회보장기본법의 전부개정을 통해서 사회보장의 한 축을 형성하게 된 사회서비스는 우리 사회의 광범위한 영역에서 다양한 기능을 갖춘 한국 복지국가의 주축으로 떠오르게 되었습니다. 2018년 현재 "삶의 질 개선을 위해 복지, 의료, 고용, 문화 등 전반적인 영역에서 상담, 돌봄, 재활, 역량 개발 등을 지원하는" 사회서비스의 규모는 37조 원이고(보건복지부 홈페이지, 검색일 2023년 4월 22일), 2022년 2월 현재 18개 부처(청)에 걸쳐서 모두 378개 사회서비스 사업이 운영 중입니다(이용교, 2022). 실제 지자체별로 독자적으로 운영하는 사회서비스 프로그램까지 합치면 이보다 훨씬 많을 것입니다. 이렇게 막대한 예산 규모와 다양한 종류의 사회서비스가 운영되고 있다면, 우리 국민은 사회서비스에 만족하며, 높은 삶의 질을 유지하며 살아야 합니다. 그런데 우리의 현실은 어떠한가요?

한국의 돌봄 제도는 영유아 보육, 초등학생 돌봄, 장애인 활동지원 서비스 그리고 노인 장기요양 서비스를 막론하고 모두 일정 시점에서 '공백'이 발생합니다. 장기요양 서비스의 경우 1등급 와상臥床 노인이라 하더라도 지역사회에서 받을 수 있는 서비스는 하루 4시간이 최대입니다. 따라서

---

94) 위의 [표 3]에서 보건복지부가 사회복지서비스의 공급 주체를 '국가'로 명시하였는데, 이는 국가가 직접 서비스를 공급하는 주체라는 뜻이 아니라, 제도의 틀을 만들고 재정을 지원하는 의미의 공급 주체로 이해하여야 한다. 2018년 현재 사회복지 시설 중 국공립시설 비율은 8.4%에 지나지 않고 게다가 직접 국공립을 운영하는 비율은 0.4%에 불과한 실정이다. 김영화(2019), "대구사회서비스원 설립·운영", 제정 법률안 공청회 자료집, 2019년 4월 4일.

돌봄 부담이 있는 가족으로서는 24시간 돌봄을 제공하는 시설로 모시게 되는데 결과적으로 요양병원의 폭증으로 나타납니다.

이런 현실에서 '지역사회 지속 거주'Ageing in Place: 이하 AIP95)는 구호일 뿐입니다. 여기에 고질적인 사회적 입원social admission96)이 급증하면서, 2019년 현재 인구 천 명당 요양병원 병상 수는 5.3개로 OECD 국가의 평균 0.6의 8.8배에 달하는 기형적인 구조로 운영되고 있습니다([그림 7]).

[그림 7] OECD 국가의 요양 병상수 비교(2019년)

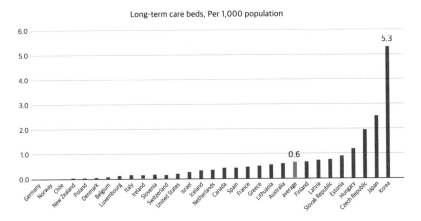

자료: OECD Health Data 2021.

---

95) 미국 질병통제예방센터(CDC)는 지역사회 지속 거주(Ageing in Place)를 "연령이나 소득 수준, (신체적, 정신적) 기능 수준에 상관없이 안전하고 독립적이며 편안하게 그 자신의 집 또는 공동체에서 일상생활을 유지하는 것"으로 정의하고 있다. https://www.cdc.gov/healthyplaces/terminology. htm 검색일 2023년 4월 25일.

96) 사회적 입원이란 의료 기준으로는 병원에 입원하지 않아도 되지만, 단지 돌봐줄 사람이 없다는 이유로 불가피하게 입원하는 경우를 말한다. 2019년 11월 보건복지부의 추산에 따르면 의학적으로 입원이 필요로 하지 않는데 요양병원에 입원한 환자 수는 12~17만 명으로 전체 요양병원 입원자의 40% 정도에 이른다, 조선일보 1월 3일 참조.

장애인의 경우 돌봄 공백은 더욱 심하게 나타납니다. 장애인 활동 지원 서비스가 있으나, 중증重症일수록, 고령일수록, 발달장애가 있는 경우, 시설 입소를 피하기가 어려운 것이 현실입니다(김용득, 2016). 장애인 활동 지원 단가가 장애 정도에 따라 차이가 없기에 고령이나 중증 장애인에게 서비스 제공을 꺼리는 현상이 나타나고 있습니다. 특히 발달 장애인의 경우 어릴 땐 부모가 감당하다가 당사자와 부모가 나이가 들면서 더욱 어려워져 결국은 시설로 가는 과정을 겪게 됩니다(박숙경 외, 2017).

이에 관해서 김보영(2022a)은 한국 사회서비스의 문제점을 다음의 세 가지로 정리하고 있습니다.

첫째, 현재 한국 사회서비스는 파편적이고 분절적으로 운영되고 있습니다. 사회서비스는 다양하고 복합적인 욕구를 지닌 대상자에게 서비스를 제공해야 하기에 욕구의 포괄적 접근이 매우 중요합니다. 하지만 같은 욕구를 다루는 사회서비스도 제공하는 주체에 따라서 각각 별도의 신청 과정과 급여 기준을 가지고 있는 등 파편화되어 있습니다. 이러한 서비스의 파편성은 결국 분절적 전달체계로 나타납니다. 즉 서비스가 파편적이다 보니 서비스마다 심지어는 같은 서비스도 서로 담당 기관이 다른 경우도 흔히 발견할 수 있습니다. 장애인 지원의 예를 들자면, 대부분 지자체가 담당하지만 실질적으로는 장애인 복지관, 주간 보호시설, 공동생활 가정 등에서 독자적으로 서비스를 결정하여 운영하는 실정입니다(김용득, 2016; 김보영, 2022a: 61~62).

둘째, 비책임성과 당사자 입증주의를 지적할 수 있습니다. 파편화된 서비스가 분절적인 전달체계로 제공된다면 서비스의 책임 소재가 불분명해지는 것은 명약관화합니다. 아무리 절실한 서비스 욕구가 있다 하더라도, 지자체와 공단 그리고 사회복지관은 자체 사업의 독자적 기준만을 가지고 서비스 제공 여부를 결정하게 됩니다. 이 경우 복합적 욕구를 가진 당사자는 공적 기관에 스스로 자신의 욕구를 증명해서 수급권을 획득해야 합니다(김보영, 2022a: 63).

셋째, 결과적으로 나타나는 돌봄 공백 혹은 돌봄 절벽입니다. 한국의 사회서비스는 다양한 욕구 간, 욕구의 심도에 따라서 연속적으로 제공되는 것이 아니라 어느 지점에 이르면 돌봄 절벽이 나타납니다. 장애인의 경우 중증일수록, 발달장애가 있을수록, 나이가 들수록 지역사회의 서비스로부터 배제되고, 시설화를 피하기 어렵게 됩니다. 또한 장애인 활동 지원 서비스를 받는 장애인이 65세가 되면 장기요양 등급판정을 받아야 하고 등급을 받으면 거의 예외 없이 서비스가 급감하게 됩니다(최영준 외 2013; 김보영, 2022a: 73).

이렇듯 한국의 사회서비스는 막대한 재정 규모와 다양한 서비스 종류에도 불구하고 서비스 종류별로 파편화되고 분절적인 전달체계로 운영되다 보니 어느 기관도 중심적인 책임을 지지 않는 상태에서 서비스 당사자가 자신의 욕구를 입증해야 하는 일이 벌어지고 있습니다. 이러한 사회서비스의 난맥상은 결국 돌봄 절벽으로 나타나 돌봄을 통한 삶의 만족도에 구체적 성과가 나타나지 않고 있습니다. 그렇다면 2018년부터 추진하고 있는 지역사회 통합돌봄 사업은 기존의 사회서비스 난맥상을 해결하고 국민의 돌봄 욕구를 충족시킬 수 있을까요?

지역사회 통합돌봄

한국 복지국가의 역사에서 2018년은 지역사회 통합돌봄community

care[97])의 원년으로 기억될 것입니다. 2018년 3월 보건복지부는 재가·지역사회 중심으로 각종 사회서비스를 제공하는 '커뮤니티 케어'를 본격적으로 추진한다고 발표하면서, "돌봄을 필요로 하는 주민들이 자택이나 그룹홈 등 지역사회Community에 거주하면서 개개인의 욕구에 맞는 복지급여와 서비스를 누리고, 지역사회와 함께 어울려 살아가며 자아실현과 활동을 할 수 있도록 하려는 혁신적인 사회서비스 체계를 의미"한다고 정의하고 있습니다(보건복지부, 2018). 당시 지역사회 통합돌봄을 기획하고 총괄한 보건복지부 장관은 "사회서비스 제공의 중점을 지역사회 중심으로 개편하여 돌봄을 필요로 하는 주민이 지역사회 내에서 가족, 이웃과 함께 어울려 살아가며 각종 서비스를 받을 수 있도록 정책 역량을 집중하겠다"라며 강력한 추진 의지를 천명하였습니다.

이러한 문재인 정부의 의지에 대해서 김용익(2018)은 지역사회 통합돌봄은 단순한 일개 정책이 아니라 ▲보건과 복지의 주류화 ▲새로운 경로pathway의 창출 ▲저출산·고령화·양극화 극복과 복지국가 건설의 핵심 전략으로 해석하고 있습니다. 실제 지역사회를 중심으로 돌봄 서비스를 조직적으로 운영해온 선진 복지국가의 사례를 보더라도, 지역사회 통합돌봄 사업은 하나의 단위 사업이 확대된 것이 아니라 지역사회 차원에서 보건의료-복지-주거-요양의 서비스가 수요자 중심으로 재편되는 것입니다. 이를 위하여 돌봄서비스와 연관된 제반 제도를 재조정하여야 하고 아울

---

97) 정부에서는 커뮤니티 케어를 지역사회 통합돌봄으로 명명하여 공식 용어가 되었고, 이 글에서도 지역사회 통합돌봄으로 통일하고자 한다. 다만, 인용구의 경우 커뮤니티 케어 그대로 인용해서 사용하고자 한다.

[그림 8] 지역사회 통합돌봄 추진 로드맵

비전	누구나 살던 곳에서 건강한 삶을 보낼 수 있는 포용 국가

⬆

목표	2025년까지 지역사회 통합돌봄 제공기반 구축

⬆

비전 및 과제

4대 핵심중점 과제	주거	건강의료	요양, 돌봄	서비스 연계
	• 케어안심주택 • 집수리 사업 • 통합돌봄형 도시재생뉴딜	• 방문건강 서비스 • 방문 의료 • 지역연계실 운영 • 만성질환 예방·관리, 재활, 회복	• 차세대 노인 장기요양 • 신규 재가 서비스 • 재가 의료급여 신설	• 통합돌봄창구 (읍면동, 보건소 등) • 지역케어회의 (시군구) • 통합정보 플랫폼

2026년 통합돌봄의 보편적 실행을 목표로 추진

2026~	지역사회 통합돌봄 보편화

⬆

로드맵

~2025 지역사회 통합돌봄 제공기반 구축	• 장기요양 등 재가서비스 대대적 확충 • 인력양성 • 케어 매니지먼트 시스템 및 품질관리체계 구축 • 재정 전략 마련

⬆

2018~2022 선도사업 실시 및 핵심 인프라 확충	• 선도사업 : 지역실정에 맞는 통합돌봄 모형 개발 • 생활 SOC 투자 : 케어안심주택, 주민건강센터, 통합돌봄형 도시재생 뉴딜 • 법·제도 정비 : '(가칭)지역사회 통합돌봄 기본법' 제정, 개별법 및 관련 지침 정비

자료: 보건복지부 커뮤니티 케어 추진본부, 지역사회 통합돌봄 자체추진 가이드북. 2020.

러 지역사회 내에서 인프라 확충이 필수적입니다. 이를 위하여 문재인 정부는 2018년 11월에 지역사회 통합돌봄 추진 로드맵을 발표하고, 구체적인 운영모델 개발을 위하여 2019년 5월부터 선도사업을 시행했습니다.

이처럼 선도사업을 하는 이유는 명확했습니다. ▲지역 실정에 맞는 서비스를 발굴하고 인프라를 구축하는 목적을 가지고 있으며, ▲대상자별 통합 서비스를 시행하며, ▲지역단위 모형을 검증하고 보완함으로써 필요한 경험을 확산시켜서 단계적으로 확대하려는 목적을 가지고 있었습니다. 이를 위하여 2019년 4월 노인, 장애인, 정신질환자 대상으로 1차 선도사업 지자체 8곳을 선정하였고, 9월 추가로 노인 8개 지자체를 선도사업 지역으로 선정하여 시행하였고 2022년 12월 종료하였습니다.

지역사회 통합돌봄 선도사업 마지막 해인 2022년에는 노인 대상에 특화하여 13개 지역은 예방형 돌봄 모델로 추진하고, 2개 장애인, 1개 정신질환 선도사업 지자체는 별도의 사업으로 추진하였습니다. 제1차 계획을 마무리하는 해인 2022년 선도사업의 지침에는 신청부터 사후관리까지 비교적 일목요연하게 정리하고 있습니다.

하지만 지역사회 통합돌봄 선도사업은 첫 단추부터 잘못 끼워진 면이 있습니다. 무엇보다도 기존 노인 장기요양제도와 장애인 활동지원 서비스와 정합^{整合}되지 않은 채 별도의 사업으로 진행되었습니다. 즉 2020년 기준 이용자 수 86만 명에 8.8조 원 규모(건강보험공단, 2021)의 장기요양보험 제도와 이용자 수 60만 명에 2.3조 원의 정부 지원금이 지급되는 사회서비스 전자 바우처사업(보건복지부, 사회보장정보원, 2021)과 같은 핵심 제도를 어떻게 재편할 것에 대한 구상과 계획이 미리 있었어야 했습니다. 그런데 지역사회 통합돌봄 사업은 이 부분은 빠진 채 별도의 사업으로 진행되

[그림 9] 지역사회 통합돌봄 업무 흐름도

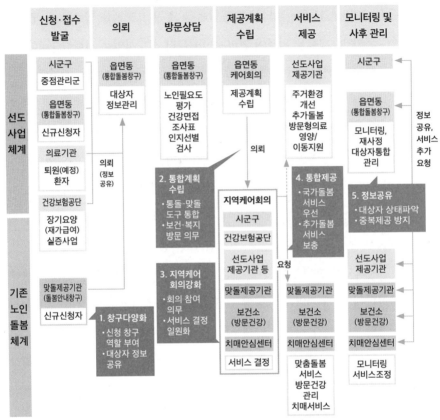

신청·접수 발굴	의뢰	방문상담	제공계획 수립	서비스 제공	모니터링 및 사후 관리
통합돌봄 창구 (읍면동)와 통합안내 창구 (노인맞춤 돌봄 수행기관)에서 대상자를 신청하고 접수받고 발굴	통합돌봄 창구로 의뢰되어, 대상자의 정보가 통합돌봄 창구에 공유됨	담당자와 간호직 공무원이 2인 1조로 방문상담을 실시함	통합돌봄 창구에서는 돌봄제공 계획을 수립하며, 읍면동 지역 케어 회의에 의뢰함	지역케어회의에서 결정한 서비스 제공계획에 따라 각 제공기관은 서비스를 제공함	읍면동 통합돌봄창구에서 주기적 (최소 3개월 마다)으로 모니터링 및 재사정을 진행함

자료; 보건복지부 내부자료.

민주당 재집권전략 보고서

다 보니 시설 입소 가능성이 높은 대상자보다 상대적으로 욕구 수준이 낮은 대상자 수준의 사업으로 진행되어 기존의 선별적 복지사업 수준에서 크게 벗어나지 못하는 한계를 가지고 있었습니다. 그야말로 지역사회 통합돌봄 선도사업은 앞서 나가서 지도하는 선도^{先導}가 아닌 그저 선하고 좋은 방향을 제시하는 선도^{善導}에 그친 측면이 있습니다.

더욱이 선도사업이 마무리되는 시점에 정부의 추진 의지가 약화되어 사업의 성과가 불분명하다는 이유로 '지역사회 통합돌봄'을 '예방적 노인 돌봄 체계'로 추진하겠다고 발표했습니다. 이러한 정책의 방향 전환은 많은 돌봄이 필요하여 시설에 생활해야 하는 노인을 사시던 집 혹은 지역에 살게 하는 것^{Ageing in Place}이 아니라 돌봄 수준이 그리 높지 않은 노인에게 집중하여 시설화를 막겠다는 뜻으로 읽힙니다. 이러한 현실에서 윤석열 정부는 지역사회 통합돌봄 선도사업을 '노인 의료돌봄 통합지원 시범사업'으로 명칭을 변경하고, 지역도 기존의 16개에서 12개로 축소하고 예산도 기존 예산의 약 20% 정도인 35억 원으로 진행하고 있습니다. 오히려 60개 이상의 지자체가 선도사업의 필요성을 인정하고 자체적으로 추진하는 현실에서 중앙정부의 일관성 없는 정책이 지역의 의지를 꺾고 있다고 해도 과언이 아닙니다.

그나마 우리가 희망을 버리지 못하는 이유는 바로 지역에 있습니다. 지자체와 복지기관 그리고 지역주민의 의지가 결합하여 일부 지자체에서는 주목할 만한 시도가 있었습니다. 광주 서구의 경우에는 대상별 사업(통합관리, 의료급여, 노인복지, 장애인복지 등)을 통합하여 관리하는 돌봄 체계를 구축하였으며, 경기도 부천시에서는 광역동^{光域洞}을 중심으로 지역의 사회적 경제기관과 연계하여 보건과 복지를 통합적으로 접근하여 시민에게

[그림 10] 충북 진천군 지역사회 통합돌봄 선도사업

대상자 발굴 및 선정
(의료기관)
	• 입원환자에 대한 통합 환자평가
	  – 건강수준 (퇴원 후 자가관리 기능정도 등)
	  – 경제적 수준 (각종 필요 서비스 구매력 등)
	  –사회환경수준 (지지체계 서비스 접근도 등)
	•대상자 선정
	※정신질환자의 경우 병원 내 추가 설명 안내 도우미 지정 활용

개별 캐어플랜 수립 및 연계의뢰 (의료기관)	• 각 환자별 퇴원 케어 플랜 수립 – 식이, 운동(재활), 투약 약물 등 • 캐어 플랜에 따라 건강의료, 주거, 돌봄 욕구사정 • 읍·면 통합 돌봄 안내 창구로 연계 의뢰

**필요 서비스
연계 의뢰**
(읍면동 돌봄 안내창구)
	• 지역 서비스 제공 계획 수립 및 연계 (퇴원 케어 플랜에 기반)
	  – 연계의뢰된 대상자 초기 상담 및 필요서비스 제공 계획 수립
	  – 각종 제공기관에 서비스 연계의뢰

각종 서비스 제공 (보건소, 요양기관 등 제공기관)	• 대상자별 서비스 제공 범위 결정 후 맞춤 서비스 제공 • 제공기관별 다양한 필요 서비스 제공 – 건강의료, 재활, 주거, 돌봄 등

모니터링 및 평가 (병원, 제공기관)	• 대상자별 주기적 모니터 통한 관리 • 재평가 후 환자 서비스 종결

종합적인 서비스를 제공하는 시도가 있었습니다. 전북 전주시에서는 동洞 중심으로 지역의 민간자원을 연계시키면서 지역의 의료복지사회적협동조합과 지역 의사회 등과 함께 만성질환 노인에 대한 단계별 건강관리 서비스를 운영하였고, 충북 진천군에서는 가장 모범적인 퇴원환자 연계사업을 수행하였습니다(김보영, 2022b). 복지국가로 나아가는 우리의 희망은 역시 지역에 있습니다.

충청북도 진천군 사례

16개 선도사업 중에서 충북 진천군 사례를 통해서 지역사회 통합돌봄의 가능성을 타진해보고자 합니다. 선도사업의 가장 아쉬운 부분으로 밀착형 의료서비스와 주기적인 건강관리 등의 서비스 제공이 미흡했다는 지적이 있으며(유애정 외, 2023), 특히 퇴원환자의 원만한 재가 복귀를 지원하기 위해서 퇴원 이후 일정 기간 보건-요양-복지-주거 서비스가 포괄적으로 제공되어야 한다는 지적이 있었습니다(정현진 외, 2022). 이런 점에서 충북 진천군은 진천 성모병원, 충북대학교 병원, 청주의료원 등 진천군 및 인근 청주시 병원과 협약을 맺어서 환자별로 '퇴원 케어 플랜'을 수립하여 이에 기반한 지역 서비스 제공계획을 수립하고 연계하여 대상자별 맞춤형 서비스를 제공하는 체계를 갖추어 나갔습니다.

이같이 지역이 중심이 되어 자원의 효율적 연계를 통해서 대상자별로 맞춤한 서비스를 제공하면, 자연스럽게 지역사회 중심의 통합돌봄을 기대할 수 있습니다. 이러한 체계를 구축하기 위한 조건을 김진석 외(2020)는 5개의 퍼즐 조각 맞추기로 설명하고 있는데, 다음 절에서 이를 정리하여 설명하고자 합니다.

어떻게 돌봄국가를 만들 것인가?

통합돌봄 서비스 및 사회서비스 영역

2019년 6월부터 2022년 12월까지 만 3년간 시행되었던 지역사회 통합돌봄 선도사업의 성패를 논하기는 이릅니다. 게다가 현 정부 들어서 선도사업은 형해화^{形骸化}를 걱정할 정도로 예산 규모도 줄었고, 중앙정부의

[그림 11] 통합돌봄 및 사회서비스 영역

	돌봄	요양	보건의료	주거	독립생활	고용	교육	문화	환경
영유아					③ 지역사회		④ 사회서비스(기본법)		
아동					통합돌봄				
노인	① 중점 선도사업				확대(커뮤니티				
장애인					케어)				
정신질환	② 포괄 선도사업								
입원 환자									
주거취약									
여성	④ 사회서비스(기본법)						④ 사회서비스(기본법)		
외국인									

정책적 의지도 보이지 않습니다. 하지만 충북 진천군 등 일부 지자체에서 의미 있는 지역사회 통합돌봄 모델이 고안되고 실험됨에 따라서 희망의 끈을 놓지 않을 수 있었습니다. 이런 점에서 지역사회 통합돌봄 서비스는 선도사업으로 마무리되거나 축소되어 유명무실해지는 것이 아니라 새로운 차원에서 새로 시작하는 단계라고 할 수 있습니다.

[그림 11]은 통합돌봄 서비스 및 사회서비스의 영역을 표시하고 있는데, 종축縱軸은 서비스 대상자이고 횡축橫軸은 서비스 기능입니다. 먼저 ①은 제1단계 중점 선도사업으로 주로 노인을 대상으로 요양 돌봄 보건의료 서비스를 표시하고 있습니다. 선도사업 16개 지자체 중에서 13개 지자체가 노인을 대상으로 사업을 진행하였고, 이후 장애인 2곳 지자체와 정신질환 1곳 지자체는 노인 대상 선도사업과는 별도의 사업으로 진행되었습니다. ②는 확장된 선도사업으로 장애인과 정신장애인을 포함하고 주거

까지 포함한 통합돌봄 사업영역이고, ③은 일반적으로 지역사회 통합돌봄 (커뮤니티 케어) 사업이 포괄하는 서비스 영역을 나타내고 있습니다. 특히 1990년대 이후 유럽에서 시행되고 있는 커뮤니티 케어의 사업영역을 나타 냅니다. 한편 ④는 사회보장기본법에서 규정하고 있는 사회서비스의 정의 에 따라서 교육, 문화, 환경 서비스까지 포함하고 있습니다.

지역사회 통합돌봄 서비스는 위의 [그림 11]에서 ① → ② → ③ 의 순서로 발전하여야 하고, 이를 바탕으로 사회보장기본법에서 규정한 서비 스 영역인 ④로 나아가야 합니다. 이를 위해서 전달체계 개편이 선행되어 야 하는데, 김진석 외(2020)는 이를 '다섯 개 퍼즐 조각 맞추기'로 설명하 고 있습니다.

5개 퍼즐 조각 맞추기

[그림 12]는 '지역사회 통합돌봄'을 각각 지역사회(제도와 공간) + 통합 (접근) + 돌봄(수요와 공급)의 5개 조각으로 나누어 전달체계 구성을 설명 하고 있습니다. 즉 돌봄국가라면 돌봄 통합센터를 중심으로 제도, 공간, 접근, 수요와 공급의 5개 조각을 짜 맞추어 하나의 전달체계 시스템으로 구축하여야 한다는 것입니다.

첫째, 제도의 차원은 거시적 차원에서 돌봄을 둘러싼 사회제도 간 정 합성을 높이고, 방향성을 부여하는 작업이라고 할 수 있습니다. 여기에서 지방분권은 정치−행정−재정이라는 세 요소에 대한 포괄적인 분권이어야 합니다(김진석 외, 2020: 114). 즉 정치 차원에서는 돌봄 윤리에 기초한 돌봄 민주주의, 행정적 차원에서는 지방자치와 분권, 그리고 재정의 차원에서 는 국가의 재정 책임이 명시적으로 이루어져야 합니다.

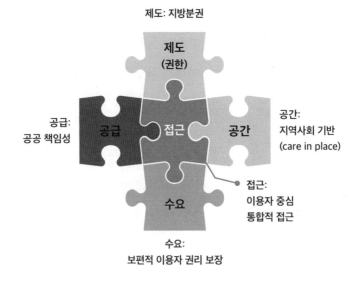

[그림 12] 통합돌봄의 전달체계 5개 조각

제도: 지방분권

제도
(권한)

공급:
공공 책임성

공급

접근

공간

공간:
지역사회 기반
(care in place)

접근:
이용자 중심
통합적 접근

수요

수요:
보편적 이용자 권리 보장

둘째, 공간의 차원에서 사회서비스는 기본적으로 탈시설의 원칙을 가지고 진행되어야 합니다. 돌봄이 필요한 사람은 자신의 주거공간과 사회적 관계가 단절된 시설에 입소하거나 병원에 입원하지 않고, 본인이 원하는 곳에서 사회적 관계를 유지하면서 필요한 사회서비스를 누려야 합니다(김진석 외, 2020: 114). 즉 돌봄의 공간은 자신이 살아온 지역사회로 기존의 삶의 방식을 바꾸지 않은 상태에서 권리로 돌봄을 받으며 삶을 영위하는 것을 목적으로 합니다.

셋째, 이용자 중심의 통합적 접근이 이루어져야 합니다. 즉 돌봄서비스를 포함한 사회서비스의 핵심은 누구나 언제 어디서나 자신의 원하는 방식으로 서비스를 받을 권리가 있다는 것입니다. 이러한 점에서 돌봄국가의 가장 중요한 과업은 돌봄서비스가 필요한 사람은 누구에게나 접근성을 보장하는 것입니다

민주당 재집권전략 보고서

넷째, 수요 차원에서 보편적 이용자의 권리가 보장되어야 합니다. 즉 돌봄국가는 돌봄이 일상적이고 정상적이라는 인식을 바탕으로 누구나 권리로서 돌봄서비스를 보편적으로 받을 수 있는 국가의 형태입니다. 아울러 돌봄국가는 숨겨진 돌봄 수요를 발굴하고, 이용자에게 돌봄서비스를 권리로 인지시켜서 이들이 적극적으로 돌봄서비스를 요구할 수 있도록 권리를 신장하여야 합니다.

다섯째, 사회서비스 공급에서 공공 책임성은 이용자가 양, 질, 종류의 차원에서 충분한 서비스를 확보할 때 구현됩니다. 이를 위하여 지자체, 중앙정부, 건강보험, 장기요양보험 등 의료-건강-돌봄의 사회적 자원을 합리적으로 배분하고 조정하는 것이 핵심입니다(김진석 외, 2020: 116).

돌봄 국가책임제도 구축 방안

한국은 이제 명실상부한 선진국의 대열에 들어섰습니다. 해방과 전쟁 이후 외국의 원조 없이는 생존할 수 없었던 극빈 국가에서 선진국을 모방하는 추격국가로, 이제는 국제 표준global standard를 제시하는 선도국가의 면모를 갖추고 있습니다. 하지만 소위 선진 복지국가라고 자타가 공인하는 나라 중에서 한국처럼, ▲아동 출산과 양육이 축복이 아니라 부담이 되어 가정 내 분란의 씨앗이 되는 나라 ▲아이가 초등학교에 들어가면서 돌봄 절벽에 가로막혀 엄마가 직장을 포기해야 하는 나라 ▲집안 식구 중 한 사람이 입원하면 보호자가 병원에서 숙식을 같이하는 나라 ▲집안에 장애인이 있으면 가족 중 한 사람이 사회생활을 포기하고 온종일 장애인 수발에 매달리는 나라 ▲노인이 치매에 걸리기라도 하면 온 집안 식구가 전전긍긍하며 불안한 나날을 보내는 나라는 없습니다. 결국 돌봄이 공공성을 갖추지 못한 한국 사회에서 돌봄은 시장에서 고가高價로 서비스를 구매하거나, 가족 구성원의 희생으로 제공되는 것입니다.

결국 돌봄의 문제는 현재 한국 사회가 골머리를 앓고 있는 저출산 고령화 문제뿐만 아니라 고질적인 세대 갈등, 계층 갈등, 젠더 갈등, 일자리 갈등의 원인이자 그 결과이기도 합니다. 특히 가족 돌봄의 경우 돌봄 부담은 오롯이 가정 내 약자인 여성의 몫이라 여성들이 경제활동을 포기하여 경력 단절에 빠지게 됩니다. 게다가 가족들이 제공하는 돌봄은 단순 수발 이상의 질적 수준을 기대하기 힘들기에 장애인과 노인의 기능 회복과 사회복귀는 요원한 것이 현실입니다.

따라서 돌봄 시비스는 가족의 일방적인 희생이나 시장에서 구매하는 상품이 아니라 사회의 공동 책임으로 부담을 나누어야 합니다. 다시 말해서, 개인을 돌봄 부담으로부터 해방시키는 것과 동시에 양질의 돌봄 일자리를 창출하는 선순환적 돌봄 경제가 되어야 합니다. 이것이 바로 경제 선진국, 복지 선진국으로 나아가는 열쇠라고 할 수 있습니다.

전 국민의 어깨를 누르고 있는 돌봄에 관한 국가의 책임을 명확하게 할 필요가 있습니다. 이를 위하여 대상 집단별로 돌봄 국가책임을 위한 목표를 설정하고 이를 실천할 방도를 구해야 합니다.

영유아

초저출산 위기를 극복하기 위한 첫 단추는 안심하고 맡길 수 있는 영유아 돌봄서비스를 국가가 책임을 지고 제공하는 것입니다. 이를 위하여 공정公正보육, 공公보육, 그리고 안심安心보육으로 나누어 정책 제안을 하고자 합니다.

첫째, 공정보육의 실현을 위하여 보육 교사 간 격차를 해소하고 처우를 개선해야 합니다. 서비스 제공자가 먼저 일에 만족하고 행복해야 서비스를 받는 영유아도 행복할 수 있습니다. 따라서 급여 표준화를 이루고 인건비를 지원함으로써 동일노동 동일임금의 가치를 실현할 수 있어야 합니다.

둘째, 튼튼하고 건강한 공보육을 통해서 취업모 및 맞벌이 부부에게 확실한 보육 서비스를 제공합니다. 이를 위하여 모든 영유아에게 '기본보육'을 보장하고, 이 바탕 위에 취업모와 맞벌이 부부를 위한 '연장 보육'을 보장해야 합니다. 2025년까지 '공공보육 이용률 50%' 달성을 위해 국공립 어린이집 550개소 이상을 지속적으로 확충해야 합니다. 아울러 국공립 어린이집 확충방식을 민간 장기 임차, 민간 매입 활성화, 사회서비스원을 통한 취약지 우선 설치 등과 같이 다양화하여 국공립 어린이집의 지역편중을 완화해야 합니다.

셋째, 영유아가 존중받으며 보육 받을 수 있고 부모가 안심하고 맡길 수 있는 안심 보육 환경이 되기 위해서는 실제 어린이집에서 영유아를 보육하고 있는 보육교사의 역할이 가장 중요합니다. 따라서 ▲보육교사의 전문적 자질을 함양시킬 수 있는 보육 교사 인성교육 프로그램 개발 및 적용 ▲보육교사 양성교육 시 인성교육 강화 ▲어린이집 평가인증 지표에 교직원 인성·소양 역량 강화 항목 구성 ▲보육교사 인성교육 인증제를 통한 인센티브 제공 방안 마련 ▲보육교사 윤리강령 확산 및 보급을 통해서 안심보육을 위한 환경 조성을 해야 합니다(이정림 외, 2016).

초등생 돌봄

직장을 가진 엄마 대부분은 아이가 초등학교에 들어가면, 직장을 계속 다녀야 할지 아니면 집에서 전업으로 아이를 키워야 할지를 고민한다고 합니다. 어린이집이나 유치원에서는 최대 12시간(오전 7시 30분~오후 7시 30분)까지 보육 서비스를 무상으로 제공하고 있으나 아이들이 초등학교에 취학하면 바로 돌봄 절벽에 직면하게 됩니다. 초등학교 저학년 하교 시간은 12시에서 오후 1시이기 때문에 이후에는 비용 부담이 큰 학원 등과 같은 사적 교육시장을 이용하거나 부모의 돌봄 없이 방과 후에 홀로 시간을 보내야 합니다. 따라서 아무런 돌봄 대책이 없는 맞벌이 부부의 경우에는 가정 내 약자인 엄마가 퇴직을 진지하게 고려하게 됩니다. 21세기 선진국 한국 사회에서 아직도 이런 전근대적인 일이 벌어지고 있습니다. 이러한 초등학교 돌봄 절벽의 문제는 벌써 20년 전부터 끊임없이 제기되어 왔고 일부 진전이 있었으나, 여전히 초등학교 아이를 마음 놓고 맡기고 직장 생활을 할 수 있는 사람은 소수인 실정입니다. 이러한 문제의 책임은 기본적으로 정부에게 있겠으나, 실제 아동 돌봄을 둘러싼 이해관계집단 간 반목과 갈등도 큰 몫을 차지하고 있습니다. 예를 들어서, ▲초등 저학년 하교시간 연장(오후 3시로)은 교사 반대 ▲학교 내 돌봄센터는 교사 반대 ▲학교 내 돌봄센터를 지자체에서 운영하는 계획은 돌봄 교사가 반대 ▲지역아동센터의 법인화는 지역아동센터 개인사업자 반대 ▲다함께 돌봄센터의 확대는 지역아동센터에서 반대 ▲현 정부의 '늘봄 교실'은 업무 부담 증가를 이유로 교사노조·전교조·교총 등 교원 3단체가 일제히 반대하고 있습니다.

아이 수가 줄어들어 인구 절멸의 위기에 직면하고도 돌봄 절벽을 메우지 못하고 있는 우리의 현실이 안타깝지만 그렇다고 교사, 돌봄 교사,

지역아동센터 등 아동 돌봄 이해관계자를 비난할 수는 없습니다. 이들은 아동에 대한 교육과 돌봄의 사명 이전에 노동자이기에 자신의 이익을 보호하려는 행위는 지극히 자연스러운 권리행사로 이해해야 합니다. 따라서 개별 집단의 이해관계를 뛰어넘어 아동 돌봄을 국가책임으로 세우기 위해서는 아동 돌봄의 새로운 패러다임을 제시하고 꾸준히 설득하는 작업이 필요합니다.

첫째, 아동 돌봄 서비스 패러다임을 원점에서 재구조화하여 새로운 패러다임에 기초한 돌봄 서비스로 탈바꿈해야 합니다.

[그림 13] 아동 돌봄서비스의 패러다임 전환

기존 패러다임	새로운 패러다임
• 방과 후 돌봄 기관 간 기능 모호 • 소득 기준 적용하여 차별 • 서비스 기관 임의적 선택	• 방과 후 돌봄 기관 간 기능 차별화 • 소득 기준이 아닌 욕구 기준 • 지역 내 컨트롤 타워에서 아동과 부모의 욕구 사정으로 기관 선택

자료: 홍영준(2021), 대통령 직속 정책기획위원회 회의자료.

둘째, 지역사회 내 존재하는 다양한 방과 후 돌봄 인프라를 돌봄센터로 통칭하되, 다양한 돌봄 욕구에 따라서 다양한 돌봄 서비스가 공급되도록 재조정하고 중기적으로는 기능을 일부 통폐합하여야 할 필요가 있습니다. 특히 현재의 지역아동센터가 빈곤아동 이용기관으로 낙인감烙印感을 줄 수 있으므로 이를 원천적으로 탈피하기 위해 지역아동센터는 아동복지 전문서비스가 제공되는 기관으로 위상을 정립하여 소득 기준이 아니라 사례 관리와 집중 서비스가 필요한 욕구를 지닌 아동이 이용할 수 있도록 하고 가정 내의 복합적 사정까지 파악하여 지역 내 다양한 기관과 연계하도록 해야 합니다.

셋째, 아동 돌봄서비스 연계조정 체계를 중앙과 지자체 단위에서 구축할 필요가 있습니다. 현재 아동 돌봄서비스는 3개 부처, 5개 돌봄 체계로 분산되어 있어서 아동 돌봄서비스가 적절히 연계·조정되지 못하고 행·재정자원의 비효율성과 낮은 서비스 접근성의 문제로 이어지고 있습니다. 따라서 보건복지부, 교육부, 여성가족부, 행정안전부 장관이 참여하는 범정부 차원의 돌봄협의기구를 운영할 필요가 있습니다. 그리고 중장기적으로는 보건복지부 등 한 부처에서 관장하는 서비스로 일원화하는 것을 검토해야 합니다.

결국 아동 돌봄서비스의 핵심은 온종일 돌봄이 필요한 모든 초등학생에게 학교가 중심이 되어 돌봄서비스를 제공하는 원칙을 명확하게 하는 것입니다. 이러한 원칙을 실현하기 위하여 학교라는 공간을 교육 기능과 돌봄 기능의 이원 체계로 구성하여 주간에는 학교 선생님에 의해서 교육이 이루어지고, 방과 후에는 지자체가 책임을 지고 돌봄서비스를 시행하는 것을 검토할 필요가 있습니다. 이러한 원칙 위에서 지역사회 돌봄 기능을 강화하여 방과 후 돌봄서비스의 포트폴리오를 통해서 이용자가 자신의 상황과 기호에 맞는 선택을 할 수 있도록 해야 합니다.

장기 입원 환자

2015년부터 병원 입원에 대해 간호·간병 통합서비스가 시행되어 이용자가 늘어나고 건강보험 지출도 증가하고 있으나 서비스 제공은 아직 수요를 따라가지 못하는 실정입니다. 2020년 기준으로 대상 병원 중 35.9%(병상기준 22.3%)가 참여 중이며 전체 입원 환자의 10.4%만 간호·간병 통합서비스를 받고 있습니다. 이런 현실에서 돌봄이 필요한 입원 환자 중 75% 이상이 사적 간병에 의존하고 있습니다. 즉 가족 중 한 사람이 병원에서 숙식을 같이하며 환자를 돌보거나 간병인을 고용하게 되는데 양자 모두 돌봄의 질을 보장할 수 없습니다. 따라서 병원에 입원한 모든 환자가 존엄한 돌봄을 받을 수 있도록 간병 걱정이 없는 병원을 전면적으로 시행해야 합니다.

첫째, 환자의 중증도와 간호 필요도에 따라 간병수요를 결정하고 이에 맞추어 인력을 배치하는 기준을 설정하고 합리적인 서비스 제공 모형을 개발해야 합니다.

둘째, 병원의 간호·간병 통합서비스 지정기준을 강화하고, 일단 지정되면 의료 인력의 비용을 지원하고 시설 개보수비를 제공하는 등 인센티브를 제공해야 합니다.

셋째, 간호·간병 통합서비스를 제공하는 병원을 지역별로 할당하여 지역 격차를 해소해야 합니다. 이를 위하여 전국 45개 상급종합병원과 63개 종합병원급 공공병원(국립대 병원 등 일부 상급종합병원 포함)에서 우선 시행할 필요가 있습니다. 상급종합병원과 공공병원부터 보호자 없는 병원이 전면 시행되는 경우 공공병원의 서비스 질이 높아지고 간호사들의 잦은 이직을 막을 수 있으며 전체 간호 인력 수급에 선순환 구조가 형성될 것을 기대할 수 있습니다.

넷째, 간병 서비스를 제도권으로 포섭하여, 간병 인력을 전문적이고 체계적으로 관리하고 이들의 처우를 개선함으로써 간병 서비스의 질적 향상을 도모해야 합니다.

장애인

2022년 말 기준, 한국의 등록 장애인은 265만 3,000명으로 전체인구 대비 5.2%에 해당합니다. 2010년 이후에는 전체인구 대비 5% 초반대로 안정적 추세를 보이지만 그 내용을 살펴보면 고령 장애인과 발달 장애인 인구가 급속하게 늘어나는 추세를 보이고 있음을 알 수 있습니다. 즉 지난 10년간 한국의 장애 인구 구조는 급속한 중증화와 고령화 길을 걷고 있는 한편, 이 시기에 인권에 기반한 장애인이 서비스가 강조되었습니다. 이른바 인권 기반의 서비스는 장애인이 자기 삶의 주도권과 통제권을 스스로 갖는 것을 기본원칙으로 자기 삶과 관련된 의사결정을 주체적으로 내리고 그 결정을 기반으로 삶의 기회나 경험을 선택하는 것입니다. 이러한 인권에 기반한 개인 맞춤형 서비스가 장애인 돌봄의 기본원칙이며 크게 다음의 세 가지로 구분할 수 있습니다.

첫째, 사회적 돌봄으로 확대해야 합니다. 현재 정부에서 제공하는 돌봄으로 '활동지원서비스'가 대표적입니다. 하지만 장애유형, 사회 환경 등을 고려하여 장애인의 욕구에 부합하는 질 높은 서비스를 제공하고 있지 못합니다. 이 외에도 발달 재활서비스, 장애아동 양육지원, 장애 의심 영유아 지원 서비스 등이 있으나 만족감은 높지 않은 편입니다. 따라서 장애인에게 제공하는 돌봄서비스 영역을 '사회적'으로 강화 혹은 확대할 필요가 있는데, 구체적 내용은 아래의 [표 4]에서 예시하고 있습니다.

둘째, 경제적 돌봄을 강화해야 합니다. 대부분 선진국에서는 장애인에게 일정 수준 이상의 장애 수당 혹은 연금을 제공하고 있으나, 2023년 현재 한국 정부의 장애인에 대한 현금지원은 매우 낮은 편입니다. 장애인 연금(중증 장애인)은 최대 32만 원 수준이고, 장애 수당(종전 4~6등급 경중 장

[표 4] 장애인 사회적 돌봄서비스 확대

서비스 종류	서비스명	서비스의 종류	제공인력	기관
주거 지원	주거코치	자립지원사	자립주택에서 장애인의 생활자립을 돕는 주거코치	LH, SH, GH공사 기초자치단체
문화 여가 서비스	책 읽어주기 서비스	책 읽어주기 서비스	활동지원사 자원봉사자 등	지역도서관
	여행 도우미	장애인의 여행 등 여가지원 서비스	활동지원사	
심리 정서 지원 서비스	말벗 지원서비스	우울감, 외로움 등에 대한 심리안정지원	활동지원사 자원봉사자 등	-
	정신건강 지원 서비스	정신건강 지원서비스	간호조무사 간호사 등	보건소
가족 지원	낮 시간 지원	낮 시간만 가족지원	가족	활동지원 제공기관
	심야 시간 지원	심야 시간만 가족지원	가족	활동지원 제공기관

자료: 이정주(2021). 대통령 직속 정책기획위원회 회의자료

애인)은 재가의 경우 6만 원, 시설의 경우에는 3만 원을 제공함으로 정부 현금지원만으로 생활하기는 불가능합니다.

따라서 장애인들은 고용과 일자리를 통해서 소득을 유지해야 하는데 여러 어려움이 상존합니다. 정부는 장애인의 노동시장 참여를 촉진하기 위하여 장애인 의무 고용 제도 이외에도 자회사형 표준사업장, (의무고용) 미이행 업체 공표, 장애인 공공일자리, 직업 재활사업을 시행하고 있으나 여전히 장애인의 경제적 지위는 열악한 상황에 놓여있습니다. 특히 발달 장애인, 뇌병변 장애인 등 중증 장애인의 경우 고용시장에서 안정된 직업

생활을 영위하기는 어려운 상황입니다. 결과적으로 2021년 현재 장애인의 빈곤율(중위소득 50% 미만)은 39.7%로 일반인 빈곤율 15.5%의 거의 3배에 달하고 있습니다(조윤화, 2022). 따라서 장애인의 안정적인 근로 활동을 지원함으로써 빈곤율을 낮추기 위해서는 현재 운영 중인 '근로 지원인', '직무지도원' 그리고 '동료지원가' 제도 등 지원고용^{supported employment} 형태의 장애인 고용지원 제도를 현재보다 100% 이상 지원을 확대하여 운영할 필요가 있습니다.

셋째, 의료적 돌봄을 강화해야 합니다. 앞서 살펴본 바와 같이 장애인구의 중증화, 고령화로 인한 장애인의 의료적 돌봄서비스와 의료재활 서비스를 제공할 필요성이 날로 증가하고 있습니다. 특히 발달 장애인의 조기 노화, 고령 장애인의 예방관리 등 장애인의 건강권과 예방적 차원에서 의료적 돌봄서비스의 필요성은 아무리 강조해도 지나치지 않습니다. 따라서 지자체는 관내 의료기관과의 협조를 통해서 장애인건강을 체계적으로 관리할 수 있는 시스템을 마련하여야 하고, 장애인 전문 보건인력을 양성하고, 여성 장애인 모성 보건사업을 수행하는 등 장애인 돌봄서비스 사각지대인 공공의료 서비스가 제공될 수 있는 기반을 마련해야 합니다.

장애인 돌봄을 성공적으로 정착시키기 위해서는 ▲생애주기에 따른 개인별 맞춤형 돌봄서비스 확대 ▲돌봄인력 수준별 양성 및 종사인력의 질적 강화 ▲장애인 돌봄서비스 재원확보를 위한 전달체계 일원화 ▲ICT 기반 '상시돌봄 스마트 플랫폼'을 구축할 필요가 있습니다(이정주, 2022).

노인

노인 요양 돌봄은 사회적 돌봄이 중심인 '노인장기요양보험'과 등급외자^{等級外者}를 위한 '노인 맞춤 돌봄서비스'가 핵심 제도입니다. 먼저 노인장기요양보험은 장기요양 등급을 받은 대상자에게 방문요양, 방문간호, 방문목욕, 주야간 보호, 단기 보호와 같은 재가급여와 요양원과 같은 시설급여로 구성됩니다. 이 제도는 보편적인 제도로 소득과 관계없이 노인성 질환의 욕구를 가진 대상자가 이용하고 있습니다. 한편 노인 맞춤 돌봄서비스는 등급외자 노인 중 일반대상자에게 기본적인 안부 확인 서비스를 제공하고, 중점대상자에게는 가사 수발과 같은 직접적인 대인 서비스를 제공하고 있습니다. 대상자는 기초연금 수급자이기에 소득인정액이 상위 30%인 노인은 이용이 제한됩니다.

현재의 장기요양 보험제도는 시설화를 촉진하고 있다고 해도 과언이 아닙니다. 1등급 와상^{臥床} 노인이라도 요양 서비스를 하루 최대 4시간 이상 받지 못하기 때문에 돌봄 부담에 지친 가족은 가족의 희생이나 시설 입소냐를 놓고 고민하게 됩니다. 그 결과는 요양병원의 폭증으로 이어지고 그 부담은 고스란히 건강보험기금(건강보험)과 정부 재정(의료급여)에 전가됩니다. 결국 한국의 노인 10명 중 8명은 요양병원, 요양시설에서 임종을 맞습니다. 이러한 문제점은 장기요양 보험제도가 시행될 때부터 꾸준히 제기되어 왔지만 여전히 해결의 실마리를 풀지 못하고 있습니다. 다시 한번, 노인 요양 돌봄 체계를 개편하는 방안을 정리하면 다음과 같습니다.

첫째, 지자체 중심의 통합적인 요양 돌봄 체계를 구축해야 합니다. 이미 지역사회 통합돌봄 선도사업 결과에서 드러나듯이 지자체가 노인 돌봄과 요양에 대해서 적극적으로 개입해서 서비스를 계획하고 제공하는 중심적 임무를 수행해야 합니다. 즉 지자체가 컨트럴 타워^{control tower}로서 역할을 할 수 있도록 독자적인 사업의 구성과 운영을 할 수 있어야 하며,

[그림 14] 통합 방문 간호센터의 구성 및 기능

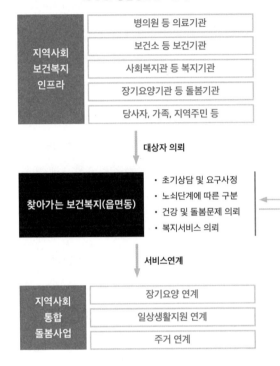

(공공형) 통합방문간호센터

지역사회 보건복지 인프라	병의원 등 의료기관
	보건소 등 보건기관
	사회복지관 등 복지기관
	장기요양기관 등 돌봄기관
	당사자, 가족, 지역주민 등

대상자 의뢰

| 찾아가는 보건복지(읍면동) | • 초기상담 및 요구사정
• 노쇠단계에 따른 구분
• 건강 및 돌봄문제 의뢰
• 복지서비스 의뢰 |

서비스연계

지역사회 통합 돌봄사업	장기요양 연계
	일상생활지원 연계
	주거 연계

자료: 김정애 외(2021).

예산의 독립적인 사용 권한을 과감하게 지자체에 위임해야 합니다.

둘째, 예방을 위한 보건의료와 복지의 통합시스템을 구축해야 합니다. 장기요양보험의 등급외자 노인을 위해서 복지 영역의 노인 맞춤 돌봄서비스와 보건 영역의 방문 건강관리 서비스, 치매 안심 서비스, 정신건강 복지서비스(우울증) 등의 사업을 체계적으로 연계해서 '통합적인 예방시스템'을 구축해야 합니다. 특히 노인 맞춤 돌봄서비스와 보건소의 사업(방문 건강 관리서비스, 건강증진 등)을 연계 조정하여 허약 노인과 경증 치매 노인의

민주당 재집권전략 보고서

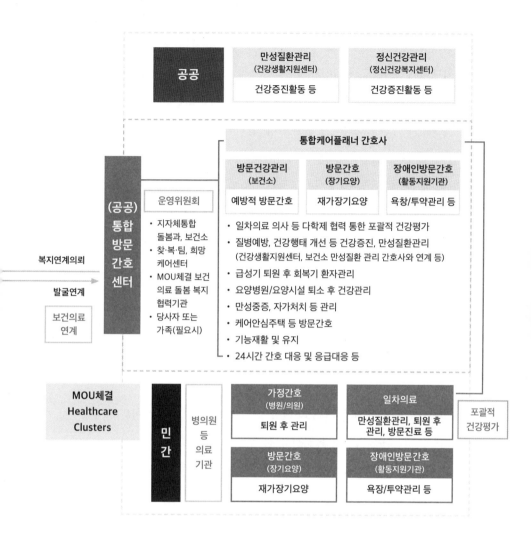

복지와 보건의료 욕구를 동시에 충족시켜야 합니다.

셋째, 방문 진료를 활성화하는 방안을 마련해야 합니다. 즉 집마다 찾아가는 방문 보건 및 방문복지 서비스가 필요하고 이를 위해 사회복지사, 간호사, 요양보호사 등 50만 명의 전문인력이 있어야 합니다. 의사도 방문 진료를 할 수 있도록 제도를 정비하고 사회복지관, 보건소, 의원들의 기존

시설을 활용하되 필요하면 과감히 늘려야 합니다. 또한 방문간호 서비스를 확대하기 위해 [그림 14]와 같이 지자체 차원의 '통합 방문 간호센터'를 전국적으로 설립할 필요가 있습니다(전용호 외, 2021).

넷째, 주야간보호센터가 동네마다 설치되어야 합니다. 일상생활에서 돌봄이 필요한 노인이 아침부터 8~12시간 나가서 각종 프로그램에 참여하고 집에 오는 주야간보호센터를 전국적으로 5만 개 정도를 설립해야 합니다.[98] 즉 자신이 거주하는 지역에서 걸어서 닿을 수 있는 곳에서 충분한 요양 서비스를 받을 수 있어야 합니다. 현재 어린이집과 유치원 수가 4만 5천 개인데 이와 비슷한 규모는 되어야 충분한 서비스를 공급할 수 있습니다.

결론: 선순환적 돌봄경제 체계 구축

한국 사회에서 돌봄 부담은 거의 모든 가정에 짙게 끼어있는 먹구름이라고 할 수 있습니다. 축복이어야 할 출산과 양육이 돌봄 부담으로 인해서 가정 내 분란의 씨앗이 되고, 초등학교에 진학하면서 직면하게 되는 돌봄 절벽으로 주로 여성이 직장을 그만두어야 하는 현실이고, 가족 구성원 중 장애인이 있으면 그 가족이 평생 무한 책임을 져야 하며, 가족 중에 입원이라도 하게 되면 보호자가 환자와 병실에서 숙식을 같이 하는 전근대적 입원 행태 그리고 가족 내 노인이 치매에 걸리기라도 하면 전 가족

---

98) 현재 주야간보호센터는 4,900개 정도 운영되고 있다.

구성원이 전전긍긍하며 일상적인 생활을 영위하기 힘든 현실입니다.

이런 상황에서 한국인의 행복도 경제 수준에 비하여 낮은 것은 당연한 귀결입니다. 한국개발연구원(KDI) 경제정보센터의 최근 조사에 따르면, 2018~2020년 현재 한국인의 행복지수는 10점 만점에 5.85점을 기록하여, OECD 37개국 중 35위로 나타났습니다. OECD 국가 중 한국보다 점수가 낮은 국가는 그리스(5.72점), 터키(4.95점)뿐으로 세계 10위 경제대국인 한국인의 삶의 만족도는 OECD 최하위권인 셈입니다. 도대체 한국의 산업화 과정에 무슨 일이 있었길래 이렇게 처참한 행복 성적표를 받게 되었을까요? 그 열쇠는 '돌봄'에 있다고 확신합니다. 전방위적인 무한대 경쟁의 과정에서 우리 인간 고유의 돌봄에 대한 윤리의식의 결여와 의도적 무시가 지금의 각박한 사회현실을 만들었습니다.

돌봄은 가족의 일방적 희생이나 시장에서 구매하는 상품이 아니라 우리 사회의 공동 책임임에도 불구하고, 돌봄 부담이 대부분 집안 내 약자인 여성에게 오롯이 전가되고 있는 현실입니다. 따라서 가족 돌봄의 부담에 매여 있는 여성은 사회의 일원으로 당당하게 직업을 가지고 일하지 못한 채 돌봄 독박에 시달리고 있습니다. 이제는 개인을 가족 돌봄의 부담으로부터 해방시키고 양질의 돌봄 일자리를 창출하는 선순환적 돌봄 경제를 만들어야 합니다. 전통적인 가족 중심의 돌봄 서비스에서 벗어나 사회적으로 책임 있는 돌봄 서비스 체계를 구축하는 일은 현재 우리 사회가 직면한 초저출산, 초고령 사회에 대응하여 지속가능성을 높이기 위한 전략으로 모색되어야 합니다.

참고문헌

교육부·기획재정부, 2019, '돌봄부터 노후까지' 생애주기별 기본생활 보장-'포용국가 사회정책 추진
　　　계획.'2019년 2월 19일.

국민건강보험공단(2021), 『2020 노인 장기요양 보험 통계연보』.

김보영 (2022a), "악순환에 늪에 빠진 사회서비스, 새로운 전환을 위한 전략", 신광영, 윤홍식 엮음,
　　　『성공에서 벗어나기 2: 상생과 연대로 나아가는 길을 찾아』, 후마니타스.

김보영 (2022b), "통합돌봄 선도사업, 지역의 도전과 실험의 기록", 『복지동향』 2022년 1월호.

김영화 (2019), "대구사회서비스원 설립·운영", 국회 보건복지 위원회 제정법률안 공청회 자료집,
　　　2019년 4월 4일.

김용득 (2016), "지역사회중심 장애인 서비스 정책의 쟁점과 과제", 『사회서비스 연구』, 6(2).

김용익 (2018). 2018년 보건사회연구 콜로키움: 커뮤니티 케어와 보건복지 서비스의 재편 자료집.
　　　pp. 3~14, 새로운 커뮤니티 케어의 방향과 전략.

김진석 외 (2020), 복지전달체계 개편 시범사업 평가 및 모형개발 연구 -화성, 춘천 사례.
　　　보건복지부·한국보건사회연구원.

김태일 외 (2018), 『사회보장제도 성인·노인 돌봄 분야 기본 평가 보고서』, 보건복지부·고려대학교.

김희강 (2016), "돌봄국가: 복지국가의 새로운 지평", 『정부학 연구』, 22(1), 5~30.

박숙경 (2016), "한국의 장애인 탈시설 현황과 과제", 『지적장애 연구』, 18(1). 205~234.

박숙경 외 (2017), 『장애인 탈시설 방안 마련을 위한 실태조사 -시설에서 지역사회로의 전환을 위한
　　　정책 연구』, 국가인권위원회.

보건복지부 (2018), "재가·지역사회 중심으로 사회서비스 제공", 2018년 3월 12일 보건복지부 보도
　　　자료.

보건복지부·사회보장정보원(2021).
　　　https://www.socialservice.or.kr:444/user/htmlEditor/statistic/view.do?p_sn=15. 검색일

2023년 4월 22일.

유애정 외 (2023), 『지역사회 통합돌봄 선도사업 모니터링 및 종합평가 연구(4차년도)』,

보건복지부 · 국민건강보험공단 · 한국보건사회연구원.

유영규 외 (2019), 『간병살인, 154인의 고백: 우리 사회가 보듬어야 할 간병 가족들의 이야기』. 루아크.

이동선, 2021, "코로나-19 이후 일·돌봄 변화와 돌봄정책 개선 과제" KWDI Brief, 제64호.

한국여성정책연구원.

이용교 (2022), "지역에 맞는 사회서비스가 확대된다", 광주드림. 2022년 3월 2일.

이정림 외 (2016), 『안심보육 환경 조성을 위한 보육교사 인성교육 프로그램 개발 및 지원 방안』,

육아정책연구소.

이정주 (2021), "장애인 돌봄과 서비스 일자리", 대통령 직속 정책기획위원회 회의 자료.

전용호 외 (2021), 『지역사회통합돌봄 제도화를 위한 기존 제도 재구조화 방안 연구』, 인천대학교

산학협력단 · 보건복지부.

정현진 외 (2022), 지역사회 통합돌봄 모니터링 및 평가 연구(3차년도), 보건복지부 · 국민건강보험공단.

조윤화 (2022), 『2021 장애인 빈곤 및 소득불평등 지표 연구』, 한국장애인개발원.

최윤경 외 3인 (2020), 『코로나-19 육아 분야 대응체계 점검 및 돌봄 공백 지원방안 연구』.

육아정책연구소.

통계청 (2021), 장래인구추계(2020년~2070년).

통계청, e-나라 지표, 'OECD 주요국의 고용률,'검색일 2021년 9월 7일.

http://www.index.go.kr/potal/stts/idxMain/selectPoSttsIdxSearch.do?idx_
cd=4212&stts_cd=421202.

홍영준 (2021), "초등생 방과 후 돌봄 서비스", 대통령 직속 정책기획위원회 회의자료.

Giddens, A., 1998. *The Third Way: The Renewal of Social Democracy*. Cambridge: Polity.

Tronto, J. 2013. Caring Democracy: *Markets, Equality and Justice*. New York: New York Univ.
press.

United Nations, 2009. *A Vision for an Inclusive Society*.

https://www.un.org/esa/socdev/documents/compilation-brochure.pdf

Vandenbroucke, F., 2001, "The Active Welfare State: A European Ambition", Speech at the
Commission for Social Development of the United Nations.

제언

을^{Z}과 함께 더 단단하게 연대하는
진보적 대중정당으로,
양극화와 불평등 구조를 근본적으로
개혁하는 유능한 민생정당으로,
을지로위원회가 더불어민주당 혁신의
마중물이 됩시다!

위기에 빠진 민생, 민주당이 대안정당이 될 수 있을까요?

민생경제가 위기의 늪에 빠졌습니다. 무역 수지가 15개월 연속 적자입니다. 27년 만에 최악의 불황입니다. 월급 빼고 다 올랐다는 아우성이 터져 나옵니다. 모든 일하는 사람이 힘듭니다.

아래에서부터 물이 차오르는 자연법칙처럼 가장 밑에 있는 계층부터 숨이 차오릅니다. 호흡이 가빠지는 그들이 바로 을지로위원회가 함께해 온 을^Z, 한국 사회 불평등 구조의 가장 아래에 있는 사회경제적 약자들입니다.

을지로위원회는 자신의 삶과 정치를 멀게만 느끼던 수많은 을^{Z}들에게 "정치가 삶을 바꿀 수 있다."는 확신으로 내민 더불어민주당의 대답입니다. 지난 10년간 수없이 많은 갈등을 중재하고 부당한 제도를 입법으로 개선하면서 불공정한 갑을관계를 민생개혁의 근본적인 과제로 만드는 성과를 만들어 왔습니다.

민생경제 위기가 눈앞에 닥친 지금, 을지로위원회가 숨통을 조이는 고통 속에 살아가는 이 시대의 을^{Z}들에게 다시 한 번 희망의 근거가 될 수 있을까요? 나아가 더불어민주당 신뢰 회복의 열쇠가 될 수 있을까요?

을지로위원회는 늘 '현장에 답이 있다'고 가장 먼저 현장으로 달려갔습니다. 을지로위원회의 10년의 역사 속에서 더불어민주당은 5년간 집권도 했습니다. 그러나, 안타깝게도 우리는 한국 사회의 구조적 불평등이 심화되는 것을 돌이키지 못했습니다.

일하는 시민의 평범한 성공담은 찾아듣기 힘듭니다. 부동산 등 자산으로 노후 준비를 하지 않은 이들의 고생담만 그득합니다. 부동산과 주식, 가상자산 등으로 벼락부자가 된 얘기가 들려오지만 극소수입니다. 일확천금을 노렸다가 실패한 빚투족, 영끌족은 비명소리가 더 큽니다. 부당한 갑을관계 구조 속에서 고통 받는 을^{Z}들의 목소리는 어느새 들리지도 않습니다.

을^{Z}들과 더 단단한 연대로 더불어민주당에 대한 국민의 신뢰를 회복합시다!

을지로위원회는 지난 10년 동안 고통 받는 을^{Z}들, 사회경제적 약자들과 함께 끈끈하게 연대해 왔습니다. 그 연대는 여의도에만 갇혀있던 더불어민주당의 정치적 지평을 전국 곳곳의 땀과 눈물이 가득한 민생현장으로 넓혀갔습니다. 수많은 을ᶻ 당원들이 입당했으며, 시민사회운동과 더 높은 수준의 연대를 만들어 냈고, 보수언론마저 을지로위원회의 활약에 찬사를 보냈습니다.

그러나 지난 대선에서 기득권 집단이 집권하는 것을 막지 못했습니다. 노동소득이나 사업소득보다 자본소득과 자산소득을 올리면서 불평등 구조의 기득권을 차지하고 있는 자들이 대통령 권력을 획득했습니다. 기득권 동맹이 탄생시킨 윤석열 정권은 부자감세와 규제완화로 그들의 민원을 충실히 실행 중입니다.

을지로위원회 10년의 냉철한 평가와 반성을 바탕으로 더불어민주당 재건을 위한 새로운 길을 모색해야 합니다. 지금껏 을지로위원회가 해왔던 연대의 수준을 높이고 폭을 넓혀 더불어민주당이 국민적 지지를 잃어버린 원인을 살피고, 다시 신뢰를 회복하는 혁신의 마중물이 되어야 합니다.

민생위기에 내몰린 을ᶻ들과 더 단단한 연대로 더불어민주당의 체질을 바꿔야 합니다. 당헌의 '중산층과 서민을 대변하는 것'을 넘어서 '모든 일하는 시민'을 위한 정당이 되어야 합니다. 더불어민주당이 사회경제적 약자를 정치적 다수파로 구성할 수 있는 진보적 대중정당으로 나아가도록 을지로위원회가 앞장서야 합니다.

민생 개혁이 혁신입니다!

2021년 재보궐 선거부터 2022년 대통령 선거와 지방선거까지 연이은 선거 3연패는 더불어민주당이 민심에 부응하지 못했다는 성적표입니다. 더불어민주당은 부동산값 급등 등 불평등·양극화 문제를 해결하지 못하면서 국민적 지지와 신뢰를 잃었습니다. 민심에 부응하는 수권정당으로 다시 태어나기 위한 당의 개혁과 혁신은 필연적입니다.

그런데 누가 혁신의 대상이고 주체인지를 놓고 갑론을박입니다. 반성 없는 태도로 자신의 것과 과거의 것을 지키고자 하는 이들이 혁신의 대상일 수밖에 없습니다. 민생의 요구를 더불어민주당의 정책으로 만들어 낼 수 있게 당의 체질과 의사결정구조, 국민에게 보내는 메시지를 전면적으로 바꾸어야 합니다.

특히, 윤석열 정권의 퇴행으로 민생경제 위기의 늪에서 고통 받는 국민에게 개혁의 성과로 내 삶이 조금이라도 바뀌는 체험이 혁신입니다. 더불어민주당이 낡은 것을 타파하려는 개혁성을 회복하고 일하는 시민들의 편이 되어 함께 싸운다는 것을 확신할 수 있게 하는 데 당 혁신의 분명한 초점을 맞춰야 합니다.

정당과 정치, 정책 혁신의 출발과 끝은 정치의 본령인 오직 민생에 있다는 것을 잊지 말아야 합니다.

'당연한 기득권'을 '낯선 혁신'으로 '새로고침'합시다!

경제규모 세계 10위, 1인당 국민소득이 3만5천 불이 넘는 국가이지만 양극화된 삶은 서로를 이해하기보다 단절되고 불안과 냉소, 낙담이 줄어들지 않고 있습니다. 투표권은 모든 시민에게 동등하지만 현실의 정치는 1인 가구보다는 4인 가구에게, 비정형노동자보다 정규직 노동자와 기업가들에게 더 친숙하고 가깝습니다.

세계 최악의 저출생과 가장 빠른 고령사회 진입 속도, OECD 가입국 중 노인자살율과 노인빈곤율 1위이자 2030 사망 원인 1위가 자살인 이유는 모두가 '이상한 선진국' 대한민국의 불평등 구조 때문입니다. 한국 사회의 지배이데올로기가 이런 불평등 구조를 유지하고 있고, 수많은 정치세력과 심지어 더불어민주당조차 이 구조를 타파하지 못하고 오히려 떠받치고 있습니다.

"우리는 '공정, 생명, 포용, 번영, 평화'를 핵심가치로 삼아 '내 삶이 행복한 나라'를 만들 것이다."

더불어민주당 당헌 전문에 있는 국가 비전입니다.

선거일만 아니라 삶의 모든 날이 주인이 되는 '내 삶이 행복한 나라'를 위해서는 촛불광장의 주인이었던 주권자들이 자신의 일터와 삶터에서 주인이 될 수 있어야 합니다. 정치적 민주주의를 발전시키는 동시에 사회경제적 민주주의를 더 높은 차원으로 발전시켜야 합니다.

시민 각각이 가진 정치적 목소리의 크기를 같게 맞추려 노력하는 것, 그것이 민주화 이후 더불어민주당에게 주어진 가장 중요한 과제입니다. 그동안 독재 세력과 싸워온 투사에서 불평등과 싸우는 민생정당으로 변모하는 데 더불어민주당의 혁신이 달려있습니다. 사회경제적 불평등은 한국 사회 존립을 흔들 만큼 심각해졌고 이를 해결하지 못하는 정치는 더 이상 국민들 앞에 설 명분이 없습니다.

지난 10년간 을지로위원회가 수없이 많은 갈등을 중재하고 해결했지만 근본적인 구조 변화에까지 이르지 못하고 불평등 상황이 더 심각해진 현실에서 교훈을 얻어야 합니다. 그동안 잘해왔던 현안 해결과 함께 근본적인 제도 개혁을 통한 구조 변화에 지금보다 더 집중해야 합니다. 현장에서 해답解答을 찾으면서 문제를 푸는 데 집중했으나 구조적으로 정답定答도 함께 찾아야 합니다.

을지로위원회는 더불어민주당이 평등을 향한 구조개혁을 실현할 역량과 의지를 갖추도록 최전선에서 견인해야 합니다.

정치의 존재 이유는 오직 국민, 오로지 민생

국민의 먹고 사는 문제를 해결하는 민생개혁이 진짜 정치혁신입니다. 불공정과 부당함에 맞서 싸우는 을乙들의 눈물을 닦아주고, 고착된 불평등 구조를 해소하는 것이 정치가 존재하는 이유입니다. 그런 의미에서 을지로위원회는 정치의 본질에 대한 대답입니다.

더불어민주당이 불평등과 싸우는 유능한 민생정당으로 다시 태어나기 위해서, 한국 사회를 지배하는 불평등 구조를 근본적으로 개혁하기 위해서, 을지로위원회는 과감한 민생개혁의 발걸음을 멈추지 않겠습니다.

을乙들이여,
을지로위원회와 함께 두려움 없이
한국 정치의 한복판으로 뛰어듭시다!

녹서 편집 후기

한 시대의 악이 / 한 계급에 집약되어 있던 시절의 투쟁은
얼마나 힘겹고 다행인 시대였던가

고통의 뿌리가 환히 보여 / 선과 악이 자명하던 시절의 자기결단은
얼마나 슬프고 충만한 시대였던가

세계의 악이 공기처럼 떠다니는 시대 / 선악의 경계가 증발되어버린 시대
더 나쁜 악과 덜 나쁜 악이 경쟁하는 시대
합법화된 민주화 시대의 저항은 얼마나 무기력한가

구조화된 삶의 고통이 전 지구에 걸쳐
정교한 시스템으로 일상에 연결되어 작동되는
이 '풍요로운 가난'의 시대에는
나 하나 지키는 것조차 얼마나 지난한 싸움인가

_박노해. 〈시대고독〉 중에서

여러 사정으로 을지로위원회는 첫 번째 백서《정치의 중심에 삶을 두다》를 발행한 이후 2016년부터 2022년까지 2기~4기 '백서'를 발행하지 못했습니다. 작년 11월 백서팀을 꾸리고 7년 치의 방대한 활동자료를 정리 중이었습니다. 그러던 중 지난 1월 을지로위원회 발족 10년을 맞이해

서 녹서$^{Green\ Paper}$를 발행하자는 제안과 결의가 있었습니다. 두 번째 백서 《정치, 민생에서 답을 찾다》 발행이 끝난 2월 24일 '녹서 제작팀'을 또 꾸려서 본격적인 작업을 시작했습니다.

그런데, 녹서라는 용어도 낯설었고, 참고할 만한 자료도 없어서 거듭된 아이디어 및 기획회의를 거쳐서 '전·현직 을지로위원장들의 대담', '을^{Z}과 함께 나아갈 사회경제개혁의 여섯 가지 길' 그리고 '을지로위원회가 당원과 국민에게 드리는 제언'으로 구성했습니다. 무엇보다 '민생, 공정경제, 주거보장, 노동존중, 산업전환, 돌봄국가' 여섯 가지 사회경제개혁 주제에 대해 윤홍식 교수님, 김남근 변호사님, 임재만 교수님, 김종진 소장님, 이병헌 교수님, 문진영 교수님의 자문과 을지로위원회 소속 의원들이 함께 치열한 토론의 과정을 거쳤습니다.

을지로위원회 10년은 '열망과 환멸'을 반복한 민주개혁 세력의 부침 한가운데 있었습니다. 야당 시기에는 이 사회의 '甲乙개혁·공정·격차해소'에 대한 열망을 품고, 집권 기반을 만들기 위해 노력했고, 그것이 결실을 맺어 문재인 정부의 '소득주도성장·포용복지국가·노동존중사회'의 깃발이 되었습니다. 그러나, 정작 문재인 정부가 집권한 이후에는 국민의 기대를 충족시키지 못했고, 을지로위원회 역시 현장에서 멀어지고 을^{Z}들과 함께했던 열정이 급속히 사그라졌습니다. 급기야 지난해 봄 정권 재창출에 실패한 이후부터는 우리 민주개혁 세력은 깊은 좌절과 환멸의 수렁 속에서 고통스러워하고 있습니다.

을지로위원회는 절망스러운 현실에 주저앉기보다 새로운 10년의 비전을 세우며, 다시 일어서고자 합니다. 다시 성찰하고 원인을 분석하고 좌표를 다시 설정하는 작업을 시작했습니다. 이 과정이 바로 '녹서' 발간 작업입니다.

'많은 나라의 정당들은 변화된 자본주의의 새로운 갈등을 포착해 문제 해결을 위한 지지를 조직하는 데 어려움을 겪고 있습니다. 소득의 불평등 심화, 비정규직 증가, 플랫폼 노동, 주택 가격 폭등과 주거 빈곤, 자산과 부동산 불평등 확대 등 다양한 종류의 경제적 불안정과 다중 격차 문제가 점점 심해지고, 정치의 대응 능력은 이를 따라가지 못하고 있습니다. 이런 상황은 미국의 '트럼프'나 프랑스의 '마린 르펜' 같은 극우세력의 활동공간을 만들어 더 위험한 정치환경을 만들고 있습니다.' (신진욱×이세영, 《한국 정치 리부트》, 2023)

한국 정치 역시 같은 어려움에 처해 있습니다. 날로 심화되는 진영 갈등과 경제적 양극화는 대화와 타협을 통한 해결책을 제시하고 이를 제도화하는 데 큰 어려움을 겪고 있습니다. 이런 면에서 이번 녹서는 한국 사회의 중층적 갈등과 그 해결책을 모색하는 토론을 위한 책입니다.

녹서 제작팀은 을지로위원회 10년 활동의 기획자이자 활동을 지원하고 이 과정에 문제의식을 가진 국회 보좌진과 더불어민주당 당직자로 구성되어 있습니다. 묵묵히 그리고 치열하게 제작에 참여한 오정훈, 김은경, 박기영, 이지환, 김인아, 신희성, 김토일, 김효선, 조영환 그리고 주 편집책임을 맡은 박정환 비서관에게 특별히 감사의 말씀을 드립니다. 부족한 제작비용에도 기꺼이 출판을 맡아준 더봄출판사 김덕문 대표께도 고마움을 전합니다.

을지로위원회 '녹서' 제작팀을 대표하여

이원정(을지로위원회 총괄팀장)